高校国际教育理论与实践

编委会

主 编　刘 萍

副主编　程乐乐　谢 皓

编 委（按姓氏笔画排序）

王向鸾　伍晓亮　刘 萍

刘业冰　刘 焰　孙 斌

吴友民　姚 波　谢 皓

程乐乐

主编　刘萍

武汉大学出版社

WUHAN UNIVERSITY PRESS

图书在版编目(CIP)数据

高校国际教育理论与实践/刘萍主编.—武汉:武汉大学出版社,
2020.12
ISBN 978-7-307-21796-6

Ⅰ.高… Ⅱ.刘… Ⅲ.国际教育—高等教育—研究   Ⅳ.G649.1

中国版本图书馆 CIP 数据核字(2020)第 179185 号

责任编辑:韩秋婷   责任校对:汪欣怡   版式设计:马 佳

出版发行:**武汉大学出版社**   (430072   武昌 珞珈山)
        (电子邮箱:cbs22@ whu.edu.cn   网址:www.wdp.com.cn)
印刷:武汉中科兴业印务有限公司
开本:720×1000   1/16   印张:19.75   字数:274 千字   插页:1
版次:2020 年 12 月第 1 版   2020 年 12 月第 1 次印刷
ISBN 978-7-307-21796-6   定价:68.00 元

内 容 简 介

随着高等教育改革的持续深化与十九大精神的逐步落实，我国高等教育迈入了内涵式发展阶段，高等教育国际化水平得到了较大的提升。本书内容就是对这些方面所进行的探索与思考。

本书共分为"管理研究""教学研究""队伍研究""比较研究"四个板块，内容涉及来华留学生教育与出国留学工作的各个方面，一定程度上反映出近年来武汉大学和相关兄弟院校教师与管理人员在高校国际教育领域的经验总结与理论探索。我们希望此次结集出版有利于促进高校国际教育工作者之间的交流与学习，推动高校国际教育工作的进一步发展。

目　录

管 理 研 究

教 学 研 究

队 伍 研 究

比 较 研 究

管 理 研 究

"一带一路"战略下来华留学生教育管理的问题与思考

黄　伟

武汉大学国际教育学院

随着中国改革的不断深入，经济迅速发展，国际影响力日益扩大，吸引了很多来自世界各个国家的留学生来华学习，但由于不同国家和地区的文化、生活以及经济等与我国有差异，来华留学生的教育管理工作存在诸多问题。如何适应新形势发展需要，转变观念，加强和改善外国留学生管理工作，成为摆在我们面前的迫切需要研究的问题。外国留学生的教育管理工作，是一项意义深远的重要工作，与政治、经济、外交和科技等工作关系密切，是我国外交事业的一个重要组成部分，也是我国实现高等教育国际化的整盘棋中不可或缺的内容。如何从深层次的文化因素去思考，从跨文化的角度去实施，对加强外国留学生教育管理工作有着非常重要的现实意义。留学生教育作为高校教育的一个组成部分，同样遵循普通高校教育的基本规律和基本工作方法，但由于留学生来自世界各个国家，不同国家的文化背景、风俗习惯有着本质的区别，因此，留学生教育也有差异性及特殊性。首先，它是一种跨国教育。留学生来自不同的国家和地区，这必然要求在教育衔接和教学安排上适应跨国性的需要。其次，它是一种跨文化教育。留学生来自不同国家，必然有着不同的教育文化背景，这势必要求在教育中求同存异，以促进各类文化的交流和融合，特别是对我们从事留学生教育管理工作的人员提出了更高、更严格的要求。

一、留学生教育管理面临的一些问题

1. 不同国家文化背景不同，可能导致文化冲突及矛盾

所谓文化冲突，是指个人或群体从一个熟悉的文化环境到另一陌生的文化环境生活、学习、工作而引起的在价值观念、行为准则、生活习惯等方面的文化碰撞。由于来华留学生的民族文化背景、风俗习惯，以及他们从小所受到的教育、人生价值观与我国文化的冲突及各个方面的不同取向，还有来自各个国家的留学生之间文化冲突的客观存在，加上语言的障碍，给我们具体负责外国留学生教育管理工作的人员增加了工作难度。来华的外国留学生中，不同宗教信仰、种族之间的文化碰撞、矛盾难以避免。中外学生之间和留学生与管理部门、社会人员之间的摩擦也偶有发生，尤其是在理解、执行国家法律法规以及学校有关政策和规章制度方面，外国留学生会很自然地运用本民族惯有的思维模式去认识、理解外来信息，在理解和接受的过程中，难免出现认识上的偏差或者理解上的错位，导致矛盾的产生。作为留学生教育管理工作者，我们对此应该有清醒的认识，我们自身的素质应该有相应的提升，无论是从大的方向方面，如从维护国家利益的方面，还是从避免留学生之间因矛盾的激化导致不稳定、不和谐的局面发生的方面，我们的工作应有超前意识及主观能动性，使教育管理工作良好、有序地进行。

2. 留学生教育管理理应规范化、科学化

随着我国经济的迅速发展，国际声誉的日益提高，外国人对中国的经济改革、古老文化产生了浓厚的兴趣，每年来华留学生数量日益

增多，其国别、地区、层次等方面都发生了很大的变化，我们国家许多高校在留学生的管理制度上需与时俱进地进行改革完善，不能够沿用过去的管理经验和措施，必须适应新情况、新形势，不断完善和改进我们的管理制度和措施，进一步提高对留学生的教育管理水平。

二、从文化差异角度帮助留学生尽快了解、适应中国文化生活

1. 正确认识不同国家、不同民族文化之间的差异，进行有效沟通

在留学生管理过程中，针对来自不同国家的留学生，应该了解其文化背景对他们的思维倾向和行为的影响，针对不同民族的特点，总结出规律，摸准脉搏，找出症结，有的放矢地解决各类文化冲突，这是我们实施教育管理的有效方法。笔者所在的武汉大学有来自世界各地的学生，包括非洲、亚洲、欧美的学生。在与不同国家的留学生的交流过程中，可以注意到，有些地方的肢体语言中轻轻摇头是表示"是""好"的意思而并非否定；有的地方习惯直接称呼姓名，这并不代表不礼貌、不尊重。所以我们作为教育管理者，需要与留学生积极地交流和沟通，采用各种各样的形式，了解各国的文化、风俗习惯，使双方能够较准确地认知和理解文化差异所在，达到相互理解的目的，并通过不断调整各自的视角去理解对方，适应对方，从而构建和谐的师生关系，为留学生在华学习、生活创造良好的氛围。

2. 创造有利条件，促进文化交流

对留学生中的初次来华者，学校组织的业余活动对其顺利克服"水土不服"，尽快适应新环境有很大的作用，因此我们鼓励留学生

与中国学生一起积极参加运动会、艺术节、班会、学生会和团委等组织的各种学习经验交流会、小型学术会、小发明活动及演唱会、演讲会、歌舞活动、书法活动、绘画活动等。此外，可以组织新生参观武汉的市容市貌，使其了解武汉的地方经济发展及文化，也可以介绍学校的发展历史及人文状况，努力促进他们与中国学生的交流，使其了解中国文化。还可以根据留学生的爱好、特长，推荐他们参加学校的各种社团组织，以健康向上的文体活动，丰富留学生的业余文化生活，营造良好的学习、生活条件与氛围。同时也可在留学生中间选出学生代表，由留学生代表将留学生群体的想法、意见、建议及要求进行反馈，保持一个良好的沟通渠道。

3. 作为留学生管理工作者，在从事留学生管理工作的过程中，特别要注意普遍性与特殊性、相同性与不同性的差别

按照外国留学生特点，对其教学、生活等进行与中国学生相同的管理，这是根据教育本身的含义和国外对留学生教育所采用的方式而提出的一种留学生管理模式。相比较我们本国学生，留学生进行同样的学习，具有同样的层次、相同的学制；但是他们与中国学生又是不同的，体现在他们来自不同的国家，有着与中国人不同的文化背景、语言、思维方式、生活习惯等。留学生们大多有宗教信仰，在他们国家有很多重大的传统节日，如圣诞节等，在这些节日来临时，我们作为管理者，考虑到留学生的特殊性，不能够"一刀切"，在不影响正常学习的情况下尽可能地考虑他们的需要，组织一些联欢活动，增进师生、同学之间的了解和交流。随着留学生来华时间的增长，可采取方法让他们尽快了解中国文化，融入中国社会。对外国留学生的教育管理采用同、异相结合的方式，朝着相同管理方向发展。

三、制定合理规范的教育管理制度，使留学生管理有章可循、有法可依

1. 制定科学合理的教育管理制度，是保证学校正常的教学秩序、推进留学生工作不断发展的基础

如前所述，随着我国改革开放的深入发展，及我国国际交往的不断扩大，来我国的留学生的国别、地区、数量、层次等都发生了很大的变化，再沿用过去的那套管理经验和措施，显然已经不能适应新的情况，也不利于在新形势下进一步提高留学生的教学质量，为此，各高校根据教育部的指示精神，制定了《外国留学生守则》《外国留学生学籍管理规定》《外国留学生出入境、居留、旅行的规定》等规章制度，并配有中英文对照。新生入学的第一件事就是拿资料，人手一册，和中国学生一样，学校对他们进行入学教育。一些高校还制定了《外国留学生奖学金试行办法》，留学生在学习上获得奖励，学校也会以邮件方式告知家长。凡是违反学习纪律、校纪校规的留学生，均给予相应的警告、记过、留校察看等处分。这些规章制度的建立和实施，使得留学生的各项教育管理工作得以顺利进行。由于奖罚分明，留学生大多能自觉遵守规定，学风日渐端正，人人暗下功夫，相互竞争。特别是每逢考试，大多留学生都复习到深夜。

2. 因人而异地开展思想教育工作

在中国学习的外国留学生是一个特殊的群体，他们来自不同的国家和地区，有着不同的社会政治、历史、文化和传统背景，对他们进行的思想道德教育，不是一般概念中的政治思想教育，而是一种多数国家、各种社会能普遍接受和遵守的社会道德行为准则教育。来华留学生的培养目标是使其掌握一定的知识，了解中国，对中国友好。帮助留学生了

解中国、了解学校也是一种思想道德教育。对留学生思想道德教育的方式多种多样，可根据留学生的国别、社会背景等诸多因素的不同，采取统一与个别、严肃与温和、正式与非正式相结合的多种方式。笔者所在的武汉大学近年来为留学生开展了一系列活动和讲座，内容涉及中国的历史、地理、文化、教育等方面，特别是针对留学生特点开展的活动和体育比赛。实践证明，这些活动颇受留学生们的欢迎，能帮助他们了解中国，同时传播中国文化。我们在采取各种方法的同时，还应该努力发掘留学生自身管理的积极性，重视和发挥留学生骨干的积极作用，指导他们推选出留学生代表，培养他们的自立精神以及独立思考和自我教育的能力。

四、结语

留学生教育管理工作是一件重要且复杂的系统工作，也是摆在我们面前的一个新的课题，党中央提出的实现中国梦，也离不开世界的和平与发展，国与国的和平共处、相互交流。面对新的世界形势，需要研究的问题有很多。我们在工作中应深入研究、勇于实践，按照国家的有关规定及精神，既要与国际接轨，又要适应我国留学生管理体制，逐步建立和完善管理体系，使我们的留学生教育事业更上一层楼。

◎ **参考文献**

叶苗，姚华．留学生教育品牌建设中的管理创新思考——以温州大学为例［M］//陆应飞．来华留学教育研究（2018）．北京：北京语言大学出版社，2018.

出国留学人员学成归国的热点问题探究

——基于变化趋势、政策演变及就业导向的视角①

谢 皓

武汉大学国际教育学院

一、问题的提出

2016 年以来，全球化发展走向十字路口，全球留学情况也发生了一些新变化。全球化智库（CCG）与西南财经大学发展研究院组织编写的《中国留学发展报告（2017）》指出，英美留学的增速明显放缓，发展中国家的人才回流加速。一方面，欧美发达国家在全球化发展方面出现分歧，逆全球化的兴起和美英等国签证和移民政策的收紧，导致近些年赴英美的国际学生增速明显下降；另一方面，欧洲难民问题进一步扩大，国际人才流动出现新的变化趋势，主要表现为发展中国家人才流失现象逐渐缓和，人才回流开始加速。同时应注意到，我国出国留学人数增长率已经从 2009 年 27.5% 的最高点，回落到 2017 年的不足 12%，增长率呈现较大波动。

随着出国留学及归国人数的不断增长，海归学历的含金量不断下降，就业压力进一步凸显。虽然近半数海归群体认为自身的竞争力高于

① 本文为武汉大学 2017 年自主科研项目"中国跨境高等教育质量保障体系研究"阶段性成果。

国内学生，但海归群体的劣势仍然明显。根据一项针对海外群体的调查，65.9%的人认为不了解国内就业形势和企业需求是阻碍其工作发展的主要问题；45.3%的人认为不适应国内人情社会，难以获得发展机会；41%的人认为不熟悉国内市场环境是影响其求职的主要原因。①

在此背景下，本文将力图归纳 2000 年后我国留学人员学成回国的变化趋势，并结合相关国家政策的演变，探讨留学人员归国中较为关心的就业及创业问题，并给出一些政策建议。

二、关于留学归国人员变化趋势的分析

本节将使用《中国统计年鉴》《教育部统计公报》中出国留学人员和留学回国人员的数据资料并进行对比研究，来探析 2000—2018 年我国留学归国人员的变化趋势。相关原始数据如表 1 所示。

表 1 　　累计出国留学及留学回国人数（2000—2018）（单位：万人）

年份	当年留学回国人数	累计留学回国人数	当年出国留学人数	累计出国留学人数	累计差值
2000	0.91	13.0	3.90	34.0	−21
2001	1.22	13.5	8.40	46.0	−32.5
2002	1.79	15.3	12.50	58.5	−43.2
2003	2.02	17.8	11.73	70.0	−52.2
2004	2.51	19.8	11.47	81.4	−61.6
2005	3.50	23.3	11.85	93.3	−70
2006	4.20	27.5	13.40	106.7	−79.2
2007	4.40	32.0	14.40	121.2	−89.2

① 中国留学发展报告：赴英美增速放缓，回流加速［EB/OL］．［2019-08-13］．http：//www.nanduguancha.cn/Home/news/detail？cate_id=1&id=394.

年份	当年留学回国人数	累计留学回国人数	当年出国留学人数	累计出国留学人数	累计差值
2008	6.93	39.0	17.98	139.0	−100
2009	10.83	49.7	22.93	162.0	−112.3
2010	13.48	63.22	28.47	190.5	−127.28
2011	18.62	81.84	33.97	224.5	−142.66
2012	27.29	109.13	39.96	264.46	−155.33
2013	35.35	144.48	41.39	305.86	−161.38
2014	36.48	180.96	45.98	351.84	−170.88
2015	40.91	221.86	52.37	404.21	−182.35
2016	43.25	265.11	54.45	458.66	−193.55
2017	48.09	313.20	60.84	519.50	−206.30
2018	51.94	365.14	66.21	585.71	−220.57

数据来源：2010 年之前的数据来自《中国统计年鉴》，2010 年之后的数据来自于教育部公布数据。

1. 出国留学及留学回国人员的概况

总体上看，出国留学及留学回国人员数量在 2000—2018 年持续增长，并且呈高速上升趋势。分类别来看：①世纪之交时，出国留学人数尚不足 4 万，经过几年的徘徊，从 2006 年开始持续稳定地增长，年均增长率超过 10%，个别年份超过了 20%。到 2018 年，出国人数达到了 66.21 万人，比入世之初足足增长了近 16 倍。②反观回国人员的数量变化，增长趋势则更为明显。无论是从持续增长时间还是增长速度上，均超过了出国留学人员，既没有出现 2003—2006 年的低迷，平均增长速度也超过了 20%，一些年份，如 2008—2012 年全球金融危机后均超过了 30%，最终使得回国人员数量占出国人员数量比重从期初的不足 1/4 增加到了期末的接近八成（2018 年回国 51.94 万人），留学回国的人数总增长达到了令人吃惊的 56 倍（2000 年为 0.91 万人）。

2. 出国留学与留学回国总人数之间的关系变化

留学回国人员在数量上总体呈上升趋势，随着出国留学总人数的变化而不断变化，其中留学回国人员人数在留学总人数中所占的比重在不停地变化，整体上中国留学回国人员规模稳步扩大，从期初不足万人增加到期末逾 50 万人。累计留学回国人数与出国留学人数之间的差值尽管仍然在不断增大，但是随着基数的不断增大，差值在总值中所占比重逐渐缩小。2001 年，累计差值 32.5 万人，其占累计总值 59.5 万人的比例达到 54.6%；到了期末的 2018 年，累计差值 220.57 万人，其占累计总值 950.85 万人的比例仅仅有 23.2%，减少超过五成。

按时间轴来看，2000—2008 年全球金融危机之前，当年留学回国人员数量均不到 10 万，往往只有当年出国留学人数的一个零头，每年中国留学人员的净流出在 10 万人左右。2009 年，当年回国人员数量首次突破 10 万，随后人数逐年增加，与当年出国人员之间的绝对差值也在缓慢缩小。在 2012 年、2013 年、2016 年三年中，回国人数的净增加均超过了出国人数的净增加，其中，2013 年达到了峰值，出现归国热潮，2016 年约八成海外学子学成归国。

三、留学归国政策的历史演进

留学归国政策作为留学政策的组成部分，是国家汇聚社会主义建设人才的重要政策保障。习近平提出，坚定实施科教兴国战略、人才强国战略，"培养造就一大批具有国际水平的战略科技人才、科技领军人才、青年科技人才和高水平创新团队。"[①] 从 1978 年到 2018 年年底，我国出国留学人数累计超过 500 万，他们是实施科教兴国战略、人才强

---

① 习近平. 习近平谈治国理政（第 3 卷）[M]. 北京：外文出版社，2020：25.

国战略的生力军。本文将对我国留学归国政策的近 30 年历史演进做一个简单梳理，以便从中探究上文留学归国变化趋势中的政策缘由。

1. 社会主义市场经济建立时期（1992—2012 年）

随着社会主义市场经济体制的逐步确立和"科教兴国"与"人才强国"战略的实施，20 世纪 90 年代后中国迎来了一个留学高潮。从 1992 年至 2012 年，出国留学人员达 160 多万人，其中自费留学生占近 90%。

为了做好留学归国工作，国务院职能部门先后出台了一系列文件，对留学生归国政策进行了动态调整。基本政策原则如下：

第一，"支持留学、鼓励回国、来去自由"的总方针。1992 年 1 月邓小平谈到，"希望所有出国学习的人回来，不管他们过去政治态度怎么样，都可以回来，回来后妥善安排，这个政策不能变"。[①] 1992 年 10 月十四大报告中首次提出了"来去自由"的政策，"我们热情欢迎出国学习人员通过多种形式关心、支持和参加祖国的现代化建设。不论他们过去的政治态度如何，都欢迎回来参加社会主义建设，给予妥善安排，并实行出入自由，来去方便的政策"。[②] 到 2000 年，"支持留学、鼓励回国、来去自由"的方针得以确立，并成为我国留学归国工作的总方针。

第二，鼓励"为国效力"。鼓励留学生回国服务是留学归国政策的基本点，方式有多种。一是资助留学生短期回国讲学。1992 年 8 月，教育部出台了专门文件，明确择优资助已获得博士学位的留学人员，鼓励和支持留学生在国内进行短期讲学工作。随后，人事部同样出台了相关办法，资助对象为一年以内回国到非教育系统工作的在外公费和自费留学人员。二是资助留学生短期回国工作。具体包括：1996 年的"春

[①] 邓小平文选（第 3 卷）［M］. 北京：人民出版社，1993：378.

[②] 加快改革开放和现代化建设步伐 夺取有中国特色社会主义事业的更大胜利——在中国共产党第十四次全国代表大会上的报告［M］. 北京：人民出版社，1992：234.

晖计划"，择优资助已获得博士学位并在本专业领域取得突出成就的优秀留学人员短期回国工作；1998 年的"长江学者奖励计划"，资助海外优秀留学人员回国短期工作或竞聘高等学校特聘教授岗位，参与中国高等院校的建设。三是资助留学生为西部建设出力。2002 年 10 月，教育部专门印发了《关于吸引国外留学人员为西部服务，支持西部建设有关工作的函》，激励海外留学人员短期到西部工作。

第三，提升和完善留学生归国服务工作。国家在完善留学生归国服务上提出了行之有效的政策。一是解决留学生子女入学难的问题。如，2000 年教育部出台了《关于妥善解决优秀留学人员子女入学问题的意见》，提出了"适当照顾、特事特办"的原则。二是建立留学生回国绿色通道。为了吸引海外高层次人才回国服务，2007 年 2 月，多部委联合发布了《关于建立海外高层次留学人才回国工作绿色通道的意见》，规定回国工作的高层次留学人才经批准可以不受各种限制，其在工作报酬、配偶就业等方面将享受更多便利条件。

2. 新时代的留学归国政策（2013 年至今）

随着中国特色社会主义进入新时代，实现"两个一百年"目标以及中华民族伟大复兴中国梦的伟大使命更加紧迫。以习近平为核心的党中央明确提出构建具有全球竞争力的人才制度体系，将留学人员作为统战工作的新着力点，不断优化留学归国政策。

第一，鼓励回国、来去自由、发挥作用。2013 年 10 月，习近平在欧美同学会成立 100 周年庆祝大会上明确阐述了留学归国政策，在原来"鼓励回国、来去自由"的基础上加上了"发挥作用"，强调让留学生"学有所用、才尽其能"，使留学生"回到祖国有用武之地，留在国外有报国之门"。① 随后，在 2015 年 5 月召开的中央统战工作会议上，习

---

① 在欧美同学会成立 100 周年庆祝大会上的讲话［N］. 人民日报，2013-10-22.

近平更是系统提出了"支持留学、鼓励回国、来去自由、发挥作用"的 16 字方针,这是对新时代留学归国政策的完整归纳。

第二,加大留学人才引进力度。当今中国高度重视人才,尤其是掌握着高精尖技术的海外留学人才。除了国家级的"千人计划"和"长江学者奖励计划",全国各地也实施了具有自己特色的人才支持计划,如北京的"高创计划"、上海的"浦江人才计划"、湖北的"楚天学者计划"、山东的"泰山学者计划"、广东的"珠江人才计划"等。

第三,鼓励留学生创新创业,营造良好氛围。2014 年 12 月,李克强在全国留学生工作会议上首次发出"大众创业、万众创新"的号召,提出要为归国留学人员营造环境、搭建舞台,鼓励他们成为大众创业、万众创新的生力军。2015 年 1 月,人社部印发了《关于做好留学回国人员自主创业工作有关问题的通知》,明确留学生归国可按规定享受创业指导、创业培训等各项政策优惠,为回国留学生自主创业提供了充分的政策保障。2016 年 7 月,中国人民银行联合其他部委发布了《中华人民银行 财政部 人力资源社会保障部关于实施创业担保贷款支持创业就业工作的通知》,允许回国的留学人员通过担保申请创业贷款,解决了留学生回国创业资金方面的短缺之急。2017 年国务院一系列文件更是提出:要促进留学回国人员就业创业,实施留学人员回国创新创业启动支持计划;鼓励留学人员以知识产权等无形资产入股方式创办企业;简化留学人员学历认证等手续,降低服务门槛等。

四、关于留学归国人员就业导向的一些思考

我国当前正处于产业创新升级的关键期,急需优秀的海归学生加入国内双创大军,将国外习得的先进管理经验和科学技术应用于国内产业升级当中。当前新兴产业发展势头迅猛,尤其在大数据处理、人工智能应用、区块链金融创新等前沿领域,对人才求贤若渴。国内大学申报一

个前沿专业，需要繁琐的报批手续，再加上至少四年的培养周期，会让这种人才的供给具有滞后性。而国外高校拥有充分的办学自主权，可以迅速增设前沿专业。这种局面下，掌握了国外前沿科技动态的海归群体，应当在国内受到重视，获得更多施展才华的广阔舞台。

学生层面的建议如下：

第一，树立正确的留学观念。出行前，提前做好留学规划，根据兴趣专长、职业发展选择学校和专业，不要跟风和盲目选择。同时，充分认识到留学投资与收益的关系，不能存在短视和急功近利的想法。留学过程中，要努力提升个人素质，以自身综合实力的提升作为核心目标，万万不能将海外留学仅仅当作"镀金"的手段。

第二，建立前瞻性就业视野。十九大报告提出，建设现代化经济体系，必须把发展经济的着力点放在实体经济上，明确国家经济发展方向，洞察实现个人价值的领域并提前做好准备。随着"一带一路"的建设、自由贸易试验区的成立和西部开发的扩大，留学生应该放宽就业视野和期望，充分寻找发挥个人优势的舞台。

政府层面的建议如下：

第一，设立和完善统一的留学人员回国服务平台。借鉴"千人计划"服务窗口的模式，为不同层次的留学人员回国就业提供相应的菜单式服务。根据留学人员的积聚程度，建立涵盖产业布局、人才政策、就业信息、生活服务的一体化平台，完善留学人员信息库，实现部门信息互联互通，提高就业服务的质量和效率。

第二，创新就业服务方式。建立出国留学和回国人员就业一体化的工作理念，整合就业信息渠道，将留学人员就业服务工作前移，建立不受地域、时空限制的留学回国人员就业社区，实时传递国内经济社会发展动态和就业信息。根据国内需要，开展针对不同类别的留学人员就业的差异化服务。

总之，世界需要一个更加开放的中国，中国也需要一个更加包容的世界。面对国内日益活跃的出国留学趋势，我们既要看到中国学生出国和归国规模不断扩大的现实情况，也要认清由于教育国际流动给国内教育和就业市场带来的各方面影响，立足实际分析问题，迎接挑战。同时，应努力办好国内高等教育，提高国际化水平，将中国高等教育推向世界，从而增强我国高等教育在国际上的竞争力，争取更强有力的话语权。

◎ 参考文献

［1］李强，孙亚梅．对于中国大学生出国留学四个趋势的认识与思考［J］．北京行政学院学报，2018（5）．

［2］杨梅．我国留学人员回国就业的影响因素及对策建议［J］．中国就业，2018（5）．

［3］张俊，莫岳云．论新中国成立以来我国留学归国政策的历史演进［J］．党史研究与教学，2018（5）．

［4］孙榆婷．出国镀金，回国高薪？［J］．金融研究，2016（11）．

［5］中信银行股份有限公司．2018出国留学蓝皮书——基于留学中介评价指数［R］．北京：中信出版集团，2017．

同伴教育模式在医学类
来华留学研究生中的应用

胥 欣 杨雨飞

武汉大学第二临床学院

随着中国经济、教育、文化的快速发展，以及中国"一带一路"倡议的不断推行，越来越多的留学生来到我国学习。据教育部 2010 年发布的《留学中国计划》，规划 2010 年至 2020 年留学生人数将从 25.6 万人增至 50 万人，其中医学类留学生数量呈逐年上升趋势。① 随着我国医学留学生规模逐年扩大，提高医学留学生教育质量是办好我国医学留学生教育的核心，是重视医学留学生临床教育的关键。目前医学类来华留学本科生教学管理不断规范，教育质量不断提升。但是现在医学类来华留学研究生教学管理还处于探索阶段，各个高校医学类来华留学研究生的培养方案和培养模式不尽相同，医学类来华留学研究生的层次和培养质量也参差不齐。

同伴教育是一种同伴合作、互动的教学策略。最早的有系统组织的同伴教育是 18 世纪末 19 世纪初英国人安德鲁·贝尔和传教士兰卡斯特采用的"导生制"②，此后，同伴教育思想逐渐应用于不同的教育领

---

① 黄正. 提高来华留学生医学教育质量的思考 ［J］. 中国高等医学教育，2014，27（2）：22-24.

② 严海. 论导生制的起源、发展及其变迁 ［J］. 湖北理工学院学报，2012，29（6）：73-80.

域。同伴教育是一种由拥有相似经历、遇到相同问题等具有共性特征的两人以上的相互影响参与者，在知识储备、认知行为、思想观念、心理情绪等方面进行正向影响的活动，简单地描述为同伴之间相互施教并彼此受益的学习形式。通过这种教学模式可以充分调动学习参与者的主动性和积极性，培养参与者的合作精神和社交能力。在医学教育教学中，同伴教育是指通过地位平等或匹配的同伴积极主动的帮助和支援来获取知识和技能的学习活动。① 有研究表明，同伴教育可以增强留学生实习过程中的适应性、理解能力、沟通能力及临床技能，提高临床实习质量，有效克服留学生在新环境下的畏惧心理。通过同伴引导，可以加快学生由被动学习到主动学习的转化过程，增强其发现问题、解决问题的主观能动性，提高对疾病的逻辑分析能力②，建立完善的临床思维③。

随着我院医学类来华留学研究生人数逐年增加，培养要求不断提高，为促进医学类来华留学研究生了解和适应校园环境和学习环境，帮助学生快速掌握临床实习和课题开展需要的知识和能力，提高学生日常和导师、患者、带教老师等的沟通技巧等，我院正积极探索同伴教育在医学类来华留学研究生培养中的应用。

一、同伴教育促进医学类来华留学研究生快速适应校园环境和学习环境

我院每年招收的医学类来华留学研究生来自 10 余个不同国家，有

---

① Topping, Keith J. Peer-assisted Learning [M]. Lawrence Erlbaum Associates, Incorporated: Ebsco Publishing, 1998.

② 丁雄，王羽. 同伴教育模式在医学留学生外科临床实习中的作用 [J]. 医学教育探索，2010，9（10）：1364-1365.

③ 孙鹏，徐丽，韩继媛. 同伴互助教学模式在留学生急诊临床实习中的应用研究 [J]. 中华医学教育杂志，2014（1）：47-48.

着不同的教育背景和学习能力，特别是大部分学生是初次来到中国，这给他们研究生阶段的学习增加了难度。因此，帮助学生快速适应校园环境和学习环境尤为重要，这样可以提高学生的融入感，能够更快地进入学习状态。

我院在医学类来华留学研究生入校后，即为学生安排高年级留学研究生同伴，带领学生参观学院，介绍学校和学院教学环境，参见医学科研中心，让学生了解在研究生阶段将要生活和学习的地方，以及熟悉需要轮转的科室、课题开展中需要用到的实验室和仪器等，让留学生对学院有初步的认识，方便他们更好地规划研究生阶段的学习。安排高年级留学研究生同伴带领学生熟悉环境、介绍学院，一方面促进高年级留学研究生加深对学院的了解和认同；另一方面使留学生之间的交流更加充分，沟通更为深入，效果更加明显。另外，高年级留学研究生更清楚刚入校学生的困惑和需求，能够更有针对性地介绍和引导，使入学适应性教育开展得更有效。

二、同伴教育帮助留学研究生快速掌握临床实习和科研能力

医学类来华留学研究生根据培养要求，需要进行临床实习，掌握相应的临床工作能力。国内医学院校留学生临床实习带教方式、方法不尽相同。留学生临床实习带教教师通常为科室英文较好的医师，而临床医生由于身份的特殊性，他们既要完成查房、做手术、出门诊、写病历等医生的基本工作，又要抽时间来完成留学生的带教工作，往往会导致他们分身乏术、精力不足，结果很难做到手把手地去完成带教工作，这些因素导致留学生有时只能在旁边观摩而不能动手实践，这严重制约了留学生的临床实习，而且会让留学生有被忽略的感觉，继而产生消极实习

的情绪。① 因此，同伴教育在医学类来华留学研究生实习中可以发挥重要作用，在学生临床实习中，安排一同临床实习的国内专业学位研究生作为同伴，进行同伴教育。选取同伴后，留学生和国内学生相互介绍情况，留取联系方式，建立联系，同时学院对留学生研究生和国内专业学位研究生分别提出相关要求，明确各自责任，相互学习，相互促进。

国内专业学位研究生在临床工作中处于一线，具有较高的临床能力和医患沟通能力，同时相对于临床老师，其与留学生研究生接触时间最多，因此国内研究生可以作为留学研究生临床教学中的重要师资力量。国内专业学位研究生不仅可以向留学研究生介绍临床实习要求、患者病情、处治方案，还可以帮助留学研究生和病人及家属沟通，也可以帮助提高留学研究生的汉语水平。通过同伴教育，国内研究生也可以提高自身的教学能力、沟通能力、英语表达能力等。

在课题开展学习方面，由于留学研究生的导师都是临床一线医生，没有太多的时间和精力指导学生进行课题设计、开题、课题开展、论文撰写等，因此同伴教育在留学研究生课题开展和科研训练中也起到了至关重要的作用。学生在课题开展前，学院会安排科研能力较强的留学研究生和国内研究生对学生进行指导，包括如何进行课题设计、基本实验技能、文献检索与阅读技巧、如何撰写科研论文、如何发表论文等方面。同伴教育为留学研究生树立了榜样，也为他们提供了课题开展的平台和能力，能够促进留学研究生更好地进行科学研究，提高他们的科研思维和科研能力。

三、同伴教育帮助提高留学研究生的沟通能力

医学类来华留学研究生在研究生培养阶段，需要与导师、带教老

---

① 隋洪玉，赵晓莲，齐淑芳，贾秀月，王伟群．浅议医学留学生教育存在的问题及应对措施［J］．广东化工，2018，459（6）：249-261.

师、教学管理人员、病人及其家属沟通，因此沟通技巧尤为重要。但由于语言、文化等差异，医学类来华留学研究生在和他人沟通中常常会出现一系列问题，因此学院在医学类来华留学研究生培养的各个环节安排不同类型的同伴进行同伴教育，能更好地帮助留学研究生提高沟通能力。在临床实习中，同伴可以帮助留学生更好地和病人及家属沟通，也可以辅助他们和临床带教老师沟通。同时，同伴可以相互分享如何和导师进行良性互动和沟通，如何能够积极主动地学习，积极主动地和他人沟通以获取更多的帮助、支持和指导。留学研究生在学习中，更需要发挥积极主动的学习精神，这样才可以获得更多的机会，从而快速成长。

医学类来华留学研究生教育已成为我国医学教育的重要组成部分，是我国医学教育先进性的重要体现，也为扩大我国医学影响力作出了巨大贡献。培养优秀的医学类来华留学研究生已经成为我国医学教育的重要课题。同伴教育不仅能提升学生的快速适应能力以及对在中国学习的认同感，也能够帮助他们更好地掌握学习能力和学习技巧，更好地适应临床实习和科学研究，同时通过同伴教育，也能大大提高同伴们的沟通交流能力，促进学生全面发展。学院通过同伴教育，大大地提升了我院医学类来华留学研究生的培养质量。

高等教育竞争力现状

李 洁

武汉大学国际教育学院

一、引言

全球化的出现和知识经济的兴起对高等教育系统和制度变革产生了重大影响（Mok，Welch，2003）。① 在全球化对高等教育的影响研究方面，学者们普遍认为全球化对高等教育的发展方向产生了如下重大变化：高等教育大众化，高等教育管理（包括私有化），高等教育质量的责任和保障机制的改变，以及高等教育国际化等。在此背景下，高等教育已经成为具有高度竞争性特征的市场。学者们对于高等教育全球竞争的前提条件（概念定义）、发展条件（影响因素）等问题展开了研究，从研究方法上看，现有的研究主要基于微观视角、宏观视角和综合视角予以开展。本文尝试对国内外现有的重要文献进行梳理，在探索高等教育竞争力概念的基础上厘清影响高等教育竞争力的因素，并对评估高等教育竞争力的不同研究方法进行介绍和评价，最后基于综述对高等教育竞争力的研究方向进行讨论，为科学构建高等教育竞争力的研究路径提

---

① Mok，K. H.，Welch，A. Globalization and Educational Restructuring in the Asia Pacific Region ［M］. Basingstoke：Palgrave Macmillan，2003.

供工作基础。

二、高等教育竞争力概念的界定

竞争的"核心在于能力、竞争的可能性，即竞争本身"①，它是创造和保持竞争优势的能力。在对近十年的相关研究中关于高等教育竞争力的概念界定进行梳理后发现，由于高等教育竞争力是一个综合性的问题，在不断变化的、动态的宏观经济环境因素的影响下，竞争本身的性质也在发生变化，因此研究者们对其概念的界定并没有达成共识，可以说高等教育竞争力是一个不断根据内外部条件，对其内涵和外延进行更新且更新速度较快的概念。同时，由于高等教育系统的复杂性和特殊性，对高等教育竞争力的界定从宏观视角（一国或地区的教育体系）和微观视角（教育机构）两个层面展开。鉴于篇幅限制，下面分别选取两个层面具有代表性的界定予以简介。

在宏观视角层面，中央教育科学研究所国际比较教育研究中心（2008）将其定义为："教育竞争力是一个国家综合实力的重要组成部分，是国家通过改善教育内部和外部的条件，优化教育质量，培养创新人才，普遍提高国民素质，并扩大教育影响力，从而在国际竞争中取得人力资源储备之优势的能力。"为了使教育竞争力的量化评价得以实现，我们进一步将上述定义简化为："教育竞争力是一个国家的教育产出在和别国比较时所具有的相对优势和能力，其内涵包括四个层面：教育发展水平，包括正规与非正规教育的规模以及教育质量；教育对人力资源的贡献；教育对经济的贡献；教育对知识创新的贡献"②。

在微观视角层面，Ashmarina 等人（2015）认为竞争体现了高等教

---

① G. Dimitrova. T. Dimitrova. Competitiveness of the Universities：Measurement Capabilities [J]. Trakia Journal of Science，2017，15（1）：311-316.

② 中央教育科学研究所国际比较教育研究中心．中国教育竞争力的国际比较研究 [R]．中央教育科学研究所，2009.

育机构基于内部和外部条件（竞争力因素）而形成的优势，以满足内部和外部利益相关者需求的能力，并可以通过其在三个市场中的竞争力来定义：第一，在教育服务市场上满足学生、企业界、社会和国家对高质量教育服务的需求；第二，在科研和开发市场上满足企业界和国家对高水平研发成果的需求，以及社会对科学价值的需求；第三，在劳动力市场上满足企业界和国家对高素质人才的需求，以及满足社会对失业率下降的需求。他们还进一步指出，高等教育机构普遍竞争力的最重要特征也包括其内部利益相关者（教职工）的满意度，并提出了两个实现路径：其一，在物质层面，满足体面劳动条件下教职工的需求；其二，在精神层面，使教职工拥有归属感。①

综合来看，在界定高等教育竞争力时，按视角的不同，其定义的侧重点也有明显的差异，而宏微观层面的视角一般会考虑高等教育如下一些重要的特性：第一，高等教育影响一国或地区长期的经济和社会福利增长；第二，良好的高等教育系统运行环境是构成竞争力的重要因素。

三、影响高等教育竞争力的因素

对高等教育竞争力的影响因素展开的研究比较多，研究者们基本上是基于内部条件和外部条件对影响高等教育竞争力的因素展开研究，可以看出这与传统的分析国家竞争力的研究路径是一致的。

1. 内部条件

Mainardes 等人（2011）应用资源和能力理论分析了高等教育机构

---

① Ashmarina, S I, G R Khasaev, I A Plaksina. Methodological Basis of Higher Education Institution Competiveness Assessment［J］. Review of European Studies，2015，7（2）：49-57.

的竞争力。① 资源与能力理论认为可持续的竞争优势依赖于独特的资源和能力，组织机构可以把这些资源和能力应用于环境竞争中，并利用 VRIO（Value，价值；Rarity，稀缺性；Inimitability，难以模仿性；Organization，组织）模型来对资源进行综合评估；只有那些通过了 VRIO 模型综合评估的资源才能被认为是具有竞争力的、有价值的资源，进而使高等教育机构获得竞争优势。

Matkó 和 Szücs（2012）基于资源的战略研究方法，认为客户价值和核心能力是形成一个组织长期竞争力的基础，并把影响竞争力的这两个重要方面阶段性的发展过程定义为"竞争力螺旋"，其中"竞争力螺旋"涉及的构成高等教育竞争力的因素包括财务资源、物质资源、技术资源、市场地位、组织能力和人力资源等。他们认为随着这些战略因素的发展和"竞争力螺旋"的完备，战略规划设计工具将被落实到具体的步骤，以促进高等教育机构获得长期的竞争力。②

Ashmarina 等人（2015）认为高等教育机构的内部流程可以分类为教育、研究和行政流程，影响高等教育机构竞争力的内部因素包括人员、知识、物质、财务和基础设施等方面。③

2. 外部条件

外部条件包括宏观环境因素和微观环境因素，其中宏观环境因素

① Mainardes, E W, J M Ferreira, G Tontini. Creating a Competitive Advantage in Higher Education Institutions: Proposal and Test of a Conceptual Model [J]. International Journal of Management in Education, 2011, 5 (2/3): 145-168.

② Matkó, A, Szücs, E. The Strategic Management Tools and Their Relation to Competitiveness in Higher Education, Annals of the Oradea University [J]. Fascicle of Management and Technological Engineering, 2012, 21 (2): 1-7.

③ Ashmarina, S I, G R Khasaev, I A Plaksina. Methodological Basis of Higher Education Institution Competiveness Assessment [J]. Review of European Studies, 2015, 7 (2): 49-57.

主要指受国家政策环境影响的因素，具体包括社会、科技、经济、政治和法律等方面；微观环境因素主要指不同类型的高等教育机构关系分析，具体包括与社会、与公司、与政府、与潜在学生和学生权力的关系分析等。

在宏观环境因素方面，为了厘清相互交织的、复杂的高等教育背景及各因素对高等教育部门的影响，Marginson 和 Rhoades（2002）引入了一个新术语"glonacal"（glonacal ＝全球＋国家＋本地），他们认为，通过在全球范围内给高等教育机构的竞争创造机会和条件，可以全方位提升它们的竞争潜力。① Marginson（2004）进一步指出，国家环境因素的重要性主要体现在国家需求和国家资源两个方面：首先，在高等教育体系参与提高国家公共福利的过程中，显然不仅需要市场需求的贡献，也需要国家需求（社会需求）的贡献；其次，国家资源是提高教育机构竞争力的重要保障。② Labas 等（2016）认为适当的教育水平和质量标准、国际化以及国际认证是影响教育竞争力的因素。③ 此外，跨文化环境（Galkin 等，2015）也被认为是提高高等教育竞争力的因素。④

在微观环境因素方面，研究者对于影响高等教育竞争力的因素分析还涉及以下方面：Dimitrova 等（2017）认为影响高等教育机构竞争力的因素包括教育服务提供者的资格水平、高等教育机构的形象和教育市

---

① Marginson，S，G Rhoades. Beyond National States，Markets，and Systems of Higher Education：A Glonacal Agency Heuristic［J］. Higher Education，2002，43（3）：281-309.

② Marginson，S，Competition and Markets in Higher Education：A "Glonacal" Analysis，Policy Futures in Education［J］. 2004，2（2）：175-244.

③ Labas，I，E Darabos and T O Nagy，Competitiveness-Higher Education，Studia Universitatis "Vasile Goldis" Arad — Economics Series［J］. 2016，26（1）：11-25.

④ Galkin，D V，N V Pogukaeva，V V Ageeva，A M Nikolaeva. Intercultural Environment as a Competitive Advantage of Higher Education System，Contemporary Educational Researches Journal［J］. 2015，5（2）：55-61.

场服务主要参与者的满意度等;① Komárek 等人（2017）认为国际认可的学习课程、整个学习课程项目中英语授课课程的比例、应用科学大学在整个高等教育系统中的作用是影响高等教育竞争力的因素;② 此外，知识管理（Nguyen 等，2016）也被认为会对提高高等教育竞争力产生影响。③

四、高等教育竞争力的主要研究方法

和目前还没有普遍接受的定义一样，现有研究中也不存在单一的、普遍适用的方法来对高等教育竞争力进行评估和分析。从研究视角来看，现有对高等教育竞争力的评估和研究模型包括：从国家层面出发的宏观视角，从教育机构出发的微观视角，以及综合考虑影响高等教育体系和机构竞争力诸多因素的综合视角。

1. 宏观视角的研究

Ilieva 等人（2017）发展了一个宏观政策分析框架，从三个方面（学生的流动性、合作研究和跨境教育）来对国家的高等教育政策进行评估，该报告涉及了 38 个国家或地区，运用了 37 个定量分析指标，重点考察了不同国家或地区的高等教育政策和各国或地区高等教育机构与

---

① Dimitrova, G, T Dimitrova. Competitiveness of the Universities：Measurement Capabilities ［J］. Trakia Journal of Science，2017，15（suppl. 1）：311-316.

② Komárek, J, J Dočkal, P Marković, N B Barbora, F Rigel. Higher Education for Higher Competitiveness ［J］. Journal on Efficiency and Responsibility in Education and Science，2017，10（2）：34-43.

③ Nguyen, H., Pattinson, S., Scott, J. Managing Knowledge for Innovation to Gain Competitiveness ［C］. 4th International Conference on Innovation and Entrepreneurship. Toronto：Academic Conferences and Publishing International Limited，2016：191-197.

政府部门的支持性战略决策。①

Matko 和 Szucs（2012）利用 PEST 分析法对影响高等教育机构竞争力的因素进行分类分析，具体包括：P 即 Politics，政治因素，考察政府政治决策对高等教育机构的影响；E 即 Economy，经济因素，考察创业组织对高等教育机构发展的影响；S 即 Society，社会因素，考察文化、人口、职业态度、教育水平等因素对高等教育机构的影响；T 即 Technology，技术因素，考察研发、技术改变和创新对高等教育的影响。②

中国教育科学研究院国际比较教育研究中心（2017）提出了高等教育竞争力研究的火箭模型，该模型分三个部分：火箭启动级——高等教育投入，并认为启动虽然对火箭的升空有影响，但不直接决定火箭飞行的高度和距离，因此提出高等教育投入只作为高等教育竞争力的影响因素，而不直接参与高等教育竞争力模型的构成；火箭第二级——高等教育发展水平和火箭第三级——高等教育的贡献（即高等教育对经济社会发展的推进作用），并认为作为火箭的第二级和第三级，高等教育发展水平和高等教育的贡献直接决定火箭升空后飞行的高度和距离，所以是构成高等教育竞争力模型的重要组成。③

2. 微观视角的研究

Healey（2015）提出了一个包含四核（Distance Learning，远程学习；

---

① Ilieva, J., Tsiligiris, V., Killingley, P., Peak, M, The Shape of Global Higher Education. International Mobility of Students, Research and Education Provision [R]. London：British Council, 2017（2）：1-40.

② Matkó, A, Szücs, E. The Strategic Management Tools and Their Relation to Competitiveness in Higher Education, Annals of the Oradea University [J]. Fascicle of Management and Technological Engineering, 2012, 21（2）：1-7.

③ 中央教育科学研究所国际比较教育研究中心. 高等教育竞争力：模型、指标与国际比较 [J]. 教育研究, 2017（7）.

IBC，国际分校；Franchise，特许经营；Validation，授权）的模型。① 该模型虽然为高等教育机构的竞争力评估提供了一种有用的分析工具，但它主要关注机构的名誉风险，未能对跨境高等教育机构竞争力的提升提供更多、更广的战略方面的见解。

Shams 和 Huisman（2011）利用邓宁的国际生产折衷理论（OLI 模型，O 即 Ownership，所有权；L 即 Location，区位；I 即 Internationalization，内部化）来评估不同类型的跨境教育和机构的战略，并指出战略资源转移管理对跨境教育的中长期竞争地位和管理行为产生重要影响。②

Wilkins 和 Huisman（2012）以高等教育机构海外分校为主要研究对象，利用斯科特组织理论的三大基础要素理论（Scott's Three Pillars of Institutions）作为分析框架考察了高等教育机构的跨境教育决策和战略，并认为一系列宏观社会力量和组织机构的混合作用（如海外分校的合法性、地位、制度距离、风险等）影响高等教育机构的战略决策和竞争地位。③

3. 综合视角的研究

Wilkins（2016）提出了一个机构导向、产业导向、资源导向"三位一体"的路径框架来评估高等教育机构的跨境教育发展，并认为国家层面的影响（如环境因素、产业因素等）应该与机构的资源和能力相匹配，综合反映其竞争地位。④

① Healey, N M, Towards a Risk-based Typology for Transnational Education ［J］. Higher Education, 2015, 69（1）：1-18.

② Shams, F, J Huisman. Managing Offshore Branch Campuses ［J］. Journal of Studies in International Education, 2011, 16（2）：106-127.

③ Wilkins, S, J Huisman. The International Branch Campus as Transnational Strategy in Higher Education ［J］. Higher Education, 2012, 64（5）：627-645.

④ Wilkins, S. Establishing International Branch Campuses：A Framework for Assessing Opportunities and Risks ［J］. Journal of Higher Education Policy and Management, 2016, 38（2）：167-182.

五、延伸讨论

上述研究从不同视角和路径对高等教育的竞争地位和政策评估提供了有价值的见解，但他们对高等教育竞争力的分析普遍缺乏广泛性和综合性，例如没有考虑到人力资源的可用性、人口统计因素和需求方面的因素（如收入）等问题。

波特（M. Porter，1990）① 的钻石模型是评估竞争力的最广泛应用的工具之一，最早主要用于评估国家竞争力，后来也被用于评估经济部门的竞争力，近年来在高等教育领域中被广泛应用，应用方向包括：科研竞争力的研究（Curran，2000）②，各国学科比较优势的研究（Harzing、Giroud，2014）③，国家高等教育体系竞争力的研究（Stonkiene、Matkeviciene、Vaiginiene，2016）④，以及对跨境教育东道国的评估（Tsiligiris，2018）⑤ 等。波特的钻石模型分为内部因素和外部因素的分析逻辑，和现有对高等教育竞争力的理论分析逻辑非常相似，因此用来加以适应性地应用和拓展后，非常适合用来对高等教育的国际竞争力展开研究。

---

① Porter, M. E. The Competitive Advantage of Nations［M］. New York：Free Press，1990.

② Curran, P J, Competition in UK Higher Education：Competitive Advantage in the Research Assessment Exercise and Porter's Diamond Model［J］. Higher Education Quarterly，2000，54（4）：386-410.

③ Harzing, A-W, A Giroud. The Competitive Advantage of Nations：An Application to Academia［J］. Journal of Informetrics，2014，8（1）：29-42.

④ Stonkiene, M, R Matkeviciene, E Vaiginiene. Evaluation of the National Higher Education System's Competitiveness：Theoretical Model［J］. Competitiveness Review，2016，26（2）：116-131.

⑤ Tsiligiris, V. An Adapted Porter Diamond Model for the Evaluation of Transnational Education Host Countries ［J］. International Journal of Educational Management，2018，32（2）：210-226.

　　值得注意的是，在应用和拓展波特的钻石模型来考察国家高等教育竞争力时，需充分考虑到高等教育体系的特殊性，即：一国或地区的高等教育环境，不仅关系到高等教育部门和机构的竞争，而且与公共（国家）福利密切相关；高等教育体系（包括高等教育机构本身）的竞争力首先就体现在创造、维持和发展这种环境的能力上。因此，对一国或地区高等教育竞争力的评估，首先需要考察竞争环境，考察该环境是否既有益于高等教育机构展开竞争，又能够响应国家和社会公共利益的目标和提升公共（国家）福利水平。

　　综上所述，作为构建高等教育竞争力研究路径的基础性工作，本文的主要目的是探索高等教育竞争力研究的开展方向。为此，本文对国内外相关现有重要文献进行了梳理，梳理内容主要包括：高等教育竞争力概念的界定，影响高等教育竞争力的因素和高等教育竞争力的研究方法。主要结论是：第一，高等教育竞争力是一个不断根据内外部条件对其内涵和外延进行更新且更新速度较快的概念；第二，高等教育竞争力影响因素的研究主要分为内部环境和外部环境两方面；第三，波特的钻石模型是研究高等教育竞争力较为理想的分析工具。

国际教育传播与国际
教育工作者的时代使命

郭　莉

武汉大学法学院

教育传播是人类传播活动的重要形式，国际教育传播，或者教育对外传播，则因其特殊的受众而引人关注。教育对外传播更讲求教育环境和教育效果，因此有别于对外宣传。作为高校的教育传播者，或者国际教育工作者，我们以传播优秀中国文化、服务国家文化软实力建设、加强国际传播能力、提高国际话语权为导向，培育优秀的留华人才，使其成为知华友华人士和合格的中国故事讲述者。

习近平总书记在 2018 年 8 月的全国宣传思想工作会议上指出："要推进国际传播能力建设，讲好中国故事，传播好中国声音，向世界展现真实、立体、全面的中国，提高国家文化软实力和中华文化影响力。"这一重要论述赋予我国国际教育传播工作者新的时代使命，也为国际教育传播工作者指明了前进方向和奋斗目标。笔者认为，在"一带一路"建设的新时代背景下，当前我国高校国际教育工作者肩负的时代使命是创新思路，培育合格的中国故事讲述者。结合新时代背景，从武汉大学来华留学教育的实践出发，笔者认为，可以用以下三点来阐释这一时代性命题。

一、全员全方位全过程培育是良好基础

对于高校国际文化学院或者国际教育学院而言，培育合格的中国故事讲述者，关键在于做好国际学生的思想工作，或者说"人心工作"。毋庸置疑，培育合格的中国故事讲述者，关键还是在人，在于国际教育工作者。从事对外汉语教学的教师、国际学生辅导员和管理人员，是直接传播中国声音、影响国际学生的第一线人员。

1. 国际学生辅导员责任重大

在国家政策层面，国际学生辅导员已受到高度重视，在实际工作中，国际学生辅导员已成为培育中国故事讲述者的新生力量。2017 年 3 月，教育部、公安部、外交部联合颁布的《学校招收和培养国际学生管理办法》（以下简称"42 号令"）明确要求，高等学校应当设置国际学生辅导员岗位，并对国际学生辅导员的配比做了具体规定，即不低于中国学生辅导员比例，与中国学生辅导员享有同等待遇。至此，国际学生辅导员成为"讲好中国故事"的重要力量，也是培育合格的中国故事讲述者的重要主体。

其实，在"42 号令"颁布之前，武汉大学已经意识到国际学生思想政治教育工作的重要性，已经提前部署，在国际教育学院设置了"国际学生辅导员"岗位。作为国际学生学习、生活、思想上的指导者，国际学生辅导员发挥了积极作用。

2. 课堂内外都是育人主场

课堂上的汉语教学是讲好中国故事的重要阵地，教学人员必须精心准备。而课堂外的文化体验，则可以强化留学生对中国故事的认知和认同，同样需要精心策划。各高校广泛开展的"感知中国""留动中国""歌咏中国"等活动，就是目前普遍开展的形式，有点类似"浸入式活

动"（immersion programs）。武汉大学 2016 年主办的"感知中国·一带一路国际学生博士生论坛"、2017 年举办的"感知中国·壮美三峡"文化之旅，华中科技大学举办的"百名外国博士进光谷"等，这些都是通过具体的活动，让国际学生体验现代中国的方方面面。

课堂外的语言实践，包括汉语辩论赛、朗读比赛，中国节庆及民俗活动等，都是寓教于乐的讲故事的好形式。此外，语言实践往往可以和文化体验相结合，而且可以贯穿于语言习得和文化欣赏的全过程。这种结合形式灵活，而且随时随处都可以做，不一定需要大量的经费支持，譬如，各地的博物馆、美术馆、历史展览馆基本都是免费开放的。这些实践活动可以将语言学习与授课内容，还有当地的历史文化传承，以及经济社会发展状况等要素有机地结合起来，收到"润物无声"之效果。

3. 文化浸润是重要手段

当然，语言实践与文化体验的成效如何，与活动组织者的事前策划，包括活动主题、地点和路线的选择，带队老师的引导，留学生的参与热情等密切相关。所以，无论是文化体验，还是语言实践，主办方和实施者都要有具体的目标和过程控制，表面上看有点像旅游或娱乐，实际上活动都是按照设计的路线进行，中国文化浸润渗透其间，这就是实践育人。文化体验型活动在操作中技巧性强，效果直接，而且影响持久。例如，2017 年 6 月华南理工大学国际教育学院举办的"一带一路助我圆梦"留学生朗诵比赛，由于活动主题和参赛对象都经过精心设计和筛选，其间还穿插了生态农业园体验等很有意义的体验活动，因而成为国际学生讲述中国故事的成功案例之一。

此外，在学术上要对留学生加以引导，鼓励他们以发表论文的方式讲述中国故事，从效果上看，这是更高的追求。如果我们精耕细作，遍布世界各地的留华毕业生终将成为"讲好中国故事"的生力军，其中不少人会成为所在国政治、经济、教育、文化、科技领域的骨干，他们可以从学术角度"讲好中国故事"。以学术方式讲中国故事，可以影响留华毕业生所在国的精英层，甚至是决策者，有助于我们扩大国际学术话语权，还可以带来其他边缘效益。况且，"美人之美"比"各美其美"的可信度更高，宣传效果更好。

二、国际语境是讲好故事的重要载体

语境是唤起受众的兴趣、同情、参与度的重要载体，故事的语境不同，其效果可能差别很大。前面提到的"感知中国"文化体验或语言实践活动，对于留学生而言，知识性与趣味性兼得，所以整体效果普遍反映不错。

1. 用留学生更易接受的语境传播中国文化

有一个大家熟悉的、曾经连续多年盘踞各大电视台春节联欢晚会的东北二人转团队，在国内文艺舞台赢得满堂喝彩，然而，他们在美国的演出就遭遇冷场，甚至是攻击。究其原因，据说是有歧视残疾人、肥胖者等群体的嫌疑。无论是否如此，有一点是肯定的，即此类中国故事"水土不服"，不适合美国的语境，也就是典型的"中国语境下的中国故事"，而且选材不佳，所以效果适得其反。而另一个案例，是被誉为"中国版罗密欧与朱丽叶"的《梁祝》，其海外美誉远远超过《千手观音》。

用什么样的方式讲中国故事，或者说，在什么样的语境下传播中国文化，结果大不一样。上述案例证明，在中国语境下讲述中国故事的效果不一定如意。我们主张，用留学生更易接受的语境传播中国文化，在国际语境下讲好中国故事。

2. 在国际语境下讲述是讲好故事的重要方式

当然，近年来，我们不乏讲好故事的案例。广州军区战士杂技团表演的杂技芭蕾舞《天鹅湖》，自 2004 年问世以来，在澳大利亚悉尼歌剧院、英国考文特花园、俄罗斯克里姆林宫等世界顶级剧场演出过，收获了无数掌声，至今已在全球演出近千场，成功进入西方主流文化市场。也许有人会问，《天鹅湖》难道是中国故事，传播的是中国文化吗？狭义地讲，这是德国人原创、由俄罗斯人发扬光大的西方故事，但是，美国迪斯尼电影《木兰》、梦工厂动画片《功夫熊猫》的题材都源自中国，却大获成功，票房大赚，而且毋庸置疑，它们代表的是美国文化，输出的是美国人的价值观。

因此，当我们讲述中国故事时，题材不一定就要是京剧、昆曲，或者山东快板，也不一定要用我们中国的话语体系。肯德基和麦当劳为适应中国市场，推出了豆浆、油条和米饭，它们占领了中国的餐饮市场，代表的还是美国的快餐文化。可见，无论是向外国人讲中国故事，还是培育中国故事讲述者，语境都很重要，而且，我们认为，在国际语境下讲述中国故事，效果应该更好。

三、感怀感恩中国是讲好故事的最高境界

世界著名哲学家、C 管理理论创始人成中英教授曾经从"管理哲学"的角度解析如何"讲好中国故事"。他认为，留学生来华留学，不应只是求知、学技术，而应包括认知中国文化、中国人以及中国这个国家，要使留学生讲好中国故事，需要确定三个目标：感知中国、感欣中国、感怀中国。我们目前的大量工作还只是停留在"感知中国"的层面；"讲好中国故事"的终极目标或者最高境界是让国际学生"感怀中国"，也就是说，国际学生自觉自发地讲中国故事，讲关于中国的美好故事；不仅在校时讲，学成回国后也讲，后者更重要。这其实是一个"春风化雨"的过程，要让国际学生认同你的理念，愿意主动讲好你的故事，投入感情、以情动人必不可少。

1. 培养"感怀感恩"的来华留学杰出人才

2010 年，我国政府发布"留学中国计划"，提出培养"来华留学杰出人才"的目标。培养"感怀感恩中国"的"来华留学杰出人才"，武汉大学有很好的实例。两度出任哈萨克斯坦政府总理、现任哈萨克斯坦国家安全委员会主席的马西莫夫，当年初来武汉大学时，武汉大学环境法研究所原所长王树义教授亲自把马西莫夫等 10 多位苏联的留学生从武昌火车站接到学校。马西莫夫至今还清晰地记得在王老师家里吃过两次饭。1991 年苏联解体，来自苏联的留学生深感迷茫，甚至担忧自己在学校的学习和生活会受到影响，武汉大学的老师们真诚地对待他们，告诉他们"只要我们有口饭吃，就一定会有你们的"，让他们安心学习和生活。此后，武汉大学一直关心马西莫夫的个人发展，还授予其武汉大学荣誉博士学位。马西莫夫任哈萨克斯坦政府总理期间，多次访问武汉大学，并主动推动中哈合作，使两国人民"相视一笑更加灿烂、更加真诚"。

2. "感恩感怀"促进中外"民心相通"

我国政府大力倡导的"一带一路"建设已推进五年，而中外"民心相通"事关国家发展大局和"一带一路"成败。如果通过讲好中国故事，培养一大批"感恩感怀"的国际友人，那么"民心相通"必然水到渠成。

两年前媒体曾关注过一个很生动的案例。在武汉大学 2017 年国际学生毕业典礼上，有来自也门的一家六口的大家庭。他们中有三人是武大校友，爸爸和妈妈都是 1997 年从武汉大学毕业的，都是学医的，在武大呆了八九年，女儿瓦拉是当年武大硕士毕业生，学的是口腔医学专业，父母带着三个儿子专程来见证女儿的重要时刻。父亲哈马迪说，他和妻子来武汉大学前，在北京学了一年语言，但女儿是直接从也门来武汉大学求学的，她只待了三年，中文说得非常好，"我和妻子在武大求学的时候，就把她带到武大生活了一段时间，回国后又经常跟她说中文，所以她的语言不成问题。"他说，第二个孩还是在武汉出生的，并生活了三年，中国话说得也很好。而且，瓦拉的丈夫也是也门人，中文一样说得很流利，他也是留学生，今年从清华大学毕业，在北京的一家科技公司上班，所以瓦拉也打算在北京的一家口腔医院工作。现在，哈马迪是迪拜一家跨国集团的总裁，从事大型跨国连锁超市行业，在广州和义乌也都有公司。

显然，上述两则案例中的人物，都是非常优秀的、在其来源国有很大影响力的中国故事讲述者，也是武汉大学培养的"来华留学杰出人才"。从学校层面来看，这些优秀的留学生是我们人才培养质量的检验者，因为有他们，高校国际教育工作者才有足够的信心直面挑战，不辱使命；从国家战略层面来看，也是因为有了这些优秀的"中国故事讲述者"和"文化使者"，国与国之间才能做到"民心相通"，"一带一路"倡议才能得以顺利实施。

◎ 参考文献

［1］成中英．讲好中国故事的管理哲学［R］．华南理工大学"如何让留学生讲好中国故事——理论与实践探索"论坛报告，2017-06-02．

［2］张力刚．站在世界的高度梳理中国文化［R］．牛津大学"语言传播与文明对话国际学术研讨会"报告，2017-06-28．

［3］王震，等．也门一家庭出了三个武大校友［N］．武汉晚报，2017-07-01．

跨文化交际视角下的
在华留学生班级管理

张鸣宇

武汉大学国际教育学院

一、引言

班级管理在教育工作中起着举足轻重的作用，因为班级是学校最基本的单位，整个学校教育功能的发挥都是通过班级活动来实现的。尤其在高校，教学管理和学生管理相对复杂，搞好班级管理为学校各项工作的顺利运行奠定了良好的基础，也有利于教师、班主任、院系管理人员开展工作。近年来，随着中国的改革开放和经济发展，很多高校招收的外国留学生逐年增多。据教育部统计，2019 年，共有来自 202 个国家和地区的 39.76 万名留学生来华留学，其中，"一带一路"沿线 64 国来华留学生人数共计 20.77 万人，占总人数的 52.24%。大量的外国学生选择来中国留学，证明了我国的教育实力，也考验着高校留学生教学和管理。

与中国学生无异，高校留学生班级的规模一般为 25 人左右，但不同肤色的留学生来自世界各地，他们的文化背景、宗教信仰、风俗习惯等也都不一样，一个班就可以称为一个"小联合国"。中国学生一般通过高考进入高校学习，学习动机和学习目标往往较为一致，而留学生的生源比较复杂，他们有来中国学习汉语的语言进修生，也有攻读学位的本科生和研究生，尤其是语言进修生，一般是按其汉语水平进行分班，班级学生年龄不一，学习动机也有明显的差异，这给学生管理增加了一定的难度。

二、留学生班级管理的问题及对策

1. 入乡难以随俗

留学生来中国后会接触到新的教育模式和学校规定，这些可能与他们在自己国家接受的教育不太一样，有些学生难以在短时间内适应。中国的学校一般早上八点开始上第一节课，有的学生称自己从未这么早上过课，再加上时差的问题，早上第一节课迟到的现象严重，且这一现象总是时好时坏，不能从根本上解决问题。留学生迟到和旷课的问题并不是个例，究其原因，还是某些学生对学校的作息时间没有正确的认识，组织纪律性也不够强。

为了使留学生改掉迟到和旷课的坏习惯，老师们往往煞费苦心，上课签到，下课点名，出勤率和成绩挂钩⋯⋯可往往还是效果不佳。其实，可以尝试从两方面解决问题。第一，要让学生认识到无论是旷课还是迟到，吃亏的是自己，既学不到知识，也会错过老师在课堂上教授的内容。有一位汉语老师在班上制定了一个规则，规定每次汉语课的前五分钟听写上次课所学的生词，并把听写成绩当作平时成绩进行记载。这可以说是一个好办法，学生明白了老师的用意后，自然会按时上课，否则会拿不到平时成绩，也无法通过考试。第二，与某些体现个人主义价值的文化不同，中国文化崇尚集体主义，传统的农业社会和儒家思想都促使了中国集体主义价值观的形成（祖晓梅，2015）。老师要让外国学生明白这一中国传统文化价值观，并体会到它的重要性。一名学生上课迟到，不但会影响其他听课的同学，而且会打断老师上课的思路，相信迟到的学生在理解了这一点后，会改掉自身的不良习惯，逐渐适应中国学校的要求。

2. 班级缺乏凝聚力

留学生班级中，由于学生之间在语言、文化、学习动机等方面存在差异，学生在课上和课后的交流都很有限，有的留学生与同学的交流仅限于同胞之间，与中国学生和其他外国学生的交流少之又少，因此，班级相对缺乏凝聚力。尤其是语言进修班，流动性较大，多则一学年、少则一学期就会重组班级，身边的同学刚认识不久又分开，自然会影响班级凝聚力的形成。班级缺乏凝聚力的后果就是学生只专注于自己的事情，对班级活动漠不关心，长时间缺乏人际交往，以致产生社交障碍。

班主任在对留学生的思想教育中应强调团队精神、集体主义、互助合作这些思想。首先，要帮助他们克服身处异乡的困难，让他们感受到在中国这个"大家庭"里的温暖。留学生初来乍到，一切对于他们来说都是新鲜而陌生的，语言上的障碍、生活习惯上的差异会让一些学生很难适应，有些适应能力较差的学生甚至经常失眠。这时，学校和老师如果能帮他们渡过难关，他们会感受到家的温暖，并铭记于心。其次，要让留学生理解中国文化中发光的部分。团结互助是中华民族的传统美德，民主、文明、和谐、友善都是社会主义核心价值观，既然留学生身处中国，当然会经常接触当地的风俗文化，"人多力量大"，"团结就是力量"，当他们了解到这些中国文化的闪光点，并有了亲身体会后，自然会借鉴和吸收。最终，学生会明白虽然大家的文化背景各不相同，相处的时间也不长，但是相遇就是缘分，一定会建立一个团结和谐的班集体。

3. 班级文化冲突

文化冲突（culture conflict）是指两种或者两种以上的文化相互接触所产生的竞争和对抗状态。不同民族、社区和集团的文化有不同的价值目标和价值取向，都认为自己的文化是最优越的，视其他文化为危险物，当它们在传播、接触的时候，便产生了竞争、对抗甚至企图消灭对方的状况，这种冲突叫作文化冲突。

电影《刮痧》讲述了一位美籍华人在美国生活中遇到的一个困扰。影片中男主人公的儿子感冒了，恰逢爷爷来美探望，于是爷爷使用了"刮痧"这种古老的方法来给孙子治病，而这被美国人认为是不符合儿童保护法的，所以福利院的人将孩子强行抱走，剥夺了其父母的抚养权。这部电影反映了中美两个不同国家的文化冲突。在留学生班级里，不同的文化、不同的价值观、不同的思维方式会发生碰撞，有时，文化冲突会影响到教学和班级活动，老师要注意化解。

在一个汉语中级班里，有日韩学生，也有欧美学生。日韩学生往往内敛、沉稳，但一般不善于表达自己的观点，上课的时候往往低头做笔记，基本上不主动回答问题，而欧美学生却相对比较活跃，每次还没等老师问完问题就抢着回答，有的欧美学生还喜欢在课堂上对其他同学的回答甚至老师的言论提出质疑和反驳。天长日久，部分日韩学生会在私底下抱怨欧美学生张扬、爱炫耀、不尊重同学和老师，部分欧美学生也会嫌日韩学生沉闷、不易交往等。如此一来，这两种文化背景下的学生便形成了对立的"帮派"，很少交流。其实，在欧美学生的意识中，每个人都是平等的，即便学生和老师也是这样，另外，他们是在培养"批判性思维"（critical thinking）的教育中成长起来的，就是要勇于对任何问题提出自己的见解和看法。因此，两类文化背景下的学生只是由于长期养成的习惯而无法同步，并非有实质性的"冲突"。教师应设法对学生进行引导，比如多让日韩学生回答问题，给他们创造表达的机会，同时也让欧美学生学会倾听和思考，而不是一味地反驳对方的言论，这样可使班级无论在课堂上还是活动中都处于一个平衡的状态，时时处处充满和谐的气氛，班级文化冲突会随之冲淡并化解。

三、留学生班级管理的方法

1. 尊重异域文化，提高移情能力

"有朋自远方来，不亦乐乎"，中国人自古好客，中国文化能够传承数千年而不断的一个重要原因就是它具有包容精神。既然高校招收了留学生，说明他们已经具备入学资格，学校应该在学习和生活上尽量给他们提供细致周到的服务，以便留学生们顺利度过在中国的留学生活。泼水节，是泰国、老挝、缅甸、柬埔寨等东南亚国家的传统节日，有的国家把这个节日当作一个很重要的节日对待，就像中国的春节一样。节日期间，人们互相泼水祝福，祈愿洗去过去一年的不顺，并带来好运。外国学生的这些文化活动只要不对教学和他人造成影响，学校应该给予支持，这样能使他们感受到家的温暖。有一所高校招收的东南亚国家留学生较多，学校在留学生宿舍楼下专门开辟了一块空地作为这些学生庆祝泼水节的地方，这些留学生的庆祝活动还吸引了不少其他中外学生观摩，文化在不经意间也得到了传播。

在留学生班级管理中，做到尊重异域文化，也就是要设身处地为外国学生着想，这也要求教师和学生管理人员具备一定的移情能力。移情（empathy），是站在他人的立场看待问题，但要做到这一点，并不是一件容易的事。我们首先应做一个好听众，认真地倾听，了解留学生的诉求，只有明白他们需要什么，才能做好教学和管理工作。值得注意的是，提高移情能力需要充分了解异国文化，而不是以自身的文化为出发点。例如，西方学生比较注重个人隐私，不太愿意别人过多地干涉自己的生活。如果他们遇到困难，我们提供相应的帮助即可，如果帮助过度了，变成了学生的累赘，往往会适得其反。有的老师关心学生，常常嘘寒问暖，甚至像对待孩子一样多次叮嘱他们什么天穿什么衣服，这当然是关心学生的表现，中国学生都能明白，但有的外国学生会不适应，因

为他们是成人，认为像吃饭、穿衣这样的事情完全应该由自己决定。

2. 消除刻板印象，一视同仁

刻板印象（stereotype），是指对一个群体成员特征的概括性看法，也就是我们常说的"成见"。例如，护士是女的，警察是男的；法国人浪漫，德国人严谨；中国人都会功夫。这些说法就属于刻板印象。其实，只要我们懂得一切事物都是在不断变化的，不要以偏概全，就能消除刻板印象。

留学生班级是一个"小联合国"，有金发碧眼的欧美学生，有黑色皮肤的非洲学生，也有和中国人长相无异的亚洲学生，不能根据留学生的国籍对他们进行评判或定位，这样是不公平的，因为每个个体都存在差异。比如，有的老师认为非洲学生普遍比较懒惰、不聪明，也没什么上进心，便对所有的非洲学生持这种先入为主的看法，对他们也就形成了一种应付的工作态度。然而，这样做是很危险的，不但会误人子弟，也会使老师自己处于被动的地位。殊不知，非洲学生中也不乏出类拔萃者，他们并不比别人付出的努力少，更有智力和能力都非常突出的，像这样的学生如果不好好培养，简直太遗憾了。

因此，我们对待留学生和对待中国学生应是一样的，要做到一视同仁，不因国籍不同而区别对待；在规则前，人人平等，不搞特殊化；对每个学生都要挖掘他的闪光点，同时也要了解他的缺点。这样才能在留学生班级管理中增强公正性，赢得所有学生的信任，使各项工作得以顺利进行。

3. 注意高、低语境文化对留学生班级管理的影响

高语境文化和低语境文化指的是当人们进行交际时，他们对于倾听者知道多少所交谈的内容的一种理所当然的想法。在低语境交际中，倾听者对于所谈内容知之甚少，必须明确地被告知所有的事情；而在高语境交际中，倾听者已经了解了语境，并不需要提供背景信息（Hall，

1976)。中国是高语境文化的国家，人们一般用含蓄委婉的方式表达反对意见，也就是喜欢"拐着弯说话"，不直接说，需要听话者听出"言外之意"或"弦外之音"。但低语境文化的特点是线性思维逻辑、说话直接，听话者仅仅是以语言本身为基础来理解。因此，高语境文化的人和低语境文化的人进行交流会感到障碍重重。

中国老师在和低语境文化的留学生交流时，恐怕得耐着性子把话解释得非常清楚，这样才能让对方理解。在对这类留学生进行管理时，也必须制定明确的规定，提出具体的要求，否则既难提高工作效率，也会使管理效果大打折扣。当你对一个爱旷课的低语境文化的留学生说"经常旷课，恐怕很难通过这门课的考试"之类的话，这名学生听了之后可能还会继续旷课，但如果你告诉他"学校明文规定旷课时间达总课时的三分之一者将被取消考试资格，现在你已经差得不远了"，他可能会所有收敛，或者彻底改掉这个毛病。

四、结语

高校学生的班级管理从来都是一个重要而复杂的课题，而对于高校留学生的班级管理，除了组织管理以外，还涉及了跨文化交际等方方面面的问题。如果抛开留学生的文化背景因素，我们的管理工作会障碍重重，难以顺利进行。虽然管理的是一个小小的班级，但我们要以敏锐的跨文化交际意识和外事管理的高度来处理每个问题，相信各种问题在这种管理模式下能够迎刃而解。社会主义和谐社会是人类孜孜以求的一种美好社会，在科学的管理下，高校的留学生班级也能成为一个个小小的和谐社会。

◎ 参考文献

[1] 毕继万. 跨文化交际与第二语言教学 [M]. 北京：北京语言大学出版社，2009.

［2］贾玉新．跨文化交际学［M］.上海：上海外语教育出版社，1997.

［3］聂云聪，张永．高校班级组织管理构架创新研究与实践探索［J］.教育现代化，2019（6）.

［4］张洁云．浅议留学生多元化管理［J］.教育现代化，2018（11）.

［5］张迅．略谈文化差异对外国留学生管理的影响［J］.文教资料，2019（7）.

［6］赵燕．高校班级民主管理的完善研究［J］.河北工程大学学报（社会科学版），2018（9）.

［7］朱延宁．高校留学生教育管理的问题与对策探讨［J］.才智，2019（7）.

［8］朱勇．国际汉语教学案例与分析［M］.北京：高等教育出版社，2015.

［9］邹远，梁鹏飞．组织分析视角下的高校班级管理［J］.教育现代化，2019（3）.

［10］祖晓梅．跨文化交际［M］.北京：外语教学与研究出版社，2015.

［11］Hall，E. T. Beyond Culture［M］. New York：Doubleday，1976.

浅谈来华留学教育政策及
高校留学生招生策略

佘远洋

武汉大学国际教育学院

一、来华留学政策趋势

自 1950 年接受来自捷克斯洛伐克、波兰、罗马尼亚、匈牙利、保加利亚 5 个国家的 33 名留学生以来，随着国际形势的变化，国家综合实力的提升，中国教育对外开放的程度越来越高。为了指导和服务来华留学教育工作，国家在政策层面做出了多次调整。董泽宇在总结来华留学教育发展情况的基础上，将我国来华留学教育政策解析为三个阶段，即政治外交动力主导时期（1950—1977 年）、政治外交与社会文化动力主导时期（1978—1997 年）、政治外交与学术教育动力主导时期（1998 年及后期）。于富增根据来华留学生教育的规模和特点，将我国改革开放 40 多年以来的来华留学生教育分为改革开放初期（1978—1984 年）、开放的来华留学教育体制建立期（1985—1997 年）、来华留学生全面快速增长期（1998—2008 年）。程家福通过分析我国来华留学教育的历史演进，将来华留学教育分为初创时期（1950—1965 年）、曲折与复苏时期（1988—1977 年）、低速发展时期（1978—1989 年）、创立新体制时期（1990—1998 年）、法制化发展时期（1999—2010 年）。可见，我国来华留学教育呈现阶段性特点，是政治、经济、外交等因素共同作用的结果，来华留学政策既是我国来华留学教育的阶段性的反映，又深刻地影响了来华留学的群体、规模和层次。

二、来华留学政策的文本分析

20 世纪 90 年代，稳定的外交环境、持续的经济红利和不断完善的教育法制化建设，为来华留学教育的发展提供了快速通道。这一阶段的来华留学政策具有内在的连贯性，分析这一阶段的政策对于目前高校来华留学教育实践有比较直观的指导意义。

1. 来华留学政策不断完善，法制化建设稳步推进

自 20 世纪 90 年代开始的来华留学政策法规如表 1 所示。

表 1　　　　　　　　　　　来华留学政策法规

发布日期	发布单位	文件名	内　　容
1989 年 6 月	国家教委	《关于招收自费外国来华留学生的有关规定》	自费留学生管理规定
1993 年 2 月	中共中央办公厅	《中国教育改革和发展纲要》	90 年代至 20 世纪初的教育改革和发展规划
1995 年 3 月	全国人大	《中华人民共和国教育法》	教育法
1998 年 8 月	全国人大	《中华人民共和国高等教育法》	高等教育法
2001 年 1 月	教育部、外交部、公安部	《高等学校接受外国留学生管理规定》	高等学校接收和培养外国留学生工作规范

续表

发布日期	发布单位	文件名	内　容
2004 年 2 月	教育部	《2003—2007 年教育振兴行动计划》	提出"扩大规模、提高层次、保证质量、规范管理"的原则
2010 年 7 月	国家中长期教育改革和发展规划纲要工作小组	《国家中长期教育改革和发展规划纲要（2010—2020 年）》	中长期教育改革和发展战略部署
2012 年 6 月	全国人大	《中华人民共和国出境入境管理法》	中国公民及外国人出入境管理
2016 年 4 月	中共中央办公厅、国务院办公厅	《关于做好新时期教育对外开放工作的若干意见》	新时期教育对外开放方针及部署
2016 年 7 月	教育部	《推进共建"一带一路"教育行动》	"一带一路"教育合作原则、重点及安排
2017 年 1 月	国务院	《国家教育事业发展"十三五"规划》	教育事业阶段性规划
2017 年 7 月	教育部、公安部、外交部	《学校招收和培养国际学生管理办法》	学校招收、培养、管理国际学生规范
2018 年 10 月	教育部	《来华留学生高等教育质量规范(试行)》	首次专门针对来华留学生教育制定的质量规范文件

　　1989 年国家教委发布《关于招收自费外国来华留学生的有关规定》，明确了普通高等院校接收自费留学生的审批交由省级教育主管部门，"由其本人向招生院校提出申请，招生学校根据有关规定决定录取事宜"，这一文件的发布为高校主动吸引国际学生，参与国际教育全球竞争提供了政策保障。1993 年的《中国教育改革和发展纲要》提出要"进一步扩大教育对外开放"，"改革来华留学生的招生和管理办法"。

1995 年 3 月和 1998 年 8 月全国人大分别通过了《中华人民共和国教育法》和《中华人民共和国高等教育法》，以法律的形式确定了国家对教育的对外交流与合作的支持，充分授予高校在开展跨境交流与合作方面的自主权。21 世纪以来，来华留学政策更加细致。2001 年 1 月教育部、外交部、公安部发布了《高等学校接受外国留学生管理规定》，提出了"深化改革、加强管理、保证质量、积极稳妥发展"的方针。《高等学校接受外国留学生管理规定》在管理体制、外国留学生的类别、招生和录取、奖学金制度、教学管理、校内管理、社会管理、入出境和居留手续等方面做了详细的规定，为来华留学工作提供了具体的操作规章。2004 年 2 月教育部发布《2003—2007 年教育振兴行动计划》，提出"扩大规模、提高层次、保证质量、规范管理"的来华留学工作原则，为扩大来华留学生规模积极创造条件。2010 年 7 月发布的《国家中长期教育改革和发展规划纲要（2010—2020 年）》中明确提出要进一步扩大外国留学生规模，实施"留学中国计划"，"到 2020 年，使我国成为亚洲最大的留学目的地国家"，其中任务包括"接受高等学历教育的留学生达到 15 万人"。这一计划具有重要的战略前瞻意义。2012 年 6 月，随着新修订的《中华人民共和国出境入境管理法》的颁布，国家进一步减政放权、规范管理。2016 年 4 月，中共中央办公厅、国务院办公厅印发《关于做好新时期教育对外开放工作的若干意见》，提出优化来华留学生生源国别、专业布局和品牌课程建设，打造"留学中国"品牌的工作方针。作为《关于做好新时期教育对外开放工作的若干意见》的配套文件，教育部于同年印发《推进共建"一带一路"教育行动》，其以"教育行动五通"为基础性举措，以"四个推进计划"为支撑性举措，以"四方面内容"为引领性举措，为教育领域推进"一带一路"建设提供了支撑。2017 年 7 月教育部、公安部、外交部发布了《学校招收和培养国际学生管理办法》，旨在进一步规范学校在招收、培养和管理国际学生中的做法，为国际学生在华学习提供便利，进一步提高我国教育国际化水平。为了推动高等教育内涵式发展，提高来华留学质量，教育部在 2018 年 10 月发布《来华留学生高等教育质量规范（试行）》，该文件是指导和规范高校来华留学教育的全国统一的基本准则。

由此可见，自 20 世纪 90 年代以来，我国高等学校招收来华留学生政策一直向着服务国家战略、对外开放、规范管理的思路发展。从来华留学招生政策上看，国家在逐步扩大高校招生自主权的同时，根据来华留学教育实践中出现的新形势和新变化，在招收学生的规模、类别、入学标准、资格审查、奖学金设置等方面进行了规范，为高校的来华留学生招生工作提供了政策方向、制度保证和法律支持。

2. 来华留学政策对来华留学规模和结构的调整作用突出

20 世纪 90 年代以来，来华留学政策法规不断完善，各级各类学校国际教育事业稳步发展。国际学生招生规模不断扩大，学历层次、学科专业、国别结构不断完善。例如，《关于招收自费外国来华留学生的有关规定》等一系列政策极大地促进了来华自费生规模的扩大，1997 年留学生自费生人数相比 1990 年增加了 9 倍多。2010 年 6 月出台的《国家中长期教育改革和发展规划纲要（2010—2020 年）》是中国进入 21世纪的第一个教育规划，同年发布的"留学中国计划"对 2007—2020年的留学人员数量、学历留学生数量、政府奖学金生数量、来华留学示范基地建设、汉语授课品牌专业建设、英语授课品牌课程建设等重要指标做了数字量化。根据教育部 2017 年来华留学统计，该年接受学历教育的外国留学生总计 24.15 万人，超额完成了"留学中国计划" 13.10万人的目标。1997—2017 年高等学校外国留学生招生人数统计如图 1所示。自《国务院关于〈中国教育改革和发展纲要〉的实施意见》提出建立国家留学基金管理委员会以来，来华留学奖学金生的招生、选拔和管理工作进一步规范，奖学金的引导效应进一步加强。自 2008 年起，中国政府资助的高等学校来华留学生人数占总招生人数的比例突破10%，并维持持续稳定增长的态势，如表 2 所示。

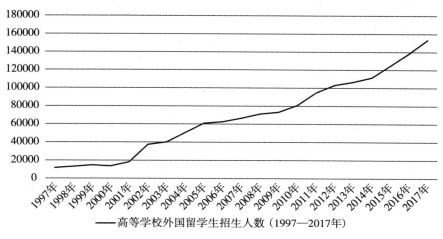

图1　1997—2017年高等学校外国留学生招生人数统计

数据来源：《中国教育统计年鉴》。

表2　　　　　**2002—2017年高等学校来华留学招生人数及**
中国政府资助人数占比

年份	招生人数	中国政府资助人数	自费生人数	硕博研究生人数	中国政府资助人数占招生人数比例
2002	37338	2310	33152	1457	6.19%
2003	40165	2442	34803	1634	6.08%
2004	50603	2881	44834	1909	5.69%
2005	60904	3106	54298	2251	5.10%
2006	62612	3947	52198	2666	6.30%
2007	66509	5299	55124	3304	7.97%
2008	71294	7325	57659	4940	10.27%
2009	73266	11988	53536	7068	16.36%
2010	80846	13591	56886	8747	16.81%
2011	94692	14041	68975	9870	14.83%

续表

年份	招生人数	中国政府资助人数	自费生人数	硕博研究生人数	中国政府资助人数占招生人数比例
2012	102991	15730	73204	20905	15.27%
2013	106448	20915	71261	12330	19.65%
2014	111396	21681	74223	13740	19.46%
2015	124896	27175	80251	16718	21.76%
2016	138362	32806	85159	19239	23.71%
2017	153445	42769	89637	22395	27.87%

数据来源：《中国教育统计年鉴》。

2016年教育部《推进共建"一带一路"教育行动规划》出台，政策风向标效果显著。据统计，该年留学生生源国排名前15的国家中，有10个是"一带一路"沿线国家。2017年来自"一带一路"沿线国家的留学生人数为31.72万人，占总人数的64.85%，增幅达11.58%，高于各国平均增速。2018年"一带一路"沿线国家来华留学生人数共计26.06万人，占总人数的52.95%。

3. 制度配套仍需完善，政策落实有待加强

从目前颁布的政策法规文件内容来看，规范来华留学教育发展的制度框架已经形成，高校自主管理、国家宏观调控、省级政府监督管理的格局也在逐步形成。但作为目前亚洲最大的留学目的国，也必须看到发展中出现的问题。比如来华留学生生源质量良莠不齐、留学市场同质化竞争严重、网络舆情引导不足等。政策法规不够完善，在一定程度上制约了来华留学教育的稳步发展。国家教育事业发展"十三五"规划提出要"提高教育开放层次和水平"，"提高留学教育质量"。既然来华留学教育整体上要从扩大规模转向内涵发展，那么如何平衡来华留学的规模和质量，打造"留学中国"品牌，就成了亟待解决的问题。这在客

观上要求国家进一步完善立法和相应的制度配套，保障来华留学有据可循、有法可依。此外，对于已经制定的规章制度的落实，要进一步加强监督和管理。

三、高校来华留学招生策略分析

1. 加强制度建设，规范招生流程

高校的发展离不开制度的建设。《国家教育事业发展"十三五"规划》指出要"加快现代大学制度建设"，建立和完善依章办学的管理制度和监督办法。就来华留学招生工作而言，2017 年 7 月发布的《学校招收和培养国际学生管理办法》就明确规定"招收国际学生的学校，应当建立健全的国际学生招收、培养、管理和服务制度，具体负责国际学生的招收与培养"。《来华留学生高等教育质量规范（试行）》对国际学生入学标准、考核方式、录取程序、奖学金评定、资格审查等也做了详细的规定。

这些政策对学校的制度建设提出了新要求，也再次明确了学校来华留学招收和培养工作的主体地位。就具体招生工作而言，高校应在研究国家相关政策法规的基础上，根据本校的办学条件和培养能力确定招生计划、发布招生简章、规范招生流程，在招生具体操作中严格核实学生的入学资格、经济证明、在华学习经历等，对学生的学术能力进行考试或考核，对学生的心理状况进行评估，同时做好审核备案工作。

2. 紧跟来华留学政策风向标，积极开拓招生市场

来华留学教育工作是我国教育对外开放的重要内容，对于服务国家重大发展战略和推进教育改革有重要意义。国家对来华留学在政策导向上给予了充分的支持，奖学金对吸引来华留学起到了很好的引导作用。例如，"丝绸之路"中国政府奖学金项目就提出，从 2016 年开始的

"未来 5 年，每年资助 1 万名沿线国家新生来华学习或研修"。中国留学发展报告（2017）指出，随着"一带一路"沿线项目的推进，沿线国家来华留学的国际学生持续增长。由此可见，高校在来华留学招生中要密切关注来华留学市场和国家政策导向，把握来华留学政策趋势，一方面通过各类奖学金吸引优秀的留学生，另一方面通过市场分析、项目开发、联合培养、校友活动等方式，结合信息化宣传平台，积极拓展招生市场。

3. 把握来华留学招生自主权，做好来华留学品牌建设

来华留学受世界经济格局、外交政策、国际文化交流、地理环境等诸多因素的影响。但总体来看，目前我国的来华留学教育仍处在稳步增长期。国家在制度上给予了高校招收和培养国际学生的自主权，真正把握政策方向、发挥政策效用的还在高校本身。所以，高校应在充分发挥自身办学特点和专业特色的基础上做好来华留学教育的顶层设计，在留学生规模、层次、培养、管理等方面做好长远规划，完善政策体系，把好招生门槛。高校要把来华留学质量放在首位，不断提高国际化办学水平，打造自身的留学品牌。

四、结语

来华留学教育是国家教育改革和发展规划的重要组成部分，也是高校加强国际交流与合作、提高国际化水平的重要一环。20 世纪 90 年代至今的来华留学的政策延续了对外开放、高校自主管理的方向，逐步提出了内涵式发展的要求。就具体招生工作而言，来华留学政策为高校招生提供了政策依据，对来华留学的规模和结构起到了调节作用。高校作为留学生招生和培养的主体，应该不断加强制度建设，规范招生流程，把握来华留学的政策方向，主动参与全球生源市场竞争，拓展招生渠道。另外，高校还要做好长远规划，根据自身的特

点，做好留学品牌建设。

◎ 参考文献

［1］程家福 . 来华留学生教育结构历史研究（1950—2010）［M］. 上海：同济大学出版社，2012.

［2］董泽宇 . 来华留学教育研究［M］. 北京：国家行政学院出版社，2012.

［3］李福林，康乐 . 基于政策工具视角的来华留学教育政策分析［J］. 煤炭高等教育，2019，37（2）.

［4］王辉耀，苗绿 . 中国留学发展报告（2017）［M］. 北京：社会科学文献出版社，2017.

［5］于富增 . 改革开放 30 年的来华留学生教育［M］. 北京：北京语言大学出版社，2009.

新时代背景下大学生
出国交流管理方法研究

宋　博　高一戈　闵　旻

武汉大学团委

改革开放 40 多年来，中国经济发生了翻天覆地的变化，久经磨砺的中华民族迎来了从站起来、富起来到强起来的伟大飞跃，迎来了实现中华民族伟大复兴的光明前景。中国特色社会主义进入新时代，这意味着我国社会主要矛盾的转移，同时也要认识到我们仍处于社会主义初级阶段，这对我们的工作提出了更多新的要求。大学，是作为培养社会主义建设者和接班人的摇篮，能够更好地为社会主义现代化建设服务、为人民服务，是高校义不容辞的责任。习近平同志在党的十九大报告中提出，要加快一流大学和一流学科建设、培养一流人才、产出一流成果，才能进一步提升我国高等教育综合实力和国际竞争力。教育国际化，可以说是国家间进行全球优势教育资源共享、高层次智力融合创新发展的主要渠道之一。近年来，越来越多的"双一流"高校也更加强调学生的出国交流和多方面培养，这不仅拓展了学生的眼界和视野，同时也让他们接收到国内外全方位的资源。同时，我们也应该看到，在推进国际化交流教学的过程中，也存在着一些问题。本文将对当代大学生出国交流培养的方式方法、管理模式等方面进行探讨。

一、目前学生出国交流学习的趋势

随着国际化办学观念的深入，各个高校对于学生出国交流学习的重视程度逐年增加。学生出国交流的方式主要以短期交流（1~6 个月）和长期交流（6~12 个月）两种方式为主。其中，短期交流的占比更大，主要集中在寒暑假时期，以假期课程的形式体现。申请长期交流的难度较大，同时名额也相对较少，通常对同学们的英语及专业成绩要求较高。从需求上看，同学们对于在校期间出国交流学习以及毕业后出国深造的态度呈两极分化趋势：一方面，毕业后选择出国深造的同学在一定程度上有所减少，更多同学愿意选择国内的高校、研究所继续攻读学位；另一方面，越来越多的学生愿意在本科期间申请出国交流学习的机会，不少在校期间多次出国交流的学生在大学四年级仍会首选申请研究生推免资格。究其原因，其一在于美国等西方发达国家对于科研经费的缩紧，使得国外科研环境不再具有绝对优势，留在国内同样也可以获得良好的科研资源；其二在于美国对华留学生政策的紧缩，使得同学们出国的难度加大；其三也在于国内对于科研资源重视不断增强，使其对学生的吸引力不断提升。这样的趋势反映出虽然学生们对于出国深造的兴趣在不断降低，但对于开阔眼界、出国交流的需求却在不断增加。如何适应当前学生出国交流观念的变化，是我们需要讨论的问题。

二、目前学生出国交流存在的问题

1. 学生获取信息的途径有限

从出国途径来看，学生在校期间出国交流主要以所在学校交流合作项目以及出国留学机构的夏/冬令营的方式为主。无论哪种模式，学生对于目标学校的了解都相对较少，这体现在对于行程安排、课程设置、食宿管理等各个方面，学生在本科期间出国交流的愿望和需求的逐年增加与其所获得信息的相对有限之间的矛盾，也阻碍了学生出国交流的发展。

2. 相关学分转化问题

目前出国交流项目众多，不仅仅局限于寒暑假，包括在春秋季学期中也会有相应的交流课程，但不可避免，此类项目在一定程度上会影响本校专业课程的学习。尤其是在理科、工科相关专业，课程连续性较大，一个学期的间断对于学生本专业的学习提出了挑战。盲目追求交流很可能导致舍本逐末，反而不利于自身的全面发展。同时，国内外不同的课程、不同的教学模式、学分如何进行转化，也是学生关注的问题。就目前来看，国内高校部分学科对于学生在国外交流期间所修学分的认可度并不高，学分转化率比较低。缺少一个学期的成绩证明，对于学生在日后评奖评优、推免等众多关键节点上也会产生较大影响，这也导致学生在选择交流项目上产生更多的顾虑。如何协调国内外课程学分转化、课程连贯性等相关问题，成为促进学生交流的重要因素。

3. 经费问题突出

对于出国交流来说，必须考虑费用问题，从目前每年高校贫困生库的数据来看，经济困难学生的比例在逐年下降，但相较于国内，出国交流的费用还是较高的，一定程度上成为学生在选择出国交流时所考虑的因素之一。

三、促进学生出国交流方法探索

1. 完善统筹管理制度和信息系统

从出国交流的管理部门出发，高校的国际交流部门和各个学院之间应建立长期有效的合作机制，形成国际交流部与学院学生工作部门的对接。双方对于交流项目应首先进行熟悉了解，才能更好地向同学们推广扩散；建立一系列如"申报流程""海外交流管理细则"等指导性文件，使学生们在选择项目的时候有章可循、有规可依。

2. 做好出国信息整理宣传和朋辈教育工作

如今，各个高校越来越强调国际化教育，出国交流的项目也越来越多，对于学生来说，选择的范围更广，但如何去选择适合自己的国际交流项目，成为学生面临的新的难题。这也要求高校管理部门对于交流信息进行充分的整理归纳，有针对性地对不同专业、不同学科的学生做好宣传工作，对于交流项目的内容、时间、课程设计，通过宣讲会、讨论会的形式对学生进行深入讲解，而非仅仅使用投放招生简章这种"粗放型"宣传模式。

此外，充分调动以往参与过交流项目的学生群体的力量。经验表明，学长、学姐的经验分享对于低年级同学的选择影响力更大。对于管理部门来说，不仅要做好学生前期的报名、选拔，更要对已完成项目的学生做好及时的跟踪和项目反馈，收集有效资料，有条件的话也可邀请有项目经历的学生参与到新一期的招生过程中，形成循环、连续的长效宣传模式，从而系统性地进行项目推广，通过朋辈互动，让新生获得第一手的交流信息，全方位地认识项目，促使学生做出更适合自己的选择，长此以往，也会形成出国交流的"马太效应"。

3. 进一步落实国内外学分转化的问题

出国交流学分能否转化，其实是参与交流的同学非常关注的问题。从目前的现状来看，这一方面还有很大的发展空间，目前，国内部分学科对于学分转化的认定主要是看学生在国外所学的课程名称、内容等方面是否和国内同类课程一致，认定一致即可完成学分兑换。但从实际操作层面来说，真正能够完成转化的学分十分有限。这一现象在理工科专业中体现得尤为明显。这样的情况经常导致学生在出国交流学期的学分数骤减，压力被分散到其他学期，从而出现其他学期课程压力过大的可能，进而影响到整体的学习质量，前文提到的避免所谓的"舍本逐末"也正是如此。对此，笔者认为，高校若想推行国际化教育，一定会演变成全方位、全课程的立体式接轨，这是简单通过几次交流、寒暑期课程所不能达到的。在新时期，我们不仅要对出国项目的总量有所把握，进一步提升学生出国交流的机会，同时也要在质量上和内容衔接上下功夫，不单是流于表面，更重要的是要使课程体系进一步完善和筛选，与合作学校进行深入交流和讨论，制定真正有利于、适合学生的课程体系，让学生的出国交流无后顾之忧，才能真正把出国交流从本科学习期间的附属品转变为锦上添花的独立品。

4. 做好关于出国留学奖学金相关政策的制定

首先，高校要设立单独的出国交流经费，以保障相关项目的顺利进行。其次，学校与学院两个层级也可以充分发挥校友的力量，为学生出国交流提供必要的资金保障。最后，学校也可以对不同的交流国家和地区提供金额不等的资助，避免"一刀切"。目前出国交流的热门地点集中在北美、欧洲、澳大利亚、日本、韩国等地，这些国家和地区的消费水平差距还是很大的。即便是在同一国家，不同区域的消费水平也相差甚远。高校管理方如果能对交流国家和地区进一步分类，灵活运用留学资金，就能在保证交流生基本所需的同时，为更多有需求的学生提供帮助。

◎ **参考文献**

[1] 吴丽萍. 交融：高校国际交流与合作的趋势 [J]. 教育评论，2017（1）.

[2] 徐理勤. 高校国际交流合作工作的系统化研究及对策思考 [J]. 浙江科技学院学报，2010（10）.

［3］亓文娟，袁细平，程丰宁，高建相．新时代高校国际交流与合作能力提升路径研究［J］．时代金融，2018（11）．

［4］任聪静，张红，陈丰秋，祝京旭．高等教育国际化人才培养模式的创新探索［J］．化工高等教育，2012（29）．

［5］陈盟盟．基于国际化背景下的学生出国交流培养模式研究［J］．教育现代化，2017（7）．

医学留学生招生工作的实践与思考

李金芯

武汉大学医学部

近年来，随着高等教育国际化进程的不断加快，中国正逐步由国际学生输出大国向国际学生输入大国转变。根据 2019 年 4 月教育部门户网站发布的统计数据，2018 年共有来自 196 个国家和地区的 492185 名国际学生来到我国 1004 所高校和科研机构学习，总量较 2012 年增加了50.8%。其中，接受学历教育的国际学生总计 258122 人，占国际学生总数的 52.4%，较 2012 年增加 93.3%；硕士和博士研究生共计 85062 人，占国际学生总数的 17.3%，较 2012 年增加 135.8%。中国已成为亚洲最大的留学目的国，且越来越多的国际学生选择来华攻读学历课程，学历生和研究生占比实现了双增长。

医学作为应用学科在广大国际学生中颇受青睐，近年来已逐渐成为来华接受学历教育人数最多的学科。武汉大学自 2005 年开始招收来华留学医学本科教育（Bachelor of Medicine & Bachelor of Surgery，MBBS）项目学生，学制 6 年，采用全英文授课方式；2013 年开始招收英文授课来华留学医学研究生。大部分医学国际学生来自"一带一路"沿线国家，如印度、新加坡、马来西亚、泰国、印度尼西亚、缅甸等，其他少量来自欧美和非洲国家。目前，武汉大学医学部国际学生在校生人数超过 600 人，占全校留学生人数的近 1/3。

国际学生选择来中国留学的主要原因是本国或欧美国家西医学习费

用过高、无力承担，同时入学成绩要求更高，极难达到。而中国的留学费用较低、入学条件相对宽松，并能使用全英文授课提供高质量的医学教学和学历培养目标。① 随着一批又一批学生毕业，他们在本国或第三国（如美国）通过医师资格考试并执业。我们也清晰地看到由于学生基础教育水平参差不齐、整体生源素质较差带来的学生培养和管理困境，以及部分学生不能满足学业要求顺利毕业或者毕业回国后执业困难的现象，我国医学国际学生招生录取工作与教育质量管理的内在需求不平衡逐渐凸显。

我国医学国际学生招生录取工作普遍存在的问题②有如下四个方面：①入学门槛较低，入学标准操作性不强。多数学校在学生入学标准的表达上除了入学前最高学历要求和语言能力要求外，对学生学术水平的要求表达模糊，且缺少具体的操作标准。②招生选拔主要依靠材料审核，入学考试制度不健全。根据中国教育国际交流协会国际医学教育分会（CEAIE-IMES）2017 年 9 月的数据，我国招收医学国际学生的 108 所院校中仅 26 所院校设立了入学考试制度。仅靠材料审核不能全面考察学生的能力与素质，且难以有效规避申请材料作假的风险。③招生过分依赖中介。根据 CEAIE-IMES 2017 年 9 月的数据，全国通过中介机构招收的医学国际学生比例高达 68.40%，个人申请占 23.3%，其他途径占 8.30%。中介公司以经济利益为目标的不利因素在一定程度上会给高校生源质量控制工作带来障碍。④招生中重视数量、漠视质量的现象突出。因部分院校片面追求国际化数据指标或办学收入（经济利益），重视生源数量而忽视生源质量，从小处看，将直接影响学生整体素质和培养质量；从大处看，多数学生选择来中国学习的最大理由是"便宜"或"容易"，而非"质量"或"水平"，这样将严重影响学校办学口

① 王虹，孙保亮，赵秀霞. 来华医学留学生教育管理新模式的研究与探索 [J]. 高校医学教学研究（电子版），2016，6（4）：42-45.

② 马玉清，赵临，苏玮莲，尹悦，韩霏，郭凤林. 来华医学留学生招生入学制度改革探析 [J]. 高教学刊，2018（7）：8-10.

碑、损害我国高等教育国际声誉。

招生录取作为国际学生教育的源头，是国际学生教育的基础，其意义重大。我校在招收 MBBS 项目本科生时要求申请人必须完成 12 年初等教育，取得毕业证明和成绩单，并且成绩优秀。入学审核由国际教育学院和医学部共同完成，国际教育学院对申请材料进行初审，材料合格者送医学部进行材料复审，组织笔试与面试后出具录取意见。其中，材料审核主要考查学生教育背景、学习成绩、语言能力，择优进入笔试和面试环节；面试主要考查学生学习动机与态度、英语听说能力、身心素质、交流沟通能力等综合素质，方式包括现场面试（由国际教育学院和医学部组成的招生工作组集中在主要生源地印度进行）和远程网络视频面试（其他国家和地区生源适用）；笔试受条件限制，目前只对主要生源地印度考生进行，对考生英语水平及数学、物理、化学、生物知识进行测试。对于申请攻读医学研究生学位的申请人，则要求必须取得本科学位证书和成绩单，成绩优秀，有两名与报考专业相关的副教授及以上职称专家的推荐信，有明确的学习计划书，申请中文授课专业的申请人还需汉语水平达 HSK5 级以上。研究生入学审核由国际教育学院和培养单位共同完成，材料审核合格者须参加由培养单位组织、以招生导师为核心的面试，主要考察考生培养潜质与综合素质。可见，学校、医学部和各培养单位均对医学国际学生招生选拔工作较为重视，学生入学标准要求较高，对 MBBS 本科生和研究生有分类制定选拔方案、综合采用材料审核、笔试和面试等手段来选拔学生，在国内招收医学国际学生的高校中从制度设计层面做得较为规范，领先于多数高校。但也有美中不足之处：①随着国际教育的发展，申请学生来源国越来越多样，但我们对各生源国基础教育情况及生源一般水平的研究和把握尚不足，对各生源国学生教育背景、学习成绩的标准化评价存在操作困难。②鉴于组织世界各地的国际学生来我校参加招生考试的难度，招生笔试仅在主要生源地印度开展，未能实现 100% 覆盖，而面试虽然实现了全覆盖，但考查学生核心知识和能力的功能不足。③招生笔试的结构化设计与命题质量均有待提高。④对国际学生生源质量的一些因素，如学生品德方面的考察还没有可操作性强的办法。

笔者于 2018 年 5 月被学校国际教育学院选派赴澳大利亚迪肯大学进行为期 3 周的研修，除了学生管理与服务外，对国际学生招生工作也做了一定的了解。迪肯大学对国际化工作十分重视，在面向国际学生的招生工作中，有市场部（Marketing Division）和招生部（Admission and Enrollment）两个主要部门参与。市场部负责学校的营销策略、数字推广、品牌管理等，其数字推广小组针对中国、印度等主要生源地各设有一名专员开展工作。以中国专员为例，会在百度网页、微信、微博等主流媒体发布迪肯大学的宣传资料，进行招生咨询和答疑。招生部有来自不同国家和地区的工作人员，如澳大利亚、中国、印度、泰国、越南、斯里兰卡等。他们根据生源地教育系统的差别设置不同的入学审核标准，并根据生源地划分工作小组开展入学审核相关工作，实行精细化管理。对于申请入学的中国学生，一般要求国内高考成绩达到一本分数线及以上，此外还需要通过相关专业的面试考核。迪肯大学在国际学生招收工作方面值得我们借鉴的主要有三点：①重视品牌形象塑造与推广；②招生工作精细化管理、精准化服务；③对不同生源地分设不同入学标准，并有效利用相应国家国考成绩作为考生学习能力的基本衡量标准。

近年来，随着来华留学事业进入提质增效的发展阶段，教育部明确提出来华留学发展要坚持质量第一，严格规范管理，走内涵式发展道路。2017 年，教育部会同外交部、公安部出台《学校招收和培养国际学生管理办法》，在招生环节要求学校对拟招收的国际学生进行入学资格审查、考试或考核，确保所招收学生符合学校入学标准。2018 年 9 月出台的《来华留学生高等教育质量规范（试行）》（教外〔2018〕50 号）又进一步在"入学标准""招生和录取"等方面提出了国家标准，把"保障和持续提高生源质量"上升到了制度层面。国家要求有效地促使高校反思和改进国际学生招生录取工作，医学作为来华留学热门学科，笔者认为可以从以下几个方面进一步努力。

第一，结合医学教育特点，积极借鉴国内外高校生源质量控制方面的先进经验，尝试对医学国际学生生源素质的结构要求作出更为详细的划分，建立较全面的医学国际学生生源质量评价体系，以便更好地了解和评价学生的思想品德、核心知识水平、技能素质、身心素质、特长表现、创新能力、社会能力等综合素质。

第二，牢固树立质量意识，从学生选拔、培养质量把控、学生管理服务、毕业就业等多维度做好来华留学医学教育品牌建设与管理，塑造我校来华留学医学教育的良好国际形象，吸引优质生源。

第三，继续推进来华留学教育管理干部培训，加强招生工作队伍建设，激发招生人员的积极性、主动性和责任心，在认真做好当下招生宣传与录取工作的同时，及时"回头看"，做好生源质量评价、反馈与调控。

第四，采取积极有效的措施，逐步拓展招生信息渠道，扩大招生地域范围，减少对中介公司的依赖，改变生源结构。在与中介公司的合作中加强交流与协作，对中介公司的招生宣传和推荐工作提出严格要求，尽可能减少中介公司经济利益驱动带来的不利影响。

第五，在国家出台来华留学统一入学考试系统之前，进一步研究优化本校招生考试设计与考试命题，并运用好考试结果。

后疫情时代我国来华留学
招生工作的挑战、机遇与对策

伍晓亮

武汉大学国际教育学院

截至 2020 年 6 月 30 日，全球发生新冠肺炎疫情的国家和地区有 200 多个，新冠肺炎确诊人数突破 1000 万，累计死亡约 50 万人。随着半年来疫情范围的逐渐扩大，全球各个领域都受到冲击，教育系统受到的影响可谓深刻而广泛。据联合国教科文组织 2020 年 4 月 26 日发布的数据，从学前教育到高等教育阶段，全球有近 15.39 亿学习个体受到疫情影响。189 个国家实施了关闭校园政策，全球 87.9% 的注册学生不能正常学习。随着各国国际人员流动的暂停，高等院校学生的跨境流动大幅减少。疫情对未来国际学生的招生工作影响范围有多大，打击有多深重，高校如何应对，哪些经验值得分享，都是我们需要研究的问题。本文分析了疫情对来华留学招生工作的影响，借鉴了国内外高校的部分办法，对未来发展趋势做了预判，并对国内高校在遇到的挑战面前应关注的重点工作做了政策建议，以便为各高校提供相关的决策咨询。

一、来华留学招生工作面临的挑战

1. 春季国际学生招生和入学工作基本停滞

（1）校际短期交流与交换项目被迫暂停或延期

疫情发生以来，为了阻断病毒传播，各国通过调整出入境政策、实施交通管制、强制社交隔离等方式减少人员聚集接触，学生的国际流动性受到影响。由于国际教育工作的特点，每年上半年的国际学生入学以短期生和交流生为主，所以 2020 年 1 月至 7 月份的来华和出国留学工作基本没有开展。欧美国家高等学校也在疫情发生后相继发布其短期交流项目的相关政策，宣布暂停部分交流项目，并密切关注新冠肺炎疫情的进一步发展。美国疾控中心也建议美国高校暂停或取消现行的学生交流交换项目，并希望美国高校考虑将参与短期交流项目的美国学生召回本土。中国高校几乎所有的短期班暂停运行，校际交流交换项目全部推迟。

（2）以来华留学工作为目的的海外出访全部取消

按照 2019 年 12 月的工作安排，2020 年孔子学院总部、教育部留学服务中心和中国教育国际交流协会三家单位将组织有近 20 个高校参加的在海外举行的汉语水平考试（HSK）推广、来华留学和就业、海外高等教育展活动，同时国内各"双一流"高校计划参加国际知名的高等教育展，如欧洲国际教育协会（EAIE）年会、亚太国际教育协会（APAIE）年会、国际教育工作者协会（NAFSA）年会暨国际教育展，另外还有部分高校计划参加沙特阿拉伯国际高等教育展、韩国国际教育展、马来西亚华校董事联合会教育展等外国教育部门单独邀请的教育展，但目前都已经全部取消。同样受影响的是所有高校计划在海外开展的考试、面试、招生说明会和师生见面会也都全部改为其他形式进行。

2. 秋季来华留学招生规模大幅萎缩及其原因分析

按照正常时间表，来华留学招生工作应全部在上半年完成，国际新生需在 9 月份入学报到注册。目前国内各大高校来华留学招生工作基本结束，虽然还没有具体的统计结果，但是根据武汉地区部分高校现有数据，整体招生人数约比去年同期下降 60% 以上。以武汉大学为例，今年已经招录的国际学生中，获奖学金学生比去年同期下降 30%，自费生下降 70%，总体下降 55%，且呈现以下四个特征。

其一，自费生中韩国、泰国、法国、印度等主要生源国申请者大幅减少。韩国、泰国、新加坡属于亚洲国家中经济较发达的国家，医疗水平和社会治理水平较高，家庭教育水平和对高等教育的预期也较高，疫情后大部分有来华留学意愿的家庭都选择了在本国继续学习；法国则是因为来华人群中大部分以校际交流和企业派遣项目学员为主，随着这些项目的暂停，来华留学人员也随之归零；印度则是因为其国内疫情刚刚达到顶峰，每天新增近 2 万确诊病例，累计确诊病例达 50 万，已经超过欧洲大部分国家，国内处于疫情防控状态，学生的海外求学申请和相关留学咨询工作基本停滞。

其二，来华汉语进修生明显减少。汉语进修生一般分为两类，一类是以继续专业学习为目的，特别是计划进入本科学习的汉语补习生；另一类是纯粹以提高语言水平和技能为目标的学生。随着远程教育的兴起和发展，这两类学生都将汉语学习的渠道转向线上学习和自学，同时孔子学院总部开展的远程网上考试已经启动，学生自主学习语言和线上考试的需求越来越大。

其三，发达国家学生人数迅速下降。武汉大学近五年来的国际学生中，发达国家人数占比高达 25%，这部分学生中又有一半是申请校际交流生项目来校学习 1~2 个学期的国际学生，2020 年由于校际交流项目的暂停，发达国家生源减少约 150 名。

其四，中国政府各类奖学金项目申请人数略降，申请者中巴基斯坦等国申请者比例上升，在校生和应届生比例上升。根据武汉大学收到的申请材料，2020 年度通过海外使领馆和国际机构办事处申请中国政府奖学金项目的人数比去年同期下降超过 50%，直接向高校申请中国政府奖学金项目的人数为 3884 人，比去年同期只下降 7%。这说明武汉的声誉和武汉大学的教育品牌在海外没有受到很严重的影响，奖学金申请人数降低主要和海外使领馆关闭、总名额减少和外国学生对来华学习兴趣降低有关。

3. 来华留学申请和入学面临诸多困难和不确定因素

其一，部分申请材料不齐全。每年 11 月至第二年 6 月是国际学生申请中国大学的时间，很多学生要在这个阶段准备申请材料及其他入学手续。新冠肺炎疫情不仅打乱了学生的申请节奏，也导致学生难以收集齐全申请材料。以学生深造普遍所需的 HSK 成绩为例，疫情较为严重的国家的线下语言考试已取消，虽然 5 月份开始试行线上考试，但由于对考试场地、通信设备和报名资格等的严格要求，很多学生也放弃了尝试。

其二，由于航班取消和快递业务暂停等原因，部分学生无法按时取得原毕业学校开具的各类证明文件、导师推荐信、身份证明和资金证明。学生需要提供的体检证明也因为医院对病人的限制而难以取得。申请材料和录取材料甚至无法送达学校或本人。

其三，开学期间海外学生能否顺利按时到校注册有很多不确定因素。比如届时国际航班是否能顺利通航、各国使领馆是否能正常开放、来华签证业务是否能正常办理都是未知数。即使已经在国内的国际学生需要正常入学，他们也会面临签证转换、居留许可延长等一系列的问题，都要等待疫情后相关领导部门明确发布新的通知和政策后来解决。

二、后疫情时代来华留学招生工作的机遇

1. 中国抗疫精神为中国国际教育打造了正面形象

在这场人类与病毒的生死较量中，以美国为首的西方国家因为认识不足、决策不当，把新冠病毒当作普通流感，致使疫情在纽约、罗马等大城市蔓延，即便是拥有丰富人力、财力和权力的美国疾控中心也饱受诟病，反而是中国政府在疫情防控中展现的负责任的大国形象，得到了国际社会的肯定。在积极抓好国内防控的同时，中国还向150多个国家和国际组织提供了抗疫物资援助。疫情推动了文化的理解与融合，欧美国家对中国的疫情防控和文化理念、行为方式从不理解、不屑一顾到慢慢理解并逐步接受，包括使用中医药、戴口罩、隔离、封城等一系列有中国特色的防控措施。

疫情期间，中国政府和教育主管部门、高校都积极为滞留在中国的国际学生提供学习和生活便利，尽量把疫情造成的损失降到最低。疫情爆发时，武汉大学共有710名国际学生在中国，到2020年6月，在华国际学生为499人，无一人疑似，无一人感染，无一人死亡。武汉大学作为医疗和教育最前沿的抗疫阵地，有序地将国际学生纳入学校整体疫情防控机制，保障所有学生的安全，使校内外国际学生都获得了充足的物资保障、强大的精神支持和及时的学业指导。

截至2020年6月2日，武汉完成了900多万人的全民核酸检测工作，无症状感染者检出率仅为0.303/万人，全市无症状感染者在人群中的占比极低，未发现无症状感染者传染他人的情况，武汉已然成为全球疫情中的"安全岛"，中国精神、中国力量、中国效率的优势得以彰显。

另外，通过这场疫情，人们对国际教育的理念和意义以及面对可能出现的全球性灾难时的协同作战能力与意识都有了更加明确的认识，对

21 世纪人才需求和能力建设有了深层次的理解与认知，对留学意义和职业发展，以及对人生目标与价值、责任与担当都有了进一步的反思。这一切都为吸引国际学生来华学习创造了很好的内部和外部环境，奠定了坚实的基础。

2. 线上宣传和在线面试将成为未来常态化招生模式

2020 年 3 月，联合国教科文组织向全球发布远程教学解决方案，推荐了世界范围内可免费获取的 27 个学习应用程序和平台，我国的爱课程网、阿里钉钉、蓝墨云班课入选。美国教育考试服务中心（ETS）也推出了针对新冠肺炎大流行的居家测试方案。国际英语水平测试（iTEP）暂时放宽了对测试中心的要求，启动网络监考方案，宣布从 2020 年 3 月 17 日起开放居家测试通道。提供托福网考及美国研究生入学考试的美国考试服务中心则于 3 月 26 日起开放居家测试解决方案。孔子学院总部也从 4 月份开始积极试行 HSK 和 HSKK 居家在线考试。

根据我国教育部发布的信息，截至 2020 年 5 月 8 日，全国在线开学的普通高校共计 1454 所，103 万名教师开设 107 万门、1226 万门次在线课程，参加在线课程学习的学生达 23 亿人次。教育部组织 37 家在线课程平台和技术平台率先面向全国高校免费开放在线课程，带动了 110 余个社会和高校平台主动参与。

在线教育的快速发展和改革创新与人类应对疫情的过程相伴而行。疫情之下，线上教育涵盖了在线课程、招生录取、在线面试、评估认证、视频会议、网络交流、免费教育资源乃至图书资源的开放，现代手段的教学、科研和交流合作正在改变教育的运营、教学和科研方式，倒逼教育技术的改革创新。在后疫情时代，学校的教师、学生和管理人员将看到这种线上沟通方式与传统管理方式的结合，并且这将成为常态化的管理模式。

三、后疫情时代高校在来华留学招生工作上的思路和举措

疫情的蔓延和发展会对未来长期的学生跨境流动趋势和分布带来怎样的变化，还需要做进一步的观察、统计和评估。现在虽然我们面临着前所未有的挑战，但同时这也是一个练好内功、蓄势发力的机遇，高校需要沉下心来，通过继续完善招生审核和评审制度，进一步理顺校内培养管理机制，逐步优化质量评价体系等措施，切实提高人才培养质量，打造中国高等教育新名片，提升学校在全球的影响力。

建议高校采取以下七个措施，从减少负面影响和保证未来国际学生招生质量和效率两个方向来开展工作。

1. 健全机制，加大高校层面统筹协调力度

国际学生的招收、管理和培养涉及学校各职能部门和全校各培养院系，高校应建立学校层面的国际学生教育工作委员会，或将国际学生教育纳入学校外事工作委员会。高校还应通过专题讨论和研究，优化国际学生教育领域的顶层设计，合理配置办学资源，进一步落实《学校招收和培养国际学生管理办法》《来华留学生高等教育质量规范（试行）》等文件要求，苦练内功，提质增效，切实优化来华留学生招生和管理机制。

2. 加大线上宣传，建立优质生源基地

在传统招生宣传基础上，加大网络及新媒体宣传力度，充分调动高校各培养单位的积极性，共同进行招生宣传工作。逐步在各国际学生主要生源国建立以当地优质高中为主体的优质生源基地，加强对基地的远程指导工作力度，让中国高等教育的良好声誉在生源地能够生根和传承下去。

3. 加强项目建设，培养稳定的合作伙伴

疫情对个人申请的影响无疑大于对项目的影响。高校应该继续加强项目策划、管理与建设，与各国知名大学建立合作项目，与海外优质教育机构形成长期的合作机制，加强人员交流，培养稳定的长期合作伙伴。

4. 加强信息化建设，完善网络化招生录取流程

在疫情蔓延的情况下，高校需要针对国际学生招生特点进一步完善网络招生录取流程，并在网站上及时公布相关信息。比如，英国帝国理工学院等高校在其官方网站上开辟了疫情下国际招生的专栏，解答入学学生遇到的各类问题，减少学生的压力。武汉大学在特殊情况下采取信息化办公手段，召开网络答疑会、咨询会、面试会和工作布置会，明显改善了招生录取的困难，为学生提供了便捷的服务。

5. 提前开展针对学生的管理服务和思想工作

高校应在学生来华之前就通过信息化服务平台开展配套的跟踪服务，提前开展对学生背景的了解、心理咨询、签证咨询和入学辅导，采取视频讲座、心理援助热线、网络指导等线上手段对国际学生进行有针对性的心理普及预防性教育，对未来学生来华过程中可能出现的问题及时进行专业个体心理咨询服务。

在信息化服务平台上，高校还可以免费分享中国抗击疫情的典型人物，传播真实感人的中国抗疫故事，全面客观地介绍政府及学校采取的防控和服务保障措施，及时澄清西方媒体的不实言论，积极维护国家和学校的形象，让国际社会了解真实情况，减轻学生来华的心理压力。

6. 寻求替代方案，减轻语言考试阻力

由于线下语言考试的暂缓，学生及时拿到语言证明材料的难度陡

增，高校应及时出台替代方案，比如可以组织专职汉语教师对部分无法进行语言考试的学生进行线上面试，以面试评判结果替代语言考试成绩，或者委托经过认证的第三方机构对学生进行考试或考核。

7. 及时沟通学习计划和教学安排

学生接受教育具有一定的计划性、步骤性和阶段性，学校年度教学计划的延迟、变更甚至取消将在很大程度上影响学生的学业计划和职业规划。学校一方面应尽早及时出台预案，主动公开信息或者点对点通知到每位学生；另一方面应尽量协调教育资源，拓展融合线上线下授课模式，灵活处理考试、考核和学分、学费问题，力求减少学生因疫情受到的负面影响。

教学研究

构式"我才不 X 呢"的多角度研究

周　冰

武汉大学文学院

一、引言

　　现代汉语中存在这样一类句式：只用作应答句或在应答句中有特殊意义和用法的句式，称为应答句式，"与应答词语句不同，应答句式可以而且必须前加、后加或中加句子成分。这种依托引发句生成的有标记的应答句式数量并不少，但又相对封闭，可以列举，形成一个具有理论价值和应用价值的类聚"。构式"我才不 X 呢"即其中的一类。尹世超（2004）认为，"作为否定答句，分类是以答句与问句的语义语用关系为标准划分出来的一个与肯定性答句相对的类，而不是孤立地以答句带否定词为标准划分出来的与不带否定词答句相对的类"。据此，可以分为带否定词的显性否定答句与不带否定词的隐性否定答句，前者称为有标记否定，后者称为无标记否定。构式"我才不 X 呢"要求否定词语必须与主语"我"共现，所以构式"我才不 X 呢"是有标记的、带否定词的显性否定答句（唐雪凝，2010）。本文在前辈学者的基础上对这一构式进行进一步研究。

二、构式"我才不 X 呢"的语形特点

构式"我才不 X 呢"是一个显性否定集合，它包括"我才不 X""我 x 才 X 呢""（我）才不呢"等句式，其中以"我才不 X 呢"最为常见，所以为原型构式，其余则为变体构式。其中"呢"是一个语气词，还可以是"哩""呐""咧""哪"等，即还可以是"我才不 X 呐""我才不 X 哩"等，以"呢"最为常见，所以选择"呢"为代表。如例①、例②所示。

①萧峰听她的话确也是实情，无言可答，只得嘿嘿一笑，道："姊夫是大人，没兴致陪你孩子玩，你找些年轻女伴来陪你说笑解闷罢！"

阿紫气愆愆地道："孩子，孩子……我才不是孩子呢。你没兴致陪我玩，却又干什么来了？"（金庸《天龙八部》）

②马永顺的一位朋友来安慰他："马哥，饭店办不下去，你千万别上火。"

马永顺笑呵呵地说："我才不上火呢。当初办饭店的目的就是让两个小青年自谋职业。现在饭店没办好，可目的达到了。我看企业号召职工自找出路、自我解困还是行得通的！"（《人民日报》）

例①、例②中的应答句"我才不 X 呢"，通过引述引发句中的关键词语、焦点词语，即答话人不认可的词语，使用显性否定词"不"直接否定引发句，对其进行反驳。例①、例②"我才不 X 呢"中的"X"是直接重复引发话语中的词语，其语形与引发句相同，这种形式最为普遍；"X"也可以是答话人对引发话语中不认可词语或内容的概括，不是直接回述重复，语形和引发句不相同，或不完全相同。如例③、例④、例⑤所示。

　　③段誉的臂骨格格作响，几欲断折，痛得几欲晕去，大声道："我无力还手，你快杀了我罢！"

　　南海鳄神道："我才不上你的当呢，你想叫我做乌龟儿子王八蛋，是不是？"（金庸《天龙八部》）

　　④"弟妹，"赖鸣升转向刘太太说道，"你莫小看了这个娃儿，将来恐怕还是个将才呢！""将才？"刘太太冷嗤了一下，"这个世界能保住不饿饭就算本事，我才不稀罕他做官呢。"（白先勇《岁除》）

　　⑤说着，他捏了一下小白兔的红脸蛋，"咳，真是一个小傻瓜哟！""我才不傻哩！"小白兔把脑瓜儿一歪……（魏巍《东方》）

　　构式"我才不 X 呢"中的"X"，在语法属性上只能是谓词性词语，排斥名词性成分。如例②中的"上火"，例③中的"上你的当"，例④中的"稀罕他做官"，例⑤中的"傻"，一定不能是名词性词语。以例①、例⑤为例：

　　①阿紫气忿忿地道："孩子，孩子……我才不是孩子呢。"
　　阿紫气忿忿地道："孩子，孩子……我才不是呢。"
　　*阿紫气忿忿道："孩子，孩子……我才不孩子呢。"
　　⑤"我才不傻哩！"小白兔把脑瓜儿一歪……
　　*"我才不傻瓜哩！"小白兔把脑瓜儿一歪……
　　"我才不是傻瓜哩！"小白兔把脑瓜儿一歪……
　　"我才不是哩！"小白兔把脑瓜儿一歪……

　　由此我们可以认为，引发句若为表示判断的句式，则"X"一般也为判断句，多为"是"字句，且"是"不能省略，但可以省略"是"后面的部分。如果引发句不是判断句，则"X"一定是与引发句意义相当的谓词性成分，且一定不能是名词性成分，这是因为副词"不"后面一般不跟名词性词语。

构式"我才不 X 呢"，其主体部分的原型成分为"我"，变体成分有："俺""我+姓名""我他妈的"等一切可以自指的词语。如例⑥、例⑦所示。

⑥刘区长笑着说："哈，真是革命家庭，秀子管妈妈也叫'抗日家属'啦。大娘，闺女都不认你作娘了。"母亲也打趣道："俺才不怕呢。'女大不认娘'，大了就跟人走啦。'嫁出的闺女，泼出去的水'，做妈的也省了操这份心啦。"（冯德英《苦菜花》）

⑦大李：彼特，来给你介绍一下新来的。这位是王先生。

起明：你好。我叫王起明。

彼特：我他妈的才不管你姓什么、叫什么。从现在起我怎么说，你就怎么做。（电视剧《北京人在纽约》）

其中"俺"是方言人称代词，指"我"，为构式"我才不 X 呢"的集合中的元素之一。此外，因主体形式的不同，会导致附加意义和情感色彩的不同。如，例⑦因"我他妈的"而使该句成为詈言。

综上，我们可知"我才不 X 呢"是一个半固定的构式集合，其中主语部分可以是任何表示自指的成分，在一定语境下可以省略，"才""不"为其中的常项，省略之后表达意义不同；"X"在形式上一般要与引发句保持一致或意义相近，且排斥名词性的成分，但可以是判断句。

三、构式"我才不 X 呢"的语义特点

1. 显性否定应答

"我才不 X 呢"是对引发句所做的否定性的应答，形式上带有否定

词，是显性的否定，它是对引发句明确的否定。"我"为该句式的半固定成分，任何表示自指（自称）的代词或者名词都可以用在该表达式中，甚至还可以省略。"我"重在自我强调，一般有较明确的对话人，语气积极、高亢。所以用于对话时，需要有明确的否定词语出现来帮助表达，表示"压根不可能，是对 X 完全的否定"，表现出了语用上主观情态的增值强调特征。

⑧毛泽东稍一犹豫，把那半块酱豆腐全塞进了嘴巴。我叫起来："哎呀，多咸呀！"毛泽东笑着说："它跟我捣蛋，以为我不敢吃了它！"我说："快吐了吧。"毛泽东放下筷子，嚼着酱豆腐说："我才不吐呢，我这个人哪，不喜欢走回头路，不愿干后悔事。"（权延赤《红墙内外》）

如例⑧所示，对于"我"建议"把酱豆腐吐出来"，毛泽东对此坚定地拒绝，"我不才吐呢"是一种极端的否定，表示根本不可能。

2. 反预期

应答句"我才不 X 呢"的引发句多表判断、推测，多含有对答话人的预设，因此说话人内心有所期待。而作为应答句"我才不 X 呢"则与引发句的预期相反，且具有强烈的主观意志。但其所表达的情绪可以是愤怒、不满、不屑等消极情绪，也可以是得意等积极情绪。

⑨毕会强的母亲拿着报纸到鞋帽商场找到王丽华："你可别因为这种丧尽天良的事情上电视上报纸呀！"她却说："我才不怕呢。我已和居委主任和妇联打过招呼了！"（1994 年报刊精选）

如例⑨所示，说话人认为王丽华会因媒体的曝光而害怕，也有据此来"威胁"对方的意思，但是没想到王丽华回答"我才不怕呢"，不仅与说话人的预期恰恰相反，甚至还有不屑、不在乎的嚣张的情绪。

⑩宝康沉思地说，"噢，你写的那些诗我都看过，我很喜欢。""我才没有写过什么诗呢。"林蓓笑着说，"我才不是什么诗人，你被他们骗了，我是临时被抓了差冒名顶替的。""真的？真有意思。那你也不是梦蝶了？"宝康问坐在他另一边的丁小鲁。（王朔《顽主》）

如例⑩所示，发话人的预设是"林蓓是个诗人"，可是答话人林蓓的回答却与发话人的预期相反且表现出强烈的主观意志，引发句并没有什么对听话人所谓的负面意义的话。应答句的否定也不是其负面意义。

如前述例②所示，马永顺的朋友预先认为"马永顺饭店办不下去会上火"，可是答话人却与这种预期相反，但是其情绪并不是负面的消极情绪，而是较为舒缓的语气。根据上下文语境，应答句还可以为："马永顺笑呵呵地说：'我啊，才不上火呢……'"语气词"啊"用在主语之后，具有显示话题的作用，并引起注意，起到舒缓语气的作用。相反，对于例⑨，若答话为"她却说：'我啊，才不怕呢。'"其表达的急切、不屑语气就不如原句。

所以，该构式并不总是负面消极的语气，还可以是正面积极的语气，其感情色彩和语义色彩与引发句基本保持一致。如何判断就要根据具体的语境化提示，在语言动态中进行研究。

四、构式"我才不 X 呢"的语用特点

沈家煊（1999）指出，"无标记否定可以单独成句，有标记否定不能单独成句，后面要有一个接续的表示申辩或解释的肯定小句"。所以，有标记否定构式"我才不 X 呢"，一般出现在句首，先对说话人的判断、推测进行否定，表明自己的观点态度，之后再对其进行解释。

⑪"老罗，你的职业一定不成问题，因为你有那样一个有地位的父亲。"

"算啦，我才不稀罕他的栽培呢。我们说不到一块儿，只好各行其是!"罗大方说着就要往外走，"谢谢你们二位，我走啦。"（杨沫《青春之歌》）

如例⑪所示，罗大方先是对引发句的推测"你的职业一定不成问题"进行否定，表明自己的观点，然后又说出了自己的原因"我们说不到一块儿"，对其进行了充分解释。

以上所选例句都具有这一特点。

还有一种比较特殊的使用场合就是构式"我才不 X 呢的"使用具有性别的差异，女性使用时，多含有撒娇、娇嗔的意味，否定重点并不是说话人的言语内容，而是一种语用否定。如例⑫、例⑬所示。

⑫女孩眨眨眼，看着云，说："那是蜻蜓说话的声音?"云点点头，嗯一声。女孩说："那你听到蜻蜓在说什么?"云说："蜻蜓说你在想我。"

女孩忽然发现中了云的圈套，脸一红，开口说："我才不想你呢。"说着，女孩跑走了。

⑬"怎么? 刚才还像是小老虎，怎么现在不敢说话了? 该不会是怕了我吧?"她偷瞥他，脸上的表情仍是不可一世的样子，刚才的话是他说出口的吗? 他的声音柔得像水，这让她吓了一跳。"怕你? 我才不会怕你。"她赶紧强调，"你有什么好怕的?"

五、余论

构式"我才不 X 呢"在语义、语形与语用上有自己的特点，其中在使用中与"我才没 X 呢"在语形、语义与语用上有相似的地方，但也存在细微的差别。如例⑭、例⑮所示。

⑭ "你胡说。""我才不胡说呢！我告诉你，这么办正好叫老河马没话可说，不能埋怨你不把书留给本单位。哼！给重价收买了！家里穷！要钱！怎么着！"姚宓忍笑说："你把我当作老河马，练习吵架吗？"（杨绛《洗澡》）

⑮ "身体是回来了，灵魂早给情人带走了，"柔嘉毫无表情地加上两句按语。鸿渐当然说她"胡说"。她冷笑道："我才不胡说呢。上了缆车，就像木头人似的，一句话也不说，全忘了旁边还有个我。我知趣得很，决不打搅你，看你什么时候跟我说话。"（钱锺书《围城》）

以上两个例句中的答句，也可以用"我才没（有）胡说呢"来回答，但是二者还是有所区别的。这是由引发句的焦点不同所致，对"不"触发的预设内容关涉未然事态，即答话人的主观情绪强烈，对说话人所陈述观点极端不认同，否定的程度更加强烈。而"没（有）"触发的预设，其内容关涉的是已然事态，是事实性的否定，否定的程度没有前者高，客观性较强。

综上，笔者认为构式"我才不 X 呢"只能作为应答句式，语形上"我"是该构式半固定成分，可以是任何表示自指的词语，一定语境下还可以省略。"才""不"是常项，一定不能省略，其中"X"排斥名词性结构，在形式上与引发句保持一致或意义相近。"呢"可以用同类语气词替换。语义上该构式是一个否定标记的显性主观答句，具有反预期的意义；语用上该构式一般多置于应答句的句首，在性别使用上也具有显著的差异，女性使用时具有撒娇的意味，更多的是表示语用否定。

◎ 参考文献

［1］Goldberg Adele. E. 构式：论元结构的构式语法研究［M］. 吴海波，译. 北京：北京大学出版社，2007.

［2］杜道流. 一种口语中的否定表达式：Q 才 VP［J］. 语言文字应用，2006（2）.

［3］唐雪凝. 应答句式"S 才 X 呢"论析［J］. 云南师范大学学报（对外汉语教学与研究版），2011（2）.

［4］胡习之. 构式"你才 X 呢"再探［J］. 当代修辞学，2017（6）.

［5］张谊生. 现代汉语副词"才"的句式与搭配［J］. 汉语学习，1996（3）.

［6］方向. "A 才 B 呢"构式研究［D］. 南京师范大学，2013.

［7］李紫薇. 面向对外汉语教学的"才 XP 呢"框式结构研究［D］. 扬州大学，2014.

［8］吴丹阳. "A 才 B 呢"的构式语法分析［D］. 西南大学，2015.

韩国留学生新 HSK 四级
教学重点和策略分析

洪豆豆

武汉大学国际教育学院

随着"汉语热"遍及全世界，韩国人学习汉语已成潮流。据统计，2016 年共有 442773 名各类外国留学人员在中国学习（不包含港澳台地区），其中韩国留学生最多，在韩国本土或者来华参加新 HSK（汉语水平考试）的韩国人也随之明显增加。在这种情况下，研究如何加强对韩国留学生的新 HSK 教学服务就很有意义了。2014—2016 年，每年 8 月都会有韩国研成大学学生来武汉大学进修，至 2016 年已经有四批了。笔者参加了三次，都是负责研成班的新 HSK 课程。这三次来的学生接触汉语的时间大致相当，他们已经在研成大学完成了一学期的汉语基础学习，每周学习约 18 个小时，使用韩国人自编的汉语教材。经入学测试，学生的汉语水平在新 HSK 三级左右，所以学院为他们制定的目标是进修结束时汉语水平能够达到四级，因此新 HSK 课程的主攻目标也是四级。由于连续三年负责这门课程，笔者对韩国人新 HSK 四级教学产生了兴趣，在教学实践中搜集了大量资料，本文想就韩国学生新 HSK 四级教学重点和策略谈一些想法。

一、特殊的均分模式

为新 HSK 课程选择教材需要非常慎重。新 HSK 辅导用书大致有两类，一类是分单项进行训练的书籍，另一类是整套模拟试题。对要上十几周课程的学生来说，一套又一套的模拟试题容易让他们有重复疲沓的感觉，也不利于老师对同类题型的集中讲解。但是单项训练用书又太单调集中，还会影响学生对新 HSK 全局的掌握。北京语言大学出版社的《新 HSK 速成强化教程》系列兼顾了这两方面，实用性和可操作性非常强。新 HSK 四级考试包括听力、阅读和书写三大部分，这本书也相应地分成三个单元，每个单元根据难易程度有四到六课，每课包括如下几个部分：介绍题型与特点，考点与难点，说明常见错误和应试策略与技巧，最后是本课小结与课后练习。在做完有针对性的单项技能训练以后，该书还提供了两套模拟试题供使用者自测。此外，该书中的例题都是新 HSK 四级真题，课后练习的仿真度也很高，能培养学生的临场感。

　　强化辅导的顺序一般是听力→书写→阅读，把阅读放在最后是因为教材里这部分的内容最多（8 节课），和其他两部分的总和（听力 6 节课+书写 3 节课）差不多。近年来一些研究者注意到语言学习者的焦虑情绪对学习效果有影响，"学习者因语言学习过程的独特性而产生的一种对与课堂语言学习相关的自我意识、信仰、感情以及行为的明显焦虑情绪"①。据笔者观察，让韩国班学生产生焦虑情绪的主要是听力，因为听力部分的教学推进一般比较困难，会比原定教学计划多花费近 20%的时间。相比之下，书写和阅读部分的教学就十分顺利，弥补了听力部分多花的时间。这可能是因为日韩学生对汉字都有一定的认知基础。相信只要是教过混合班的老师都会对此深有体会：日韩学生在汉字读写方面的能力普遍高于其他国家的学生，也高于他们自己的听说水平。在我的预想中阅读和书写的真题测试结果应该好于听力。但成绩出来以后，让人意想不到的情况出现了，如表 1 所示。

---

① 张莉，王飙. 留学生汉语焦虑感与成绩相关分析及教学对策［J］. 语言教学与研究，2002（1）：36-42.

表 1　　　　**2014—2016 年新 HSK 四级真题测试各项平均分**

年度	真题编号	听力平均分	阅读平均分	书写平均分
2014	H41113	69.1	64.1	79.0
2015	H41007	69.8	63.2	69.8
2016	H41113	68.1	59.9	74.1

2014 年真题测试成绩的单项平均分值"书写 > 听力 > 阅读",可见阅读是其中的短板。2015 年和 2016 年也呈现出这种趋向,唯一的例外是 2015 年听力和书写部分的平均分持平,不过请注意它们仍是高于阅读的。仅从平均分来看,可以得出这样的结论:为韩国学生进行新 HSK 四级辅导时,应该在阅读上多下功夫,补齐这块短板。

二、问卷调查结果分析

笔者深感仅从听力、阅读、书写确立教学重点过于粗放。新 HSK 四级试卷中听力、阅读、书写每个部分都有不同的题型,如果能了解韩国学生对各个题型的看法,在教学中就更能做到有的放矢。所以在接下来的 2015—2016 年,笔者设计了调查问卷,想了解在韩国学生眼中到底哪种四级题型最难。2015 年回收有效问卷 37 份,2016 年回收有效问卷 38 份。问卷发放时培训已经进入最后阶段,并且已完成了四级真题测试和试卷讲解,所以学生是在对新 HSK 四级和自身汉语能力有充分了解的基础上参与调查的,调查结果足以反映他们的真实想法,如表 2、表 3、表 4 所示。

首先来看韩国学生对听力部分的难度排名,如表 2 所示。新 HSK 四级听力分为三个部分,第一部分判断对错 10 题;第二部分听短对话 15 题;第三部分 20 题,其中听长对话和听短文各 10 题,基于篇幅长短不同和题型不同,有必要分别判定听长对话和听短文的难度。

表 2   听力部分各题型难度排名

年度	题型	难度第一	难度第二	难度第三	难度第四
2015	判断对错	10 （27%）	4 （10.8%）	8 （21.6%）	15 （40.6%）
	听短对话	4 （10.8%）	9 （24.3%）	17 （46%）	7 （18.9%）
	听长对话	19 （51.4%）	9 （24.3%）	5 （13.5%）	4 （10.8%）
	听短文	4 （10.8%）	15 （40.6%）	7 （18.9%）	11 （29.7%）
2016	判断对错	9 （3.7%）	2 （5.3%）	6 （15.8%）	21 （55.3%）
	听短对话	4 （10.5%）	13 （34.2%）	15 （39.5%）	6 （15.8%）
	听长对话	15 （39.5%）	15 （39.5%）	7 （18.4%）	1 （2.6%）
	听短文	9 （26.3%）	8 （21%）	10 （26.3%）	10 （26.3%）

根据表 2，2015 年的问卷调查结果显示，学生觉得难度最大的题型是听长对话，超过一半的学生把听长对话的难度列为第一；其次是听短文；再次是听短对话，46% 的学生是这样想的；最后，40.6% 的学生都同意判断对错的难度最小。2016 年的问卷调查结果与 2015 年同中有异，排在难度第一和第二位的都是听长对话，紧接着是听短对话，判断对错仍旧位列第四。不过，学生对听短文的态度不明朗。结合两年的数据，我们至少可以得出以下结论：在新 HSK 四级听力部分，韩国学生认为最难的是听长对话，最简单的是判断对错，其他两种题型难度居中。

通过比较平均分，我们已经得出阅读部分是新 HSK 四级教学重点的结论，那什么是阅读部分的重中之重呢？让数据来告诉我们，如表 3 所示。

表 3   阅读部分各题型难度排名

年度	题型	难度第一	难度第二	难度第三
2015	选词填空	8 （19.5%）	16 （39%）	17 （41.5%）
	句子排序	23 （56.1%）	13 （31.7%）	5 （12.2%）
	阅读短文	10 （24.4%）	12 （29.3%）	19 （46.3%）

年度	题型	难度第一		难度第二		难度第三	
2016	选词填空	4	（10.5%）	11	（28.9%）	23	（60.5%）
	句子排序	21	（55.3%）	13	（34.2%）	4	（10.5%）
	阅读短文	13	（34.2%）	14	（36.9%）	11	（29.0%）

2015 年的问卷调查数据显示，56.1%的学生都把句子排序放在难度第一位，然后依次是选词填空和阅读短文。2016 年稍有出入，难度由大到小为句子排序>阅读短文>选词填空。虽然选词填空和阅读短文哪个更难存在争议，但在句子排序最难这点上学生意见是统一的，因此句子排序毋庸置疑是阅读部分教学的重中之重。

书写部分的题型只有两种：连词成句和看图写句子，可是学生的选择让人为难，2015 级的学生认为连词成句难于看图写句子，2016 级的学生看法恰恰相反。不过将两年的调查结果综合来看，共计 79 人回答了这个问题，选择连词成句最难的有 45 人，认为看图写句子最难的仅 34 人。这样看来，还是连词成句在难度上更胜一筹，如表 4 所示。

表4　　　　　　　　　　书写部分各题型难度排名

年度	题型	难度第一		难度第二	
2015	连词成句	31	（75.6%）	10	（24.4%）
	看图写句子	10	（24.4%）	31	（75.6%）
2016	连词成句	14	（36.8%）	24	（63.2%）
	看图写句子	24	（63.2%）	14	（36.8%）

三、教学重点和教学策略

听力部分并不是题目越难分值越高，每题的分值都是 2.23 分，所以应该实行"保过争高"的策略。上文已确定韩国学生认为最简单的是判断对错，最难的是听长对话。只要做好判断对错、听短对话和听短文，听力就能及格，如果再在听长对话上发挥不错，听力就能得高分。和其他听力题型相比，长对话和短对话题型完全一致，区别只在对话长度上：短对话 2 句（50~60 字），长对话一般 4~5 句（70~80 字）。长对话的信息量更多，干扰项也更多，因此难度提高。教学时要把时间多用在长对话上，只要攻克这个难关，同一题型的短对话也会被顺势拿下。因此，听力部分的教学时间建议按照 2：2：4：2 的比例安排。从 2016 年的真题测试结果来看，平均分 68.1，确实做到了"保过"，听长对话的正确率高达 72.9%，居四种题型之首，其后是判断对错（68.8%）、听短文（65%）和听短对话（64.5%）。可见，把听长对话作为听力培训突破口的策略是可行的。

阅读部分的教学重难点无疑是句子排序。2016 年真题测试阅读部分选词填空和阅读短文的正确率是 62.1%，而句子排序仅 48.8%。假如正确率提高到及格线 60%，阅读平均分就能增加 2.8 分。在教学实践中，我发现韩国学生在为叙述性和说明性表达方式的句子排序时做得非常好，但在为议论性表达方式的句子排序时，正确率就陡然下降。问题的关键在于他们学汉语以来基本上没接触过议论性文章，对议论性文章的表达方式较为陌生。那么首先要去除这种陌生感，课上老师要花时间介绍议论性文章的特点，课下则要求学生多阅读这类文章。然后通过大量练习让学生习惯议论性文章的表达方式，在三句话中找出观点句，厘清材料句和总结句。另外，因为关联词在句子中的位置一般相对固定，利用关联词可以快速确定句子的先后顺序。让学生熟记常用关联词，对正确排列句子会有很大帮助。

应试技巧在一定程度上有助于提高成绩，它们在书写部分起到的作用尤其明显。这也是为什么三年来韩国学生在书写部分总是表现得最好的原因。根据评分说明（低档分：未包含所提供的全部词语；词序排列不正确；有 3 个或 3 个以上错别字），拿到低档分很轻松。因此，对于成绩较差的学生而言，教学目标是提高到中档分，而成绩较好的学生则要努力争取高档分。首先让学生谨记七字真言"不多不少不错字"：包含所提供的全部词语，不增加未提供词语，不写错别字。在此基础上，树立词语在句中的正确语序位置的概念，集中讲解几种特殊句型（把字句、被字句等），用"题海战术"将相关语法知识固定在学生的记忆里，使其形成条件反射。

看图写句子，给出一张照片和一个主题词，要求考生根据这个词的提示结合图片内容写出完整的句子。配合图片给出的主题词从原则上讲有可能包含各种词性，但还是以动词、形容词、名词的频率最高。以高等教育出版社《HSK 真题集（四级）2014 版》为例，五套真题中看图写句子共 25 题，其中动词 9 个、形容词 8 个、名词 5 个，另有代词、量词和助动词各 1 个。所以，针对动词、形容词和名词制定书写模式：①主题词是动词，建议使用"主语+正在+动词+宾语"；②主题词是形容词，使用"主语+很/非常/特别……+形容词"；③主题词是名词，名词在句中充当主语或宾语，这时可以回归前两种模式，与之配合的动词或形容词由学生自己决定。此外，考试时坚持"宁简勿繁不错字"的原则，优先按模式写语法简单、内容简单的句子，保证中档分。如果有时间、有能力，学生可以尝试写语法复杂、内容丰富的句子，冲刺高档分。

四、结语

综上所述，紧扣新 HSK 四级考试重难点，制定策略、精确打击，肯定能有效提高韩国留学生的新 HSK 成绩。然而，必须让他们明白，以通过考试为目标的学习是应试学习，新 HSK 教学也不例外。固然，韩国留学生背新 HSK 单词、语法知识，也会运用在备考过程中学到的汉语知识去交流、扩展知识面，这与新 HSK 的设计理念"培养学生运用汉语进行交际的能力"相符，但是应试学习必然要强化应试技巧，强化应试技巧这样的行为在短期来看会对学生通过考试有帮助，从长远来看，这种以考试为导向、目的性强的学习方式不利于对中文的掌握和熟练应用，最后可能的结果是，虽然通过了考试，但日常交际能力并没有很大的提高。所以，一定要提醒韩国留学生，在应试学习之余也要充分利用目的语环境学习的有利条件，真正提高自己的汉语听说读写能力，这样才不辜负特地来中国学习汉语的真意。

◎ 参考文献

［1］李锋亮，曹越. 韩国留学生在华学习情况的实证研究 ［J］. 洛阳师范学院学报，2014（12）.

［2］王海峰，陈莉，路云. 新 HSK 速成强化教程（四级）［M］. 北京：北京语言大学出版社，2013.

［3］解妮妮，黄贺臣，曲玉彬，张晋军，李亚男. 新汉语水平考试在韩国实施情况报告 ［J］. 中国考试，2012（4）.

［4］张莉，王飚. 留学生汉语焦虑感与成绩相关分析及教学对策 ［J］. 语言教学与研究，2002（1）.

［5］张瑞芳，杨伊生. 留学生汉语学习焦虑与 HSK 考试成绩的相关分析 ［J］. 内蒙古师范大学学报（自然科学汉文版），2011（3）.

汉语惯用语语法偏误及教学策略研究

刘 平

武汉大学国际教育学院

一、引言

汉语惯用语是汉语口语常用的习惯用语，结构短小精练，运用灵活。外国人学习汉语惯用语，不仅可以了解中国文化，还可以提高汉语交际能力。考察外国人的汉语惯用语习得情况，会发现存在很多偏误。目前虽已有相关研究，但由于惯用语语料较难获得，偏误例句不够丰富，惯用语习得偏误面貌及其分类还不够清晰全面，其教学策略研究也有待进一步考察。惯用语偏误及教学研究应得到更多重视。

惯用语的偏误主要有语法、语义、语用和语篇偏误。一般认为惯用语的语义和语用比较难掌握，偏误较多。但据笔者的调查，留学生通过作业和写作方式输出的惯用语语法偏误率并不低，且形式多样。鉴于此，本文拟重点探讨中高级外国学生学习汉语惯用语的语法偏误类型，并在此基础上提出教学建议。①

---

① 文中语料主要来源于武汉大学本科三、四年级留学生使用惯用语造句的偏误以及部分 HSK 动态作文库中的惯用语偏误。考察的惯用语来自于郑伟丽《惯用语教程》（复旦大学出版社 2008 年版）中出现的惯用语和 HSK 大纲中的惯用语。

二、外国学生习得汉语惯用语的语法偏误类型

参照周小兵等的《外国人学汉语语法偏误研究》（2007），本文首先把偏误分为误代、误加、遗漏、错序和杂糅五类。然后根据是惯用语自身偏误还是与之搭配的词语偏误，把前四种又进一步细分为语内偏误和语外偏误。语内偏误指惯用语自身的偏误，语外偏误指与惯用语搭配的词语等的偏误。以下逐一分析。

1. 误代偏误

惯用语的误代偏误是比较常见的一种偏误。误代的意思是本来应该用 A，结果用 B 错误地代替了 A，造成偏误。误代偏误常对句法搭配造成影响。

（1）语内误代

① * 当然，时间流逝，我已可以在爷爷的朋友面前夸耀一番，也可以和爷爷的朋友聊一下，吹几个小小的牛皮，但常让我吃酸的是："××，真有你的，孙子的汉语说得那么漂亮。"为什么没有人称赞我呢！（泰国）（改①：吃醋）

② * 听着都摸不着头绪，书架上那么多书，他指的是哪一本？（新加坡）（改：摸不着头脑）

③ * 他马不停蹄地东奔西走，终于成功地维持了家庭经济，使我们七兄妹念完大学，现在各自站稳了社会地位。（缅甸）（改：站稳了脚跟）

④ * 这可与在城市常常看到的一些错误思想，也就是说，不肯付出代价而占别人的空子来得到利益的不健康的思想形成鲜明的对比。（韩

---

① "改"字后为改正后的正确形式。后同。

国）（改：钻别人的空子）

⑤＊他比我大十来岁，也是一个老山民，从小一直都跟山区的园林在作交道，很懂野外生存的技巧和道理。（美国）（改：打交道）

⑥＊做家长的不要做出家长的架子，而是做他们的知心朋友。（印尼）（改：摆出家长架子）

⑦＊这代表我们生活条件的限制，即要努力付出工夫去达到目的。（日本）（改：下功夫）

⑧＊因为他会三门外语，所以他在公司很忙得开。（越南）（改：吃得开）

以上误代，一般是用近义词语代替造成的偏误，如：忙得开、占空子、站稳社会地位、做家长的架子、作交道、摸不着头绪、吃酸、付出功夫。

（2）语外误代

⑨＊我妈妈喜欢对我闹着玩儿。（日本）（改：跟我闹着玩儿）

⑩＊我一直给他帮助，但是反倒对他的事情帮倒忙。（越南）（改：给他帮了倒忙）

⑪＊他说的语气每次都让别人泼冷水。（越南）（改：泼别人的冷水）

⑫＊她的话给我丢面子。（越南）（改：让我丢面子）

⑬＊我一直由我儿子伤脑筋。（越南）（改：为我儿子伤脑筋）

⑭＊这事情对他很重要，所以我们都热心肠帮他吧。（越南）（改：热心）

以上误代，有的是学生弄不清介词"对、让、给、跟、为、由"的用法造成的，也有的不了解惯用语的性质，把"热心肠"当成形容词"热心"使用。

2. 遗漏偏误

（1）语内遗漏

语内遗漏主要包括遗漏惯用语的动词、形容词、名词、语素等。如"随大流"遗漏了"大"，"打交道"遗漏了动词"打"，"拿手好戏"遗漏了名词"好戏"。"救世主"遗漏了语素"世"。

⑮﹡还有他们只想随流做出一样的歌儿，整天让我们听差不多的，太厌倦了。（韩国）（改：随大流）

⑯﹡跟别人交道时，常常使别人怀疑。（日本）（改：打交道）

⑰﹡打网球、打棒球都是他的拿手，除了这些以外，所有的体育运动他都做得真好。（日本）（改：拿手好戏）

⑱﹡他是我们的救主。（美国）（改：救世主）

（2）语外遗漏

语外遗漏包括遗漏介词"跟""被"、助词"了"、动词"当""写"、定语"他的、很多"、中心语"的人"和中心语素"气"等。

⑲﹡女人们三三两两别人侃大山。（越南）（改：跟别人侃大山）

⑳﹡爸爸我今天炒鱿鱼了。（越南）（改：被炒鱿鱼了）

㉑﹡他的公司炒鱿鱼。（越南）（改：炒了他的鱿鱼）

㉒﹡我说的话他常耳边风，就走了。（越南）（改：当耳边风）

㉓﹡他的花钱习惯非常不好，因为他是大手大脚。（越南）（改：大手大脚的人）

㉔﹡报纸上刊登的这个事情本来不是这样子的，这都是记者添油加醋出来的。（越南）（改：添油加醋写出来的）

㉕﹡这个东西就是费心血才做成的。（越南）（改：费了很多心血）

㉖﹡我一提，被父母泼冷水。（日本）（改：泼了冷水）

㉗﹡我刚上大学的那年，还书呆子十足。（韩国）（改：书呆子气）

3. 误加偏误

（1）语内误加

语内误加是指受到同义词、同音词或搭配词语等的影响，误加了词缀或者语素。

㉘＊高中毕业后，我很想当一名音乐老师，但是考试的时候得了"鸭子蛋"。（俄罗斯）（改：鸭蛋）

㉙＊还有孩子们经常不看红绿灯，甚至有的家长拉着孩子主动地闯红绿灯。（日本）（改：闯红灯）

惯用语"得鸭蛋"（或"吃鸭蛋"），指的是得零分，不是真的"鸭子的蛋"。动词"闯"的对象是"红灯"，"绿灯"是不用闯的。

（2）语外误加

语外误加属于偏误率较高的一种，是指误加跟惯用语搭配的词语。

㉚＊他做菜做得很有一手。（越南）

㉛＊因为这个小孩儿每天在学校造成恶作剧，让老师们放弃了。（越南）

㉜＊这个人真不好，每次办事的时候做恶作剧让人烦死了。（越南）

"做得""造成""做"，都是动词结构的误加。"他做菜很有一手"，不用重复动词"做得"。"恶作剧"的性质是动词性惯用语，可以直接做谓语，不用加"做""造成"。

㉝＊我觉得你一个人不能解决这件事儿，还是跟老师一起处理好，不要鸡蛋碰石头的做。（越南）

"鸡蛋碰石头"这个惯用语较长，一般做谓语，不做状语，"的做"是多余的。

㉞＊上星期考完了期中考试，一个星期开了大夜车，感觉有点儿不

舒服。（韩国）

"开夜车"不能加形容词"大"，可以说"开了很长时间夜车"。

㉟＊我小时候很顽皮，被父母打是个家常便饭了。（印尼）

㊱＊身为一个三岁儿子的父亲，我天天跟孩子打个交道。（日本）

以上例子中指的是经常发生的事情，所以不能加量词"个"。

㊲＊要是这青少年周围的人都抽（烟）的话，很容易跟着随大流。（韩国）

"随大流"是"顺着多数人说话或办事"的意思，"跟着"是多余的。

㊳＊有一天年纪最大的和尚装头痛，不想去，于是第二位和尚硬着头皮地代替他去挑水了。（韩国）

㊴＊他总是对我好，我改天要给他的面子。（越南）

㊵＊我觉得一点也不奇怪，因为这样的事情是家常便饭的了。（越南）

"硬着头皮"可直接做状语，不需加"地"。"给他面子"是双宾语，中间不需加"的"。"家常便饭"是名词性短语，做宾语时不需要加助词"的"。

㊶＊老婆死以后，他一直打了光棍。（越南）

前面有"一直"，后面不能用"了"字。两者语义矛盾。

㊷＊有人开玩笑着说，双胞胎之间也有代沟问题。（韩国）

此处不用加助词"着"，开玩笑的内容已经点明，"开玩笑"的状态不再持续。

㊸＊中国队正在被对方占上风。（越南）

"占上风"指占据有利地位，处于优势，带有结果义，前面不能用"正在"。

㊹＊我们单位的规定很老掉牙，需要改正。（越南）

"老掉牙"指老套陈旧过时，自身含程度义，不能加程度副词"很"。

4. 错序偏误

(1) 语内错序

语内错序主要是惯用语内部语素的错序。

㊺ * 我们可以把看电视的时间转成聊家里长短的时间。(韩国)(改：家长里短)

㊻ * 你们已经知道解决问题不能一天登步的。(韩国)(改：一步登天)

㊼ * 那时候我心里想父母虽然是高级工程师，可是只不过是一个普通的大马哈的人。(日本)(改：马大哈)

“家长里短”“一步登天”“马大哈”具有固定性，不能随便调换顺序。

(2) 语外错序

语外错序主要指惯用语和其他词语搭配时出现了前后顺序的偏误。部分自身带宾语的惯用语，在带其他宾语或者与时量补语、数量补语、代词宾语搭配时，往往容易出现较多的偏误。

㊽ * 他是我们班的第一名，所以老师们开小灶他。(越南)(改：给他开小灶)

㊾ * 我第一次看他这么认真，你不要泼冷水他吧！(越南)(改：泼他冷水)

㊿ * 他经常会拍马屁给他的上级。(越南)(改：拍他上级的马屁)

下面这个比较特殊，因为学生对惯用语“帮+倒忙”的动宾结构认识不清楚，导致插入代词宾语的时候出现错序。

(51) * 你说！这是不是帮倒我的忙？(越南)(改：帮我的倒忙)

(52) * 你这是什么出洋相啊，这样会给妈妈带来一个困惑。(越南)(改：出什么洋相)

“出洋相”与疑问代词搭配，应该放在动词“出”的后面和名词“洋相”前面。

(53) ＊他吃闲饭了三年。（日本）（改：吃了三年闲饭）

(54) ＊我上班的时候心里很紧张，因我已经被炒鱿鱼过好几次了。（越南）（改：炒过好几次鱿鱼了）

“吃闲饭”带时量补语时要放在动词“吃”和名词“闲饭”的中间。“炒鱿鱼”是动宾结构，带数量补语时，应该把数量补语放在“动词+过”的后面。应改为“炒过好几次鱿鱼”。

(55) ＊我不相信她，她每次马大哈的做事。（越南）（改：做事都很马大哈）

(56) ＊我不想拉关系的处理事情，一定有好办法。（越南）（改：我处理事情不想拉关系）

(57) ＊你别闹着玩儿对待这件事儿。（越南）（改：你对待这件事儿别闹着玩儿）

(58) ＊他很热心肠对所有的人还有所有的事。（越南）（改：他对所有的人和事都很热心肠）

“很马大哈”“拉关系”“闹着玩儿”“很热心肠”都是谓语成分，却用来做状语，导致错序。

(59) ＊我妈妈骂了弟弟一个劲儿。（越南）（改：我妈妈一个劲儿骂弟弟）

“一个劲儿”一般做状语，修饰谓语成分，这里却错误地用作补语，导致错序。

(60) ＊我都听腻了，他说起一个劲儿的废话来真让人讨厌。（越南）（改：他一个劲儿说起废话来）

“一个劲儿”指不停地做某事，这里不能修饰名词“废话”。

5. 杂糅

“杂糅”是指一个偏误句中包含两种以上的偏误，如同时有“误加+错序"，或同时有"遗漏+错序"两种偏误等。学生想表达较复杂的意思，或者惯用语跟其他词语的意思相似时，易出现此种偏误。如：

⑥ ＊如果你不听我的命令的话，你就炒鱿鱼定了。（越南）（遗漏+错序。改：你就被炒定鱿鱼了）

⑥ ＊他给我没什么意思的开玩笑让我马上发脾气。（越南）（误代+错序。改：他跟我开没什么意思的玩笑）

⑥ ＊他向他的女朋友求婚，被她碰钉子。（越南）（误加+错序。改：碰了她一个钉子）

⑥ ＊其实我这么说也不是完全准确的，因为很小的时候，我不用在社会上站住自己的脚。（韩国）（误代+误代。改：站稳自己的脚跟）

⑥ ＊他原来在游戏厅工作，一天到晚向游戏机打招呼。（日本）（误代+误代。改：跟游戏机打交道）

⑥ ＊父母向陌生人从来没有打招呼。（日本）（误加+错序。改：从来没有跟陌生人打招呼）

三、汉语惯用语教学的建议

根据上文的分析，留学生使用惯用语出现偏误的原因，主要可归纳为四种：一是对惯用语的形式记忆不够清晰；二是对惯用语的整体性质不太明确；三是跟一些介词如"给、对、跟"等的搭配用法不够明了；四是没有掌握惯用语的变换形式（即复杂的扩展形式）。鉴于此，本文提出惯用语教学需采取"兼整散、辨性质、识偏误"的策略。

1. 兼整散

"兼整散"指的是，在例句输入方面，既要整体输入惯用语的基本形式，又要输入扩展形式和特殊变换形式。如"退堂鼓"要强调基本式"打退堂鼓"，也不要忽视常用易错的变换式"打起了退堂鼓""打起退堂鼓来了"；"摆架子"除了给出基本式，还可给出扩展式"摆高架子""摆什么架子",以及变换式"架子不要摆得那么高""架子摆得太高"。如果时间允许,在专门的惯用语课程中,还可以集中总结动宾式惯用语的活用形式(即扩展式和变换式),来加深学生的印象。

①我想去国外留学,可是朋友知道了给我大泼冷水。(介宾结构修饰,再加形容词"大"做状语)

②你别跟我开这么无聊的玩笑了。(加形容词短语"这么无聊"做定语)

③这个职员总是爱拍领导的马屁。(加名词"领导的"做定语)

④他毕业后没找到工作,在家吃了三年闲饭。(加助词"了"和"三年"做时量补语)

⑤我跟外国人打过很多次交道。(加助词"过"和"很多次"做数量补语)

⑥我一次交道都没跟他打过。(加助词"过",把数量短语"一次交道"换到谓语前)

惯用语例句的排列也有讲究,应兼顾实用性原则和系统性原则,常用句和易错句一般排列在前面。例如,教学和编写教材中对惯用语"炒鱿鱼"的例句处理如例⑦、例⑧、例⑨所示。

⑦昨天她被炒了鱿鱼。　　　　　(被动式　基本式)
⑧昨天老板炒了她的鱿鱼。　　　(主动式　扩展式)
⑨今年她被老板炒了两次鱿鱼。　(被动式　扩展式)

以上例句既有主动式和被动式,又有基本式和扩展式,概括了"炒鱿鱼"的典型使用语境。

2. 辨性质

"辨性质"指的是,惯用语教学过程中应帮助学生弄清楚惯用语自身是什么性质(名词性、动词性、形容词性等),常在句中担任什么句子成分(主、谓、宾、定、状、补语),以减少偏误。例如例⑩—例⑯的偏误就是学生不了解惯用语的性质造成的。

107

⑩＊我不相信她，她每次<u>马大哈</u>的做事。

⑪＊<u>我不想拉关系</u>的处理事情，一定有好办法。

⑫＊我觉得你一个人不能解决这件事儿，还是跟老师一起处理好，不要<u>鸡蛋碰石头</u>的做。

⑬＊你别<u>闹着玩儿</u>对待这件事儿。

⑭＊他很<u>热心肠</u>对所有的人还有所有的事。

"马大哈""拉关系""鸡蛋碰石头""闹着玩儿""很热心肠"这些短语，本身都是谓词性的，都能够做谓语成分，不能作状语。

⑮＊我妈妈骂了弟弟<u>一个劲儿</u>。

⑯＊我都听腻了，他说起<u>一个劲儿</u>的废话来真让人讨厌。

"一个劲儿"一般做状语，修饰谓语成分，这里却被分别错误地用作时量补语和定语，导致偏误。

3. 识偏误

"识偏误"指的是，对易错的惯用语，应预测学习难点，设计判断或改错练习，分析致误原因。要让学生掌握惯用语使用规则，汉语教师对常见偏误类型应胸有成竹，善于预测其教学难点，因势利导，既要教授正确用法，也要提高学生的辨错能力。比如动宾式惯用语"泼冷水、炒鱿鱼、开小灶、拍马屁"等，要突出其带宾语的特点，可给出偏误句"父母泼冷水他""老师们开小灶好学生""公司炒鱿鱼我""他喜欢拍马屁老板"等让学生改错，加深其印象。

惯用语的使用规则不是教会的，只有而是练会的，多练才能真正掌握其规则。惯用语教学应遵循"精讲多练、精讲活练"的教学原则，来设计帮助记忆理解的识记性练习和帮助使用的应用性练习。

（1）识记性练习

理解识记性练习即机械性和半机械性练习，主要帮助学生理解记忆惯用语的形式和意义。根据前面的研究可知，惯用语偏误不少是由于记忆不清造成的，因此要加强记忆练习。

机械练习主要是朗读练习，包括跟读、个别读、齐读惯用语及其搭配形式以及包含惯用语的句子。半机械性练习有填空、连线、排序、改错和造句等。填空练习可以让学生把惯用语补充完整，填上其中的动词、名词、形容词等。例如（打）交道、（下）功夫、（走/开）后门、（摆）架子、（吃）得开、唱（红/白）脸。连线练习可以给惯用语和介词连线。如：跟—某人打交道；给—某人泼冷水；为—某人伤脑筋；给/为—某人开小灶。或者给惯用语和动词连线。如：是—热心肠；成了—落汤鸡；打—小报告；当成—耳旁风。排序练习是给词语选择正确的位置。例如给词语"我的"选择正确的句子位置：A 他总是喜欢 B 泼 B 冷水 C。以上排序、连线也可以设计成改错练习。造句练习包括用惯用语直接造句，也可以用指定惯用语完成句子。此外，还可以编写包含较多惯用语的短文，在短文中设计惯用语的理解练习或完形填空练习（考查惯用语的搭配式和变换式）。

（2）应用性练习

应用性练习即具备互动性的活用性练习。这种练习灵活性强，对教师的要求比较高，需要花更多时间来搜集素材和精心设计。例如可以提供相关图片或视频，让学生根据语境说出惯用语、造句或使用惯用语练习对话。又如，可要求学生用老师给出的几个惯用语说出或写下一段话。时间充裕时，可分组竞赛练习惯用语，从而刺激学生的竞争和表达欲望，提高惯用语的教学效果。

◎ **参考文献**

[1] 郑伟丽. 惯用语教程 [M]. 上海：复旦大学出版社，2008.

[2] 吕冀平，戴昭铭，张家骅. 惯用语的划界和释义问题 [J]. 中国语文，1987（6）.

[3] 李行健. 惯用语的研究和规范问题 [J]. 语言文字应用，2002（1）.

［4］ 车晓庚．惯用语在对外汉语教学中的难点与应对策略［J］．语言文字应用，2006（12）.

［5］ 陈洪妍．惯用语与对外汉语教学［J］．语言教学研究，2008（1）.

汉语言专业高年级汉语
写作课教学模式初探

陈　思
武汉大学国际教育学院

　　写作课作为留学生汉语课程体系中不可或缺的一部分，常被看作一门"难课"，不仅多数学生认为难学，很多写作课教师也感到头疼。特别是对本科汉语言专业高年级的留学生和承担相应层次的写作课的教师来说，写作课难学难上的体验尤为深刻，遇到的问题也更加突出，并更加急需解决。

一、汉语言专业高年级写作课的特点与要求

　　崔永华、杨寄洲（2002）认为，"写作课中的'写'是指有了一定汉语基础的学生按照汉语的思维逻辑，写出合乎汉字规范、合乎语法、合乎汉语表达方式、合乎汉语文体的篇章"①。而对于汉语水平处于不同阶段的学生来说，写作课训练的内容与重点也有所不同。如初、中级阶段应从书写汉字开始，从而进行词语训练、句式训练，以及简单记叙文和应用文写作。到了中、高级阶段应以语篇训练为重点，逐步掌握不

---

　　①　崔永华，杨寄洲. 汉语课堂教学技巧［M］. 北京：北京语言大学出版社，2002：185.

同汉语文体的写作技能，如记叙文、说明文、议论文、应用文等。

杨建昌（1985）指出，在提高阶段，汉语专业的学生"除记叙文外，还应掌握说明文、议论文等文体，包括基本掌握叙述、描写、抒情、议论、说明五种表达方法；会运用立论、驳论以及将两者综合运用的能力；掌握一些最常用的基本修辞手段，如比喻、借代、夸张、比拟等。书面表达速度要求，三年级阶段结束时，学生在两节课100分钟内能写1500字以上的文章，错别字不超过5个，病句不超过3个"。①

根据武汉大学课程教学大纲的要求，本科汉语言专业三年级学生经过汉语写作课程的训练，需能撰写完整的一般性文章，并能用汉语撰写学术性论文。由此可见，对于汉语言专业的学生，在"写"的技能上的要求是相当高的。而在另一方面，区别于一般汉语中、高级水平的语言进修生，汉语言专业的学生，特别是三年级以上的高年级学生，对于汉语写作知识的掌握也不可或缺。这样一来，本科高年级写作课教师的课堂教学模式以及对学生的培养训练也应与其他阶段或课程体系中的写作课有所不同。

二、汉语言专业高年级写作课的难点

事实上，由于上面提到的汉语言专业高年级写作课（以下简称"写作课"）的特点与要求，长期以来写作课在实际教学中都存在着一些难点与问题。

1. 教师的教学难度较大

首先，与其他技能课相比，写作课在汉语课程中处于从属地位，在课时分配上所占比例不大，然而教学任务并没有因此而减轻。以武汉大

---

① 杨建昌. 外国留学生汉语专业的写作课教学［M］//对外汉语教学论集. 北京：北京语言学院出版社，1985：380.

学本科汉语言专业三年级上半学期写作课为例，课程安排为每周 2 课时，17 个教学周，一学期共 34 课时。而教学采用的教材《发展汉语·高级写作》（Ⅰ）共 12 课。这就意味着在 34 课时的时长内要完成 12 课的教学。此外，教材每一课都安排有范文讨论与学习、边读边练、参考练习、课后作文四个部分。除去课后作文，其他三个部分的练习量就每课 2~3 课时的时长来说是相当大的。因此对教师而言，每一课的课堂讨论、练习作何取舍，作文讲评环节如何安排，需要全面考虑。

另外，与普通语言进修生不同，汉语言专业的本科生在"写"的技能上要求更高，也需要在写作课上掌握一定的汉语写作知识。教师在课堂上除了对学生进行写作技能的训练与提高以外，介绍相关的汉语写作知识也必不可少。这样教师在组织教学时需要在前者的"练"和后者的"讲"之间取得平衡，如此一来，面对教学任务重、教学要求高与课时相对较少的矛盾，教师的教学压力往往也比较大。

2. 学生的学习积极性不高

很多写作课教师都能明显感觉到，与其他课程相比，在写作课课堂上很多学生比较倦怠，学习不够主动。此外，在完成课后作文方面积极性也不高。有些学生迟交、少交，甚至不交作业，有些学生即使交了作业也是敷衍了事。

造成这种情况的原因比较复杂。首先，学生在面对写作课时有较强的畏难情绪。从表面上看，这是因为相较于其他汉语课程，写作课的难度大、要求高。从深层原因上看，陈延河（1999）认为，这源于学生在进行写作训练时存在"语言痛苦"，即意识的无限与言语的有限之间的矛盾。① 不同于母语者，留学生写作时将意识转化为言语是一种更复杂的思维过程，它需要改造表现思想的言语表达方式。高年级的学生需

---

① 陈延河. 对外汉语写作教学的定位与方法探论 [J]. 华文教学与研究，1999（3）：10.

要尽快完成汉语思维习惯的养成训练，同时要运用较复杂、丰富的语言形式准确地将"内部言语"转化为"外部言语"，因此，他们的"语言痛苦"更加强烈，这就造成了学生更害怕上写作课。其次，在写作课课堂上，教师的教学方法、模式往往比较单一、固定，同时写作教学很容易趋近于一种教师单向性的教学，而不是教师与学生共同参与的教学，因此，在开拓学生思维、培养学生写作能力方面往往达不到期望的效果，学生的学习热情与兴趣自然渐渐缺失。另外，写作技能的提高是一个长期的过程，一时看不到进步是很正常的，然而这在一定程度上也会对学生的学习积极性产生影响。

综合上述情况，无怪乎有学者认为，大多数写作课教师把这门课当作"三难课程"，即备课难、组织教学难、按时收到学生作业更难。

三、汉语言专业高年级留学生写作课教学模式

刘珣（2002）从第二语言教学特点出发，将教学过程分为四个阶段，即感知阶段、理解阶段、巩固阶段和运用阶段。① 以此为基础，针对写作课教学的特点，我们在写作课教学过程中还可增加反馈阶段。下面试着由这五个阶段来探索汉语言高年级留学生写作课的教学模式。

1. 感知阶段

写作课课堂教学的感知阶段主要体现在教师对该次课学习内容的介绍以及学生对教学文本（范文）的阅读上，其目的是激发学生的学习兴趣，锻炼学生的注意力、观察力和记忆力。在这个阶段，教师应运用各种手段吸引学生，消除学生的畏难情绪。因此，教师在引导学生阅读范文的基础上，可以适当运用多媒体技术，使语言材料通过视、听、读

---

① 刘珣.汉语作为第二语言教学简论［M］.北京：北京语言大学出版社，2002：137.

等多种途径被学生感知。比如在学习写读书笔记时，教材中的范文内容为读《红楼梦》的读书笔记，而多数留学生还没有读过《红楼梦》原著，因此范文的内容相对来说比较难理解。在这种情况下，教师可以精心选择电视剧《红楼梦》中有代表性的、与范文内容有关的片段给学生放映。事实证明，这样的做法不仅能引起学生的兴趣，而且能帮助学生有效理解范文的内容，并使学生紧张的心情得到放松。

另一方面，阅读范文是这一教学阶段的主体，但在这一阶段学生往往会把写作课课堂上阅读范文的"读"与阅读课上的"读"等同起来，把重点放在获取内容信息上，使得写作课在这一阶段异化为阅读课。实际上，阅读范文的目的是通过阅读给之后的写作训练提供帮助，让学生从范文中了解与训练目标相应的文体和风格、谋篇和章法、语言表达的技巧手段和文化背景知识等。因此，首先教师在备课时就要根据本次写作训练的教学重点、难点吃透范文，整理出需要学生通过范文感知、学习的要点。在阅读之前，教师应从范文的写作技巧和语言两方面出发，提出有针对性的问题，引导学生带着问题阅读，做到有的放矢。

2. 理解阶段

理解阶段需要学生积极思考，联系已有的知识对阅读的范文综合地进行分析、概况、推理，由此进行写作知识和语言知识的学习。也就是说，这一阶段是从感知阶段的感性认识发展到理性认识，也需要在教师的讲解和帮助下完成。

这一阶段的重点应该放在通过阅读范文引导学生学习写作知识与技巧上。陈贤纯（2003）把话语形成的心理过程分成两个阶段：第一个阶段是从话语动机发展到命题树即深层结构；第二个阶段是从命题树（深层结构）转换到表层形式。① 有一种观点认为，对外汉语教学的写

① 陈贤纯. 对外汉语教学写作课初探［J］. 语言教学与研究，2003（5）：61.

作课只需要训练第二个阶段，即训练学生在书面表达时语言上符合汉语的习惯，包括语法修辞等，而语言表达心理过程中的第一个阶段的训练，如学会如何审题、如何立论、如何扩展、如何组织文章的结构等，在汉语写作课上都应该免去。但实际上，很多留学生在学习母语时并不像中国学生那样经过长期严格的写作训练，也就是说他们缺乏语言表达心理过程中第一个阶段的训练，这在学习如何运用汉语写作时，特别是到中、高级阶段给他们造成了心理和实际上的双重困难。因此，教师应在理解阶段有意识地弥补他们这方面的不足。

不过要注意的是，在理解阶段需避免以教师"讲"为主，从而变成一种教师单向性教学。教师要注重与学生之间的互动，让学生参与到教学中。因此，教师要全面调动学生，鼓励学生特别是比较内向的学生提出看法，化被动为主动；要充分尊重学生的意见、观点，以激发学生的积极性。同时，教师要始终发挥主导作用，在学生充分表达意见之后，教师要对其发言做必要的梳理、总结，进一步进行写作知识讲解和作文指导。在对写作知识进行讲解时，要特别注意避免因内容相对枯燥而使学生无法理解或失去兴趣。教师可以就所讲知识准备一些学生熟悉的、合适的语言材料来帮助学生理解并形成印象。同时，教师在每次讲解写作知识时应做到循序渐进、层层推进，从而让学生在头脑中形成层次分明的系统观。

3. 巩固阶段

巩固阶段是从理论到实践的阶段。写作课教学中的这一阶段主要进行课堂写作训练，这也是写作课课堂教学的重要环节。周子衡（2009）将写作训练分为"虚"和"实"两方面："实"是指思想内容的生成，而"虚"是指语言形式的表达。[①] 在汉语中、高级阶段应逐步偏向于

---

① 周子衡. 关于对外汉语写作课程的几个基本问题 [J]. 语文学刊, 2009（20）.

"实"。因此课堂写作除必要的语言训练外，应将重点放在文章技巧方面的训练上。即使进行遣词造句、积句成段这样的语言训练，也要围绕语篇写作这个中心任务来进行。教师可循序渐进地让学生在每次课上进行有针对性的训练。比如在进行记叙文写作训练时，让学生分次练习如何拟定题目、如何开头、如何结尾等；在进行议论文写作训练时，让学生试着自己拟定分论点，运用例证法、引证法等。教师也可以将课堂练习与 HSK 考试写作试题形式相结合，让学生进行根据主题词的段落写作，或对范文进行缩写，从而使学生建立谋篇布局的意识。

需要指出的是，虽然这一阶段的目的之一是让学生注意书写速度，养成独立完成作业的习惯，但教师也应意识到这是学生"语言痛苦"较强烈的阶段，因此，也要对学生提供必要的帮助。如写作前组织小组讨论写作计划与写作意图，通过师生互动与合作，共同解决难题；写作后交流写作内容、感受，进行课堂练习互评，从而不断激发学生的写作兴趣与热情。

4. 运用阶段

写作训练的目的在于运用。学生要运用汉语思维，并用汉字体现其思维成果。在写作课教学中，这一阶段主要体现在学生完成课后作文上，教师可以综合采用各种教学法如控制法、自由写作法、任务法等对学生进行训练，引导学生完成课后作文。

在这一阶段，教师如何给学生命题是最需要认真思考的问题。课后作文的命题，从某种意义上说，是教师为学生提供一个合理的话语生成机制平台，有效帮助学生减轻"语言痛苦"，建构自己的深层结构，并进一步转换为表层形式。故命题不能只给出一个题目了事，而要对学生的写作内容和写作模式做出限定。合适的命题应该给出具体的情景、条件，让学生知道自己要写什么。另外，命题应该向学生自身靠拢，引导学生叙述自己的感受，发表出自己的想法。

5. 反馈阶段

反馈阶段是写作教学中特殊而不可或缺的阶段。具体来说，就是教师对学生的课后作文做出批改，并在课堂上对学生的作文进行讲评。由于学生还处于养成汉语思维习惯的过程中，掌握的汉语词汇尚不够丰富，语法运用不熟练，甚至有一部分学生自身的语言深层结构还没有完全建立，因此，作文中的错误往往五花八门。有一种观点认为，留学生的主要问题仍然是词语运用，而不是文章的技巧问题，教师在作文批改中的主要任务就是改病句。然而我们认为这样的批改并不能达到教学目标，也无法真正提高学生的汉语写作水平。教师在批改学生作文时，除了要修改学生语言形式的错误外，还要就作文的内容取舍、结构、句子连接、语意照应、段落的过渡与承接等各方面进行修改，最好的方法是通读全文，然后逐句斟酌、修改。教师平时要尽可能地掌握每个学生的情况，如学习策略、认知方式、学习习惯等，在修改作文时应注意区分偶然性失误、个别性问题、普遍性问题。修改后给学生的评语也要具体并且有针对性，明确以后努力的方向。另外，教师要注意肯定学生的进步，帮助其树立信心。

在对学生的作文进行集体讲评时，主要涉及本次写作训练的目标是否达到，以及习作中总体性的优点和带有普遍性的问题，教师可以和学生共同分析有典型意义的作文，让学生在自评、互评中不断修正自己。

总而言之，本科汉语言专业高年级写作课教学是一个很值得研究的领域，需要教师在教学实践中不断体会、研究，以探索出一套有效的教学方法与模式。

◎ **参考文献**

[1] 马金科. 系列《汉语写作教程》给对外汉语写作教学的启示 [J]. 云南师范大学学报（对外汉语教学与研究版），2007（1）.

[2] 许国萍，王一平. 对外汉语写作教学中的重要一环——谈作文评改的现状和对策 [J]. 暨南大学华文学院学报，2002（2）.

基于"互联网+"的教师教学理念反思

熊　莉

武汉大学国际教育学院

在"互联网+"时代，各行各业都与互联网紧密结合，互联网+商业的网购，互联网+交通工具的共享单车，互联网+支付手段的支付宝……相对而言，互联网+教育的步伐较为缓慢，庆幸的是，"互联网+"教育已越来越受到人们的关注。作为一名汉语教师，要有互联网思维。赵大伟2014年出版的《互联网思维——独孤九剑》中谈到9种互联网思维：用户思维、简约思维、极致思维、迭代思维、流量思维、社会化思维、大数据思维、平台思维、跨界思维。在当今"互联网+"时代，作为一名现代老师，要有互联网思维，并用互联网思维来反思我们的教学。

一、"互联网+"教育：慕课

2012年被《纽约时报》称为"慕课元年"。2013年算是中国的"慕课元年"。所谓"慕课"（MOOC），顾名思义，第一个字母"M"代表Massive（大规模），与传统课程只有几十个或几百个学生不同，一门MOOC课程动辄要面对几万人，甚至十几万人；第二个字母"O"代表Open（开放），以兴趣为导向，凡是想学习的，都可以进来学，不分国籍，只需一个邮箱，就可注册并参与学习；第三个字母"O"代表

Online（在线），学习在网上完成，无需长途旅行，不受时空限制；第四个字母"C"代表 Course，就是"课程"的意思。

慕课之风袭来，对中国教育和中国学生也带来了很大的影响。根据慕课平台之一 Coursera 的数据，2013 年 Coursera 上注册的中国用户共有 13 万人，位居全球第九，2014 年达到了 65 万人，增长幅度远超其他国家。Coursera 的联合创始人及董事长 Andrew Ng 在 2014 年度在线教育主题论坛中谈到，现在每 8 个新增的学习者中，就有一个人来自中国。

目前国际慕课三巨头分别为：Coursear、edX、UdaCity。Coursear 平台（www. coursera. org）是目前发展最大的 MOOC 平台，拥有近 500 门来自世界各地大学的课程，门类丰富。edX 平台（www. edxonline. org）是哈佛大学与麻省理工学院共同出资组建的非营利性组织，与全球顶级高校结盟，系统源代码开放，课程形式设计更自由灵活。UdaCity 平台（www. udacity. com）成立时间最早，以计算机类课程为主，课程数量不多，却极为精致，许多细节专为在线授课而设计。

国内慕课平台，排在首位的是"中国大学 MOOC"平台（www. icourse163. org），又称爱课程，这家网站由网易联手高教社共同开发，目前看来是资源是最丰富的 MOOC 平台之一。另一个规模较大的 MOOC 平台当属清华大学主办的"学堂在线"平台（www. xuetangx. com），课程数量与"中国大学 MOOC"相差无几，也一样提供电子学历证书，只不过"学堂在线"上面的课程大多数课程由清华大学提供。上海交通大学也开发了自己的开放式在线教学平台"好大学在线"（mooc. guokr. com），只是课程数目还不够多，绝大多数课程由上海交通大学制作。对于电子课程证书，每证收费 100 元。除此之外，慕课网（www. imooc. com）平台是垂直的互联网 IT 技能免费学习网站，网易公开课平台（open. 163. com）是网易推出的"全球名校视频公开课项目"，首批 1200 门课程上线，其中有 200 多门配有中文字幕。

二、"互联网+"教育：翻转课堂

还有一个"互联网+"教育的概念就是翻转课堂（Flipped Classroom）。当慕课刚刚兴起时，有人质疑传统大学会不会活不下去了。答案肯定是否定的，慕课肯定无法代替传统教育，但是我们可以将慕课与传统教育相结合，于是产生了翻转课堂。

所谓翻转课堂，就是本来是课上学，课下练。现在是课下学，通过观看视频等方式，课上练，课堂上老师会进行有针对性的辅导。传统的课堂模式，是以行为主义（学习就是"刺激-反应"，是不断尝试错误的过程）和认知主义（学习是外部刺激和认知主体心理过程作用的过程）为基础，以教师为中心；翻转课堂模式以建构主义为基础，强调以学生为中心，强调情境、协作、会话、意义建构等方面。

翻转式教学既可以帮助大学以外的人，又可以辅助教学。在家看视频，定期来听课讨论，没来上课的可以补课，把学习的主动权交给学生，学生会选择更有效的方式。知识传授过程在教室外，知识内化过程在教室内。在翻转式课堂上，老师可以对学生进行个性化教学，每个学生都可以按照自己的方式和节奏学习，学生可以得到个性化教育，满足他们的个性化需求。

翻转课堂模式的好处在于可复制、易上手、可量身打造、便于老师集中精力。老师不再是信息的展示者，而更多地是承担着辅导的角色。老师的角色是帮助学生，而不是传递信息。翻转课堂的一个缺点就是学生不能像课堂授课一样，随时向老师询问脑中闪过的问题，因此老师应教会学生记录，同时在活页式教材中留白，便于学生记笔记和记问题。

除此之外，"互联网+"教育的概念还有混合式教学模式：线上+线下；课内+课外。还有一个相似概念：Small Private Online Course（小规模限制性在线课程），或者叫SPOC（私播课）。

三、教学理念和教师教学反思

教学理念也叫教学信念、教学观念，在教学实践基础上形成，对教学行为有着指导和支配作用，属于教学意识，是从非自觉到自觉的过程，教师通过不断反思优化完善教学理念，指导其教学行为。教学反思分为：技术性教学反思、实用性教学反思、批判性教学反思。也可以分为教师理念（教师知识）反思、教师行为（教师操作）反思。

"反思"最早来源于哲学，而教学反思（Reflective Teaching）则是将反思运用在教学方面，代表人物是萧恩（Schon，D. A.）。他的两本著作《反思实践者：专业人员在行动中如何思考》和《教导反思实践者：新的面向教与学的专业设计》，使人们真正开始重视"反思"，并掀起了全世界教育界范围内的反思性教学的运动高潮。西方几个典型的教学反思模型是埃拜（J. W. Eby）模型、爱德华兹-布朗托（A. Edwards，D. Brunton）模型、拉伯斯凯（V. K. Laboskey）模型。如图1所示。

汉语教学发展史的全部过程就是一个不断进行教学反思的过程。

教学反思是从个体的角度看教师专业发展问题，是专业发展的重要策略，不断地教学反思积累的结果会促进专业发展。教学反思的过程就是专业成长的过程。教师在外部积极环境作用下，通过主体对教学过程的不断反思从而实现专业发展。教师的专业活动有一定的重复性，具有反思意识的教师要从这些貌似"日复一日"的重复教学中发现问题，特别是从成功或者失败的事件中反思。当然，不同阶段的教师有着不同的反思内容，可以获得不同程度上的专业发展。汉语教师发展基本遵循这样一个模式：教学过程→发现问题→提出方法→验证方法→专业发展……前四个环节都是教学反思的过程。上述循环过程是在不断地、无穷尽地进行的，最终促进教学专业不断发展。在这个过程中，教师的主体性不断突出，不断自我创造性地、探索式地使用教学理论。教师的认知发展和专业成长，就是在外界的不断刺激下，通过不断反思、实践、

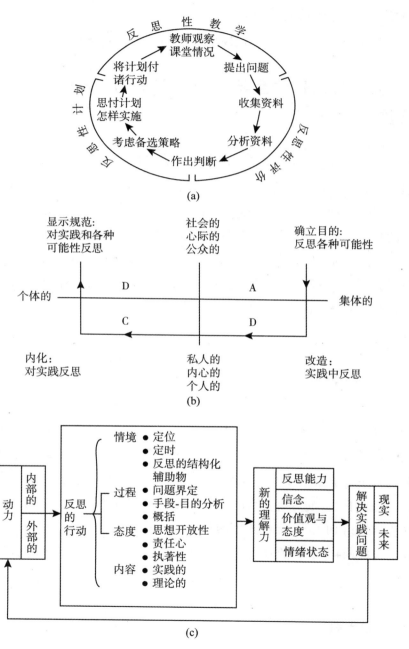

图 1 反思模型

再反思、再实践实现的。

"互联网+"时代，汉语教师更需要时刻对教学理念进行反思。

四、针对留学生特点的"互联网+"教育的具体实施

来华留学生存在以下特点：学生到校时间不一致；学生出勤情况较差（迟到、请假）；"炒剩饭"；学生程度不一致（最严重的是初、中级）；学生需求多元化。所以，汉语课堂更需要转变思维，以往终身教学的时代结束了，现在社会发展快，变换跑道的频率也加快了。人们的业余生活丰富，以留学生为教学对象的汉语课堂也应顺应形势做出调整。关在教室里学习并不是最好的来中国留学的方式，要让他们接近中国社会、中国人民生活，翻转课堂（混合式学习/SPOC）确实是个好办法。

在"互联网+"时代，笔者运用互联网思维优化教学过程。笔者将慕课、翻转课堂引入传统教学模式；注重学生的课堂体验（用户体验），关注师生线上线下交流与反馈（O2O），及时更新调整授课形式和内容；笔者追求极致，对自己严格要求，教案、课件做到精益求精（极致思维）；笔者针对学生特点，化繁为简，将灌疏繁难的语言知识转化为注重学生实际的语言运用能力（简约思维）；笔者注重教学反思，每次下课都记录课堂情况，进行课后总结并持续改善。笔者的慕课课程"汉语UPUP——高级汉语综合"已于2018年10月上线，希望能在"互联网+"教育的背景下，不断尝试对自我教学理念进行新的反思。

◎ **参考文献**

[1] 赵大伟. 互联网思维——独孤九剑 [M]. 北京：机械工业出版社，2014.

［2］ 熊川武. 反思性教学［M］. 上海：华东师范大学出版社，1999.

［3］ 熊莉. 汉语教师反思意识与专业发展研究［D］. 武汉大学，2014.

［4］ 汉语NPNP［EB/OL］.［2020-08-09］. http：//www. icourse163. org/course/WHU-1002924016.

基于 HSK 动态作文语料库的离合词偏误分析及对策

罗 庆

武汉大学国际教育学院

离合词是现代汉语中一种特殊的语言现象，早在 1957 年陆志韦就提出了"离合词"这个概念，由于它可分可合的特性，加上留学生的母语中普遍没有这种语言现象，因此，"离合词"一直是对外汉语教学中的重点和难点，很多教师都在尝试着寻找行之有效的教学方法，但是基于离合词复杂多样的离合方式，导致外国汉语学习者对离合词的掌握程度普遍不高。本文借助 HSK 动态作文语料库来搜集离合词偏误案例，试图通过分析这些偏误出现的原因来提出相应的对策。

一、HSK 动态作文语料库离合词偏误分类

1. 关于语料库

HSK 动态作文语料库是母语非汉语的外国人参加高等汉语水平考试中作文考试的答卷语料库，语料库 1.1 版语料总数达到 11569 篇，共计 424 万字。

作文语料库就像一个包罗万象的"语病诊所"，其中包括了考生在使用汉语进行书面表达时出现的种类繁多的各种语病，比如字、词、

句、篇等多方面的使用错误，从中我们可以观察到外国人在学习汉语过程中会在哪些方面出现错误，会出现什么样的错误，并对这些错误进行类型分析，对各种类型的错误进行统计分析，从而得出考生在汉语使用方面的错误序列，以及错误程度、频率方面的序列。

本语料库主要包含八个部分，分别是原始语料、考生相关信息、字信息、词信息、句信息、篇章信息以及两个有关软件技术和操作上的问题。其中"词信息"部分又包括分词、量词及词频统计、词性标注、词类统计、词类偏误类型分析、词类偏误统计分析、词语使用错误类型分析几个方面。笔者主要通过检索"词信息"部分，从中提取偏误语料来进行统计分析。

2. 偏误统计

笔者通过检索，其中离合词偏误共有 86 例，按照偏误的不同情况可以分为 12 类，偏误比率指该偏误类别例数占全部偏误例数的百分比。如表 1 所示。

表 1   **偏误统计表**

偏误类别	例数	偏误比率	例　　句
1. 不该离而离	9	10.5%	我想应推销员的聘。
2. 误带宾语	27	31.4%	他是为了见面他的女朋友来到北京。
3. 使用错误（搭配问题）	6	7.0%	我觉得和尚要帮助人们的忙……
4. "过"	6	7.0%	我在大学读书时，在一家书店打工过。
5. "了"	7	8.1%	……是因为那个动物受伤了很重。
6. 程度副词	6	7.0%	……可是他心中很多很多流泪了。
7. 时量短语	4	4.7%	以前我身体不好就住院几个月……
8. 数量短语	8	9.3%	我在这儿只能省你一次挑水而已……

续表

偏误类别	例数	偏误比率	例　　句
9. 人称代词、称谓词词词	5	5.8%	但有些老同学们热情地帮忙我。
10. 趋向补语	5	5.8%	……他们好几个人能一起合心起来……
11. 动词重叠	2	2.3%	他很满意地点头了。
12. 结果补语	1	1.2%	考试完以后，开始写毕业论文。

以上 86 例中，按照应试者国别划分，其中日本 43 人，韩国 32 人，东南亚地区 9 人，欧洲 1 人，加拿大 1 人。

从表 1 中我们发现，偏误出现最多的是"误带宾语"的情况，占了近 1/3，其次是"不该离而离"和"数量短语"的问题，各占 10.5% 和 9.3%，"了""过"，"时量短语"和"人称代词"等方面也不理想，说明这些都是学生在离合词学习和使用中的难点，而且日韩学生较容易出现这种错误，这些情况都是我们在离合词教学中需要考虑和重视的问题。

3. 偏误分析

（1）不该离而离

①我想应推销员的聘。

②在群体的生活中，人们战不胜人性中"自私自利"的弱点。

例①和②中，"应聘"和"战胜"均不是离合词，不应拆分，例①应改为"我想应聘推销员"。例②应改为"人们不能战胜人性中'自私自利'的弱点"。出现这样的偏误主要是因为学生对离合词的判定还不准确，没有分清哪些是离合词，哪些是非离合词，将离合词的用法用于非离合词，属于"泛化"的问题。

（2）误带宾语

③他是为了见面他的女朋友来到北京。

④医院也是公共场所，该罚款这样的中国人吧！

例③中的"见面"这个词，是留学生常常使用却又最容易出错的一个词，他们可能认为汉语中的"见面"与英语中的"meet"一样，可以直接带宾语。但是在汉语中，"见"和"见面"两个词的用法是不同的，前者可以直接带宾语，而后者是不能直接带宾语的。其实，汉语中绝大部分的离合词都是不能直接带宾语的，这也是离合词的一个特点。

如果一定要引入宾语，必须加入介词，如"和""跟""同"等。所以，例③应该改为"他是为了见他的女朋友来到北京"，或者"他来到北京是为了跟他的女朋友见面"。同样，"罚款"也是不能直接带宾语的，应改为"医院也是公共场所，该罚这些中国人的款吧"，或"医院也是公共场所，应对这些中国人罚款"。

（3）使用错误（搭配问题）

⑤我觉得和尚要帮助人们的忙……

⑥我做了不少打工，例如做服务员，送寿司，做管理员，等等。

例⑤、例⑥两例中，"帮助……忙"和"做……打工"都属于动词搭配错误的问题，"帮忙"和"打工"都是离合词，在句中可以拆分使用，例⑤可以可改为"我觉得和尚要帮人们的忙……"，例⑥可以改为"我打了不少工，例如做服务员，送寿司，做管理员，等等。"出现这个问题，表明对离合词的判别和使用没有很好地掌握，从而导致动词搭配错误。

（4）"过"的插入

⑦我在大学读书时，在一家书店打工过。

⑧虽然这么多年都没见面过，但我和他们的习惯，是忘不了的。

例⑦、例⑧这两个句子都表示一种过去已经发生的情况，"过"就是表明动作曾经发生，应直接放在动词后面，所以应该构成"V.＋过＋O."式，所以这两句应改为"我在大学读书时，在一家书店打过工"，"虽然这么多年都没见过面，但我和他们的习惯，是忘不了的。"

（5）"了"的插入

⑨……是因为那个动物受伤了很重。

⑩大家合力去干，省力了许多……

由于例⑨、两⑩例都是强调动作已发生并完成，应将"了"直接置于动词后，构成"V.＋了＋O."式，例⑨应改为"……是因为那个动物受了很重的伤"，例⑩应改为"大家合力去干，省了许多力……"。

（6）程度副词

⑪可是他心中很多很多流泪了。

⑫因为他每天很多抽烟，所以他生病了，就是肺癌。

关于程度副词对离合词的修饰限制，一般只能置于离合词的中间，构成"V.＋adv.＋O."的形式，所以例⑪应改为"可是他心中流了很多很多泪"，例⑫应改为"因为他每天抽很多烟，所以他生病了，就是肺癌"。

（7）时量短语

⑬以前我身体不好就住院几个月……

⑭但是，很长时间抽烟的话，对健康肯定有坏处。

例⑬中，留学生把时量短语放在了离合词的后面，其实应将时量短语置于离合词中间，构成"V.＋时量短语＋（的）＋O."结构，所以这个句子应该改为"以前我身体不好，就住了几个月的院"。而例⑭中学生把时量短语放在离合词的前面，这是错误的，应该放在离合词的后面，当时量短语位于离合词后面时，还可以重复动词，形成"V. +O. + V. +时量短语"式，因此，例⑭应改为"但是，抽烟抽很长时间的话，对健康肯定有坏处"。

（8） 数量短语

⑮我在这儿只能省你一次挑水而已。
⑯结果他们每天好几次打架。

数量短语作为插入成分时，在句子中的位置是和时量短语一样的，属于"V. +数量短语+O. "结构。例⑮中的这个句子应该改为"我在这儿只能省你挑一次水而已"，例⑯中，这个句子应改为"结果他们每天打好几次架"。

（9） 人称代词、称谓词

⑰但有些老同学热情地帮忙我。
⑱爷爷到孩子家来住几天，孩子不听话爷爷。

当插入语涉及人称代词或称谓名词的时候，无论是实指，还是虚指，人称代词和称谓名词一般要位于 V. 和 O. 之间。例⑰中，学生把人称代词放在了离合词的后面，不论插入语是人称代词还是称谓名词，它们都充当修饰限制成分，所以应该位于离合词中宾语的前面，即构成"V. +人称代词/称谓名词+（的）+O. "式。所以例⑰应改为"但有些老同学热情地帮我忙"，例⑱应改为"爷爷到孩子家来住几天，孩子不听爷爷的话"。

（10） 趋向补语

⑲他们好几个人能一起合心起来……
⑳在屋子里有人抽起烟起来，烟味儿令人难受。

插入趋向动词，表示动作的结束或者进行的状态。这两例插入的都是复合趋向动词。当插入成分为复合趋向动词时，应把离合词中的宾语放在趋向动词的中间，应构成"V.＋起＋O.＋来"结构，所以例⑲应改为"他们好几个人能一起合起心来"，例⑳应改为"在屋子里有人抽起烟来，烟味儿令人难受"。

（11）动词重叠

㉑他很满意地点头了。

㉒所以互相让步一步想一想……

动宾式离合词的重叠方式与一般动词不同，不是 AABB 结构，而是 AAB 结构，但不是所有的离合词都有这种重叠形式。戴一浩（1990）认为，动词的重叠现象是对持续的动作的临摹表达，而诸如"毕业""结婚""断交""动身"等不能出现在 AAB 结构中，因为它们属于瞬间性的、不可重复的动作，与"打仗""开会""洗澡"等离合词在语义上存在差异。另外，还有一种重叠形式是"V 了 VO"式，如"点了点头""听了听歌"等，强调动作的完成，其中"了"要加在重复的动词性语素中间。

由于动词重叠方面的偏误情况很少见，只有 2 例，笔者认为这表明学生在回避使用这种形式。可能是由于动词重叠形式多样，他们很难判定哪些动词可以重叠、哪些动词不能重叠。例㉑应改为"他很满意地点点头"或"他很满意地点了点头"，例㉒应改为"所以互相让一让步，想一想……"

（12）结果补语

㉓考试完以后，开始写毕业论文。

当离合词插入"完""好""去"等单音节形容词或动词时，表示动作的结果，形成"V.＋结果补语＋O."结构，所以例㉓应改为"考完试以后，开始写毕业论文"。

二、出现偏误的原因

1. 母语的影响

从出现偏误的学生国别来看，日韩学生占绝大多数，产生这种情况的原因可能在于学生在学习这个项目时受到母语负迁移的影响。

日语中与汉语同形的词如"发言""移民"等有很多，但这些词却不能像中文一样分开使用。因此，离合词对日本学生来说极为难懂。

与汉语 SVO 语序不同，韩语是 SOV 语序的粘着语语言，有丰富的词尾变化。韩语的主语和宾语都放在谓语动词的前面。韩语里有个很大的特点就是没有汉语的介宾短语形式。汉语离合词通过介词引入动作对象，而韩语中没有这种结构形式。比如"见面"这个词，如果要加上见面的对象，应该使用介宾形式引入，如"我下午要跟朋友见面"，这里的"跟朋友"就是一个介宾短语，必须放在离合词"见面"的前面，而韩国学生还是习惯将动作的对象作为普通宾语放在动词后面，所以常常造出"我下午见面朋友"这样的句子。

所以，在教授离合词这类特殊词汇时，需要与其他动词作对比，甚至与学生的母语作对比分析，单独讲解和操练，才能加深学生对离合词的印象。

2. 离合词本身的复杂性

从前述 12 类偏误来看，离合词的使用本身具有很大的复杂性。所谓离合词，就是在现代汉语中，结构定型性较差、中间可以插入其他成分的一类词。作为一个词，组成它的各个语素是相互粘着的，但是在具体使用时，构成词的语素往往又可以被其他成分隔开，有的甚至可以拆开，颠倒使用。这类词的构成语素既可以"合"又可以"离"，因此称为离合词。离合词除了有一个可分可合的共同外部特征外，还缺乏单一的共同的语法性质。而离合词的扩展形式有符合语法规范的一面，也有偏离语法规范的一面。这反映出离合词虽有一定的规则，但其规则又有不确定性。它是一个包含许多类型的庞杂的语群。所以对于母语为非汉语者来说，掌握离合词的用法确实有一定的难度。

3. 教材和教师的忽视

由于 HSK 动态作文语料库所搜集的案例来自于参加高等汉语水平考试的学生，所以学生的汉语水平是较高的，但是对于离合词的掌握仍然不理想。从客观原因来说，这与现行教材的不完善和教师对此没有足够的重视有关。

由于语法学界对离合词存在不同认识，在对外汉语教学中教师会采取不同的方式和策略。认定离合词是"词"的，在教学中，就把离合词当成词汇问题来处理，通常当成动词来教。认定离合词是"词组"或过渡状态、中间成分的，在教学中，理论上应该把离合词当成语法现象来处理。但实际上，现行教材里一般找不到有关离合词的注释，对外汉语教材中几乎没有什么教材把它当作专门的语法点或语法现象来解释、教授的。由于教材中没有专门的语法点来解释离合词，所以很多教师在教学过程中虽然承认它是一个语法现象，但并没有把它作为一个统一的语法项目来处理，而是"词汇化"了。

4. 学生的习得策略

与儿童习得语言不同，对于已经成年的学生来说，他们心智成熟，习得语言有更灵活的策略，由于离合词的使用是个难点，所以他们可以采用同义替换，或者回避等方法，尽管这样暂时没有出现语言上的偏误，但不是所有的离合词都有可替代的方式，而且长期不使用离合词，会导致对离合词的用法更生疏而难以掌握。

三、针对偏误所采取的相应的教学方法

1. 整体教授法

离合词尽管在形式上似乎可以随意分合，但实质上，它的组合成分却是无法分离的。这就是说，哪怕它在形式上已经被分割开来，人们也很难在事实上把它们看成两个词。主要表现在：离合词在被拆开使用之后，其语义不按照其组合成分独立时（如果可以独立的话）的字面义重新组合，而是仍然保留了离合词的原有意义不变，这就是说，组成离合词的成分虽然已被拆开，但其意义应合在一起才能理解正确，这就是所谓的形离而实不离。

如果采用出现一种搭配教一种搭配的方式，不仅效率低，而且数量一多，也容易混淆。由于离合词的扩展形式丰富，所以讲授起来也同样存在这样的问题，我们不如一开始就将扩展好的离合词作为一个"整体框架"教给学生，不去过多地解释其中的语法规则，由于离合词的数量多，在可分度和可合度以及可插入的成分等方面并不是完全一样，为了减少学生的"畏难"心理，在最初接触离合词用法时，可以通过"整体框架"形式的引入，使学生能更有效地掌握与使用该离合词及其扩展式。这里的"框架"除了包括离合词的扩展式，还应包括引入对象时所对应的介词短语，将它们一起出示给学生，使他们逐渐熟悉使用介宾短语表示动作对象的语言习惯，这样离合词误带宾语的情况可能会有所改善。

2. 对插入成分单独讲解

从语料库离合词偏误类别来看，12 类中有 9 类属于插入成分的问题。它们有的放在离合词前面，有的放在离合词后面，这些插入成分虽繁杂，但也不是完全没有规律可循，可以将它们大致归类，集中起来讲

解。离合词的插入成分主要有三种情况：

（1）"了""着""过"

①当强调离合词所代表的动作已经完成，而且在同一个句子中不再有其他动作发生时，不进行扩展。如"他请假了"。

②当强调离合词的构词成分即动词性语素所代表的动作时，扩展可分为三种情况：

a. 如果强调动作已经完成，用"了"进行扩展。如"他请了假""她辞了职"。

这种情形，一般后面还有其他动作紧接着发生。如"他请了假就回去休息了""她吃了饭就出去散步了"。

b. 如果强调的是动作的持续，用"着"进行扩展。如"他正开着车""他俩正聊着天，老师进来了"。

c. 如果强调的是过去的经历，用"过"进行扩展。如"我们吃过饭就各自回家了"。

（2）数量词（词组）

很多动宾结构离合词的两个语素中间，可以加数量词，如"打一年仗""出一趟差"，这里的数量词作前面的动词性语素的补语，起补充、说明的作用。此外，有时还对后面的宾语有修饰、限制的作用，其位置是不能随便挪动的。

（3）其他成分

这里说的其他成分，主要指程度副词、时量短语、趋向补语、结果补语、人称代词和称谓词等。

另外，有的时候，动作需要重复，但只能重复动词性语素，而不能连宾语一起重复。总的来说，离合词的重叠形式主要为"VVO"式和"V了VO"式，如"握握手""聊聊天""理理发""帮帮忙"等。如果要强调动作的完成而加动态助词"了"时，要加在重复的动词性语素中间。如"握了握手""聊了聊天""理了理发""帮了帮忙"等。

3. 情境教学法

很多离合词被"拆分"使用，都是和一定的情境有关系的。比如："生什么气"表示的是一种否定的语气，"伤了他的心"强调受影响的人，"犯不犯法"表示说话人急于知道答案。这些结构的意义都不是其组成部分的意义的相加。而像"洗了澡""洗他的澡""洗了一个澡"这种插入"体标记""数量词组""名词/代词"等离合词的扩展结构，也不只是单纯表示行为的完成和行为的量等，它们在特殊的语境中具有特定的功能——表示说话人的主观倾向（视角、认识、态度）。如果不拆分使用，这些语气和用法是难以体现出来的。

所以在教离合词用法的同时，老师一定要告诉学生说话人为什么要这样用，在什么情境下应该这样说，而且是一定要这样说，这样学生在学习这些离合词时，能更好地弄清楚它的使用目的和适用场合，从而避免出错。

通过对 HSK 动态作文语料库中离合词的偏误分析，我们可以推测出导致这些偏误的原因是多种多样的。其中日韩学生居多，主要是受母语负迁移的影响。这也可能反映出本语料库的局限性，因为追求"数量平衡"是本语料库的一个原则，即语料的等量原则，主要指不同国别、不同母语背景的考生的作文数量及字数相等，但是有些国家的考生很多，有些国家的考生则很少，因为考生少，所能收入的作文数量自然有限，因此，所谓"平衡性原则"只能是相对而言，这也就直接导致统计结果可能带有一定的片面性。

语料库虽然庞大，但是我们获取的偏误案例只有 86 例，这可能和参加高等汉语水平考试的学生汉语水平较高有关，但是这也并不能说明大部分学生就掌握得很好，他们可能选择回避或者使用替代的方法，这种现象也要引起我们的注意。希望以上的分析和提出的对策能够对离合词教学有所帮助。

◎ 参考文献

[1] 曹保平，冯桂华."离合词"的构成及离合规律 [J]. 广播电视大学学报（哲学社会科学版），2004（4）.

[2] 高书贵. 有关对外汉语教材如何处理离合词的问题 [J]. 世界汉语教学，1993（2）.

[3] 罗庆. 试从"构式教学法"谈对外汉语离合词教学 [M] //汉语教学与研究. 首尔：首尔出版社，2010.

[4] 林丹丹. 探讨对外汉语离合词教学之现状与对策 [J]. 漳州师范学院学报（哲学社会科学版），2009（2）.

[5] 饶勤. 离合词的结构特点和语用分析——兼论中高级对外汉语离合词的教学 [J]. 汉语学习，1997（1）.

[6] 魏伟. 汉语离合词研究综述 [J]. 锦州医学院学报（社会科学版），2006（4）.

[7] 谢昉. 对外汉语教学中的离合词教学法研究 [J]. 中国科教创新导刊，2007（19）.

[8] 严芳. 浅谈对外汉语中离合词的教学 [J]. 安徽文学，2008（4）.

[9] 杨峥琳. 中级水平韩国学生习得汉语离合词情况分析 [J]. 昆明理工大学学报（社会科学版），2006（1）.

基于语块"NP+哪里+VP"的反诘构式教学研究

程　娥

武汉大学国际教育学院

一、以"哪里"为标记的反诘构式"NP+哪里+VP"的构成

根据 Goldberg（2005）对构式的定义："C 是一个构式当且仅当 C 是一个形式–意义的配对（Fi，Si），且 C 的形式 Fi 或意义 Si 的某些方面不能从 C 的构成成分或其他先前已有的构式中得到完全预测。"根据她的预测，语言中存在数量巨大的构式，我们可以从句法层面加以概括。将结构"NP+哪里+VP"看作是形式和意义的配对 C，其语义除了表疑问以外，也可以表示反诘。如例①、例②所示。

①这儿哪里是岸？

②苦海无边，回头是岸。这儿哪里是岸？

句子①可以表示疑问或者反诘：什么地方是岸？句子②表示反诘，可以理解为"不是岸"，而且这一语义单从该结构的构成中无法推断出来，也不能从其他先前已有的构式中得到完全预测，因此，我们把这一类以疑问代词"哪里"为标记、表示反诘语义的结构称为以"哪里"为标记的反诘构式。在这一类构式中，"哪里"已经不再表示疑问，并

且有些以"哪里"为标记构成的结构已经固化，具有了习语的特征。如例③、例④所示。

③说/是哪里话？都是一家人。

④哪里哪里！司令你开玩笑了！

我们对现代汉语语料库（CCL）中以"哪里"为标记的反诘构式进行统计，根据构式"NP+哪里+VP"中主要动词"V"的主要类别，将以"哪里"为标记的构式概括为以下八种。

第一种，V为一般动作动词，如"听""管"等。例如：这些没笼头的马驹，哪里听高大这一套。（肖复兴，《我们是农业战线上的新兵》，1983）

第二种，V为心理活动动词，如"舍得""觉得""懂"等。例如：赵品富那微胖的脸上抽动了一下，勉强地笑了一下，说："曹英啊，你哪里懂呵！"（周嘉俊，《山风》，1975）

第三种，V为判断动词，如"是"。例如：他们哪里是什么影视公司，根本就是打着"影视公司"幌子的骗子。（《中国北漂艺人生存实录》）

第四种，V为表示存在的动词，如"有"。例如：在蒋介石卖国贼的所谓"一网打尽""斩尽杀绝"的法西斯统治下，哪里还有人民的集会自由呢！（李光灿，《我国公民的基本权利和自由》，1955）

第五种，V为动补结构"V得C"，如"谈得上""听得出""听得懂"等。例如：佟执意不从，他说："战事这样紧急，哪里顾得上裹伤！"（沈继英、柳成昌，《卢沟桥事变前后》，1986）

第六种，VP为能愿动词+动词，如"肯V""会V""能V"等。例如：他哪里能治好他的病？（巴金，《寒夜》，1990）

第七种，VP为动词与表示时间的副词组合，如"在V""V过"等。例如：孙悟空自打出世以来，哪里遇到过这种尴尬的场面。（张欣之，《孙悟空的遭遇》，1980）

第八种，V为可以充任谓词的形容词，如"贵""行""好"等。

例如：这哪里行？

在上述这些构式中，构式的整体意义体现为对话题的否定、用肯定的形式表达否定的意义、用否定的形式表达肯定的意义。构式的意义不是各个组成成分之间的简单相加，而是整体大于各个部分之和，且各个构成成分之间互相制约，实现对构式意义的增效或压制。我们将这一类表示反诘语义的构式归结为反诘构式"NP+哪里+VP"，这一反诘构式的出现满足以下三个条件。

第一，反诘构式所在句式为疑问形式，疑问词标记为"哪里"。

第二，反诘构式在语义上表现为对 VP 命题的否定，肯定的形式表达否定的语义，否定的形式表达肯定的语义，语法功能上还是"传信"。

第三，反诘构式所表达的反诘语义无法简单从其构成成分中推导出来，也无法从其他已有的构式中推导出来。

二、"哪里"为标记的反诘构式"NP+哪里+VP"的构式义生成

在反诘构式"NP+哪里+VP"中，动词的种类"V"与"NP"论元以及"VP"中的受事论元"np"的互动关系，是凸显反诘语义的重要内容。我们根据北京大学 CCL 语料库中的统计分析，根据动词的主要种类对构式"NP+哪里+VP"中的主要动词和论元的互动关系进行分析。

1. 构式"NP 哪里是 np"

在反诘构式"NP+哪里+VP +np"中，V 为判断动词"是"，那么，构式"NP 哪里是 np"是否一定用来表示反诘语义呢？如下面例①、例②、例③所示。

①他们哪里是什么影视公司，根本就是打着"影视公司"幌子的

骗子。（《中国北漂艺人生存实录》）

②煞有其事，自欺欺人，这哪里是实事求是！ （《报刊精选》，1994）

③这哪里是一个人干得了的事情？（《李敖对话录》）

我们可以假设：表示判断的"是"字句在动词"是"前面加上"哪里"，就具有了反诘语义。例如：这是一个游泳运动员。→这哪里是一个游泳运动员？（＝这不是一个游泳运动员）

是否所有的句式都可以用这一构式套用，从而表达反诘语义呢？看下面的例④、例⑤。

④哪里是岸！我迷失在浩渺无边的波涛中，连回去的路都找不到了。（《中国北漂艺人生存实录》）

⑤哪里是昆仑仙山？（《中国儿童百科全书》）

当"哪里是"后面紧接的"np"是处所名词或者地名时，会很自然地被理解为"疑问代词（什么地方）＋是＋np"，在没有上下文语境再现的情境下，我们可以这样理解：因为缺少主语，句子不是完整的表示判断的是字句，这样的句子会出现双重语义，或者表反诘，或者表疑问。因此，对于"（NP）＋哪里＋是np"的反诘习语构式，实现反诘语义的条件之一就是出现主语论元NP。如下面的例⑥所示。

⑥这哪里是昆仑仙山？

实现反诘语义的条件之二就是在"是np"中插入"什么"。如下面的例⑦所示。

⑦哪里是什么昆仑仙山？

我们可以认为，构式"NP哪里是np"实现反诘语义的充分条件包括：主语论元必须出现；在"是"与"np"中插入"什么"。

2. 构式"NP＋哪里＋有＋np"

反诘构式"NP哪里有np"中，一般在"有np"之间添加形容程度很高或很低的副词，如"这（样）""那（样）""这么""那么"

"如此""一丁点儿"等，可以消除其疑问语义。如下面的例①、例②所示：

①古代人类哪里有<u>这样</u>现代化的科学技术？（朱玉琪、施鹤群，《古图奇踪》，1981）

②敌军只剩下三四万人，被我们追到川南一个小角角里，北有长江，南有横江，我们几十万大军围着他，哪里有<u>这样</u>的好机会？（魏巍，《地球的红飘带》，1988）

在"有 np"前添加副词"还、没"等也可以消除歧义，或者实现反诘构式义的增效，如例③、例④所示。

③在蒋介石卖国贼的所谓"一网打尽""斩尽杀绝"的法西斯统治下，哪里<u>还</u>有人民的集会自由呢！（李光灿，《我国公民的基本权利和自由》1955）

④楠子急忙送出门外，哪里<u>还</u>有踪影！（赵本夫，《古黄河滩上》，1983）

如果不借助以上语法手段，就必须在语境中体现出事件结果的预期与事件发生条件之间的矛盾。如例⑤所示。

⑤刚来时像个娃娃，哪里<u>有</u>老师的气魄！（传华，《老师的心》，1964）

这一语境中的预期是"有老师的气魄"，而实际条件"像个娃娃"，必然导致的结果就是"没有老师的气魄"，因此，借助百科知识（人类的基本常识、判断）等是实现反诘语义的必要条件之一。

因此，我们认为构式"NP+哪里有 np"表示反诘语义的充分条件包括："NP 主语论元必须出现；在"有"与"np"之间插入修饰性副词；在"有"前面插入副词"还""没"。

3. 构式"NP+哪里+V 得 C"

"V 得 C"是现代汉语中述补结构的一种，由述语 V（可以是动词，也可以是性质形容词）和补语 C 构成。补语 C 一般表示结果，而结果又主要包括趋向和可能两种，构式"NP+哪里+V得C"的构式义为"NP +V不C"。如下面的例①、例②、例③所示。

①豚型自动控制飞行器哪里听得懂他的话语，只顾抓住他向中心主控电脑去报告。（张冲，《小刚人传奇》，1989）

②这哪里还谈得上出人才呢！（《中国青年报》，1979）

③熊馆长哪里受得了这样的侮辱？（柯尊解，《望莲嫂》，1985）

如果"C"是描述性的状态补语，这一类构式也可能会出现疑问、揣测语义。如下面的例④所示。

④你说她哪里长得漂亮？

当"C"是可能性补语时，如果构式中的"NP"主语论元不出现，这一类构式有可能出现疑问、揣测的语义。如下面的例⑤、例⑥所示。

⑤哪里借得到书？

⑥哪里用得着这些配件？

因此，我们也可以认为，构式"NP+哪里+VP"表示反诘语义的充分条件包括："NP"主语论元必须出现；"C"必须表示趋向与可能，而不是状态。

4. 构式"NP+哪里+会/肯/能 V+np"

表示能愿意义的助动词"会、肯、能"，前面加上"哪里"，具有了反诘的意义，相当于"（不会、不肯、不能）V"。如下面的例①、例②、例③所示。

①可是，在这雪地冰天的高原兵站里，哪里会有鲜菜？（耿毅，《莽昆仑》，1965）

②他们哪里能给我提供走上歌坛的机会？（《中国北漂艺人生存实录》）

③像太平公主这样的野心家、阴谋家，哪里肯甘居李隆基之下？（郑英德，《唐明皇全传》，1987）

在反诘构式"NP+哪里+会/肯/能+V+np"中，NP为人称代词时不可省去,如果省去,则语义会出现歧义。例句如下。

a. 他哪里能治好他的病?(巴金,《寒夜》,1990)(表示反诘)

● 哪里能治好他的病?(表示疑问)

既然能愿动词表示可能性、意愿的状态,表示可能性的情况等同于"哪里 V 得 C",我们需要讨论的则是"哪里会/肯/能 V"表达人的意愿,在构式"NP+哪里+会/肯/能"中一定是表达反诘、否定的语义,无论主语论元"NP"出现与否。这也十分符合人类认知中的基本原理,人类不会对自己愿意做的事情表示否定或者谴责。如下面的例④、例⑤所示。

④我哪里愿意丢下你一个人呢?(反诘)

⑤他哪里肯丢下你一个人呢?(反诘)

5. 构式"NP+哪里+在 V/V 过+np"

在反诘构式"NP+哪里+V+np"中,如果动词"VP"带有时态标志,在反诘语义上具有真值性。如下面的例①所示。

①孙悟空自打出世以来,哪里遇到过这种尴尬的场面。(张欣之,《孙悟空的遭遇》,1980)

但是,如果"哪里"是介词短语,如"在哪里、去哪里、到哪里"等,则会消除这一构式的反诘语义。如下面的例②、例③所示。

②这张脸我好熟悉,但却想不起在哪里见过。(齐明昌,《龙骨》,1987)

③不,不,不……许先生你说到哪里去了,当今时局动荡,国事维艰,为了稳定西南的局势,我们不过想借重许先生在重庆树立一个榜样,一个国共合作的榜样。(赵菜静、于成鲲,《红岩》,1963)

三、反诘构式"NP+哪里+VP"的共性

以上几种构式具有共同特征:整体语义表示否定;句法结构由疑问

代词"哪里"与动词"VP"共同组成；具有共同语用特征，适用于一定的语境。在表达反诘语义上，不同的动词选择会有不同的语法、语义限制，但是它们之间也有共同性。我们暂且假设以"NP+哪里+VP（V+np）"为模型的反诘构式如图1所示。

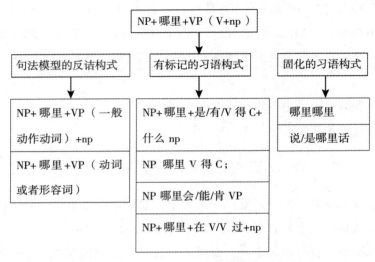

图1 "NP+哪里+VP+np"类反诘构式的关系图

Goldberg提出，每一个被连接到直接语法功能项（SUBJ，OBJ，OBJ2）的论元角色在构式中都要得到侧重。对于一个特定的话题或焦点，这些角色在语义上是突出的。在构式"NP+哪里+VP+np"中，焦点是"VP+np"，疑问代词"哪里"因为不是语义的焦点而得不到侧重，逐渐虚化。"哪里"表示疑问的语义，在一定的语法条件下被激活，可以表示疑问；但是在构式"NP+哪里+VP+np"中，"哪里"所表示的疑问的语义逐渐弱化，凸显出否定"VP"的语义焦点。

四、"哪里"为标记的反诘构式语块链的建立

构式语法化的过程都是通过隐喻实现的,而隐喻是从一个知识域向另一个知识域的结构映射,是不同认知模型之间的映射,而转喻则是由相同经验域或概念结构内的映射构成。我们可以假设通过隐喻,在空间知识域的"哪里"向时间、事件知识域逐渐过渡、泛化,逐渐具有不同于最初对空间表疑问的语义,而是有了对时间、事件的否定义。同时,这一以"哪里"为标记的构式在语言进化的过程中必然受到社会事实的影响,有些构式在日常语言使用中逐渐固化,而固化又分很多种,包括词汇化、习语化、语法化等。因此,我们得到许多诸如"哪里话""哪里好意思"等固化的反诘习语构式。以下面这则对话为例。

> A:你写的汉字真漂亮。
>
> B:哪里哪里。

此外,熟语性的"哪"包括:哪跟哪,哪里的话,哪有的事,说到哪儿去了。"哪里"在表示反诘语气时,只能在句尾加"呢"而不能加"吗",因为"哪里"仍旧保留了其疑问代词的句法特点。

构式语法认为,构式知识不是天生的,而是逐步积累的,是从单个的个体中逐步抽象出来的,由于使用频率高,逐步形成一个固定的语块储存在人类的心理词库中。语块是表达构式认知意义和组建构式的单位,构式的语块在语义作用的配置下形成了一定数量的序列,我们可以称为该构式的语块链,这种分析的思路我们称为构式语块分析法。构式的语块分析方法的基本理念是:"语言的句法层面存在的是各种各样的构式;构式内部语义配置的每一部分语义,都以一个语块的形式来负载;构式由语块构成,语块是构式的构成单位,语块序列构成语块链;构式义是认知域中意象图式在语言中的投射;构式义通过线性链接的语

块链来表达。"

在反诘构式"（NP）+哪里+V+np"中，我们建立起由四个语块形成的语块链：主语论元（NP）+ 反诘标记（哪里）+处置行为（V）+处置对象（np）。

根据以上四类有标记的反诘习语构式，建立起四类以"哪里"为标记的、表示反诘的构式语块："NP 哪里 V 什么+np"；"NP 哪里 V 得 C+np"；"NP 哪里能/会/肯 V+np"；"NP 哪里在 V/V 过 np"。

◎ 参考文献

［1］陆俭明. 构式语法理论的价值与局限［J］. 南京师范大学文学院学报，2008（1）.

［2］陆俭明. 再论构式语块分析法［J］. 语言研究，2011（2）.

［3］苏丹洁. 构式语块教学法的实质——以兼语句教学及实验为例［J］. 语言教学与研究，2011（2）.

［4］齐沪扬，丁婵婵. 反诘类语气副词的否定功能分析［J］. 汉语学习，2006（5）.

［5］殷树林. 现代汉语反问句特有的句法结构［J］. 湖南科技大学学报（社会科学版），2007（3）.

［6］沈家煊. 我看汉语的词类［J］. 语言科学，2009（1）.

［7］沈家煊. 类型学中的标记模式［J］. 外语教学与研究，1997（1）.

［8］Adele E. Goldberg. 运作中的构式：语言概括的本质［M］. 吴海波，译. 北京：北京大学出版社，2013.

［9］Adele E. Goldberg. 构式：轮缘结构的构式语法研究［M］. 吴海波，译. 北京：北京大学出版社，2007.

论 CSL 学习者的汉语交际能力[①]

程乐乐　黄均凤

武汉大学国际教育学院/湖北第二师范学院

汉语作为第二语言（Chinese as a Second Language，下文简称 CSL），其教学（即对外汉语教学）是一门应用学科，是针对来华留学生进行的汉语教学。从 20 世纪 70 年代末开始，对外汉语教学界开始关注汉语交际能力，并于 20 世纪 80 年代逐步将其确立为对外汉语教学的目的，并体现在了教学实践与教材编写中。比如，吕必松（1986）明确指出，"语言教学的目的是培养学生运用所学语言进行交际的能力"。李泉（1996）也认为，"培养和训练学生的交际意识和交际能力是课堂教学的核心任务"。可以说 CSL 教学以"培养学生的交际能力"作为目标已经成为人们的共识。而交际能力的内涵则一直是人们讨论的话题，相关研究源于 20 世纪 Chomsky（1965）提出的"能力"一词。他把"能力"与"表现"区别开来，认为"语言能力"是指语言规则内化的体系，"语言表现"则是人们对语言的运用。外语教学的目的就是培养学生的这种"内化"能力，即培养学生的语言能力。Campbell 和 Wales（1970）却认为，Chomsky 提出的语言能力范围太窄，除了语法规则以外，还应包括使话语具有语境得体性的能力，并把这一能力称为

---

　　① 本文为中国高教学会外国留学生教育管理分会重点项目"来华留学生汉语预科教学模式改革研究"（2014-15I007）、2018 年湖北省教育厅人文社会科学研究一般项目"基于关键教学事件的对外汉语课堂研究"（18Y158）研究成果。

"交际能力"。Hymes（1972）则对"交际能力"做了进一步阐述，他认为交际能力是"何时说，何时不说以及关于何时何地以何方式与何人说何内容"，并阐述了组成交际能力的四项社会文化因素。在Hymes 之后，Canal 和 Swain（1980）提出了交际能力理论的构建模式。根据该模式，交际能力由语法能力、语篇能力、社会语言能力、策略能力等几个部分构成。Canal 和 Swain 的交际能力构建模式强调"策略能力"的作用，对后来的语言研究和外语教学产生了深远的影响。

从 Chomsky 到 Canal 和 Swain，学界对语言交际能力的认识越来越全面，对交际能力的内容分类越来越细致、越来越深入。我国的外语学界与对外汉语学界也对交际能力进行了研究，但是纵观这些研究，我们发现仍然存在两点不足。第一，从 CSL 教学实践来看，对于"交际能力"有三种观察角度：内涵视角、语境视角与发展视角，以往研究大多从内涵构成的视角探讨交际能力，而对语境视角与发展视角下的交际能力涉及不多。第二，无论是针对母语交际能力的研究，如 Campbell 和 Wales（1970），Hymes（1972），Canal、Swain（1980）等研究以英语为母语的交际能力，还是针对二语交际能力的研究，如桂诗春（1988）、束定芳（1993）、王兰英（1995）等研究以英语作为第二语言的交际能力，吕必松（1990、1996）、范开泰（1992）、姜丽萍（2007）等研究以汉语作为第二语言的交际能力，学者均未对交际能力构成要素之间的关系进行详细而明确的阐述。而从多个角度认识交际能力的构成与特点以及探讨交际能力构成要素之间的关系对 CSL 教学的理论建设与教学实践具有重要的意义，因此，有必要对 CSL 学习者交际能力的构成与特点做进一步探讨。

本文立足前人的研究，从内涵、语境与发展三个视角分别探讨 CSL学习者交际能力的构成及其特点。

一、内涵视角下的 CSL 交际能力

CSL 交际能力指 CSL 学习者准确而得体地运用汉语与别人进行交际的能力。这种交际能力与以汉语作为母语的交际能力是不同的，前者侧重技能的训练，"以培养学生运用目的语进行交际的能力为根本目标"，后者则"除了需要进一步提高母语的运用能力，特别是读写的能力外，语文课（即汉语作为母语教学）要求学生学习一定的语文基础知识，要提高他们的思想品德、情感品质、文学修养和审美能力"。目标的不同，决定了二者内涵构成的不同。

关于 CSL 交际能力的内涵，吕必松（1990）提出，"一切正规的外语或第二语言教学，都是为了培养学生运用所学语言在一定范围内进行交际的能力，包括口头交际能力与书面交际能力"。吕必松的观点具有一定的创新性与导向性，对对外汉语教学实践产生了较大的影响。范开泰（1992）认为汉语交际能力包括三方面的内容：①汉语语言系统能力，即使用汉语时具有合语法性和可接受性；②汉语得体表达能力，即使用汉语时具有得体性，能根据说话人和听话人的具体条件及说话时的具体语境选择最恰当的表达方式，以取得最理想的表达效果；③汉语文化适应能力，即用汉语进行交际时能适应中国人的社会文化心理习惯。吕必松（1996）则认为交际能力主要由语言要素、语用规则、有关的文化知识、言语技能和言语交际技能五个方面的因素构成。姜丽萍（2007）则在评述各家观点的基础上认为"在对外汉语教学中的'交际能力'应该由'语言能力、语用能力、综合能力'组成"。纵观对外汉语教学界的相关研究，大家有两点共识：一是培养学习者的交际能力是对外汉语教学的目标；二是 CSL 交际能力由不同要素构成。这两点是本文讨论问题的起点，我们也正是从这两点得到了一些启发。范开泰（1992）将"汉语文化适应能力"纳入交际能力范围值得肯定，我们知道 CSL 教学具有跨文化的特点，CSL 交际能力必定包括汉语的跨文化

交际能力。吕必松（1996）提出的五个因素实际上不是一个平面的东西。此外，范、吕提出的交际能力构成要素之间似乎各自独立、互不关联，而实际上，它们之间密切相关，共同构成一个有机的系统。姜丽萍（2007）则紧密结合对外汉语教学实践，尤其是提出"交际能力是动态发展的，在教学中应该逐级完成"的观点值得称道，对 CSL 教学理论建构与教学实践均具有较好的参考价值。不过，她提出的交际能力构成中的"综合能力"，内容似乎无所不包，不够具体，在教学实践中也不易操作。

在综合考虑以上研究的基础上，并结合自己的教学经验，我们认为 CSL 交际能力由语言能力、语用能力以及即席交际能力三种能力构成。

语言能力是指对汉语语言知识（语音、词汇、语法、汉字等）使用规则与汉语听、说、读、写技能的掌握情况。语言知识规则掌握的情况是语言能力的具体内容，而听、说、读、写四项技能则是语言能力的外在表现。如果 CSL 学习者对于汉语语音、词汇、语法、汉字等的使用规则掌握得好，汉语的听、说、读、写不错，那么就说明该学习者的汉语语言能力强。因此，加强语言四项技能的训练能够帮助学习者获得语言能力。语言能力涉及的是语言系统的本身，它是 CSL 学习者汉语交际能力的重要组成部分，也是他们获得汉语交际能力的基础与前提。

语用能力是一种得体表达与准确理解语言的能力，包括：①交际双方能够借助语境知识，遵循交际准则，顺利完成交际的能力；②了解目的语文化背景知识，适应目的语文化环境并能在目的语文化语境中通过运用目的语得体、有效地完成交际的能力；③能够运用交际策略的能力。语用能力的三个组成部分之间存在层层递进的关系，第一种能力需要借助交际时的语境顺利完成交际，第二种则还需要考虑对方的异域文化背景，第三种提到的交际策略是指交际者为了保证交际能够顺利进行，达到某种交际目的而采取的一种有意识、有计划的措施或技巧，例如回避、简化、语言转换、母语目的化等都是具体的交际策略。因此，第三种语用能力要求更高，需要采用交际策略完成交际，达到锦上添花的效果。语用能力是在语言能力基础之上的进一步提高，它是交际能力的主体。

即席交际能力是指能够在各种语境中，在事先没有准备的情况下得体、快速而灵活地运用汉语进行交际。交际的即席性也称突然性。即席交际具有四个特点：非预演性，即没有事先准备；不可预料性，即事先没有料到；瞬间性；场景性，即现时发生于真实场景中。获得汉语即席交际能力不仅需要汉语学习者具有扎实的汉语言能力与语用能力，还需要具备灵活的反应能力与语言机智。即席交际能力是外语水平达到"自动化"程度的自然表现，也是 CSL 学习者获得汉语语感的一种表现。因此，相对于前两项能力，汉语即席交际能力是 CSL 交际能力的最高形态。

CSL 交际能力的三个构成要素是一种层层包含的关系，即语言能力包含于语用能力，语用能力包含于即席交际能力。语言能力是形成语用能力的基础，是用于具体交际的材料（语言要素与要素使用规则），或者可以简单地认为"语言能力+语境因素"即为语用能力。而即席表达能力则是在语用能力基础上的进一步提高，它要求语言要素及使用规则与特定的语境因素建立固定联系，并储存在大脑中，在交际中能够快速地、灵活地、创造性地完成交际。可以说，对于 CSL 学习者来说，即席交际能力是一种理想状态，是 CSL 教学追求的终极目标。CSL 交际能力的内涵构成及相互关系如图 1 所示。

二、语境视角下的 CSL 交际能力

"语境"是语用学中的一个重要术语，它是指人们运用语言进行交际时的环境。在言语交际中，语境对 CSL 交际能力的培养与提高起着至关重要的作用，脱离了语境因素，想获得真正的目的语的交际能力是不可想象的。因此，在探讨 CSL 交际能力时必须考虑语境因素。

从 CSL 教学过程来看，主要有两种语境：一是课堂语境，二是社

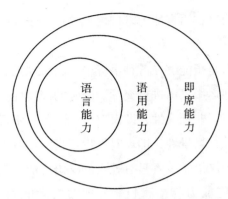

图 1　内涵视角下的 CSL 交际能力构成及其相互关系

会语境（即课外语境）。对于 CSL 学习者来说，不同的语境形成不同的交际能力。我们将在课堂语境中获得的交际能力称为课堂交际能力，将在社会语境中获得的交际能力称为社会交际能力。

1. 课堂交际能力

课堂交际能力是指学习者熟悉课堂交际模式与课堂交际规则，具备能够积极参与课堂交际所必需的知识与能力。具体包括：掌握一定的语言规则（即语言能力）；了解课堂交际模式（比如"教师/学生提问—学生回答—教师评价"模式）；一般的交际规则（遵守课堂纪律、礼貌待人等）。从第二语言学习过程来看，课堂交际能力是第二语言学生最终获得目的语社会交际能力的一个桥梁。如果学习者缺乏必要的课堂交际能力，那么他在课堂交际过程中则很容易陷入窘境和困惑，或者回避本应参与的课堂交际，严重阻碍课堂交际能力向社会交际能力的转化。如例①、例②所示。

①教师：欧雷，这个词是什么意思？

欧雷：这个词是什么意思？

②教师：（指着黑板上画的钟表）现在几点钟？

学生：（看自己的手腕）……
教师：不对！请看黑板！

例①中，欧雷没有意识到老师是在提问题，也不知道是要求他回答，因此，只是对老师的提问进行了重复；例②中，学生显然没有理解老师的教学意图，教师的目的在于检查学生是否掌握钟点的识读，而学生则抓住了关键词"几点钟"，试图看自己的手表，显然是把课堂语境当成了社会语境。这些问题都是因为学生未能掌握课堂交际的运行规则而造成的，其结果肯定会影响到学生课堂交际能力的形成。实际上，课堂教学的过程本身也是 CSL 学习者获得汉语课堂交际能力的过程。从交际能力的内容来看，课堂交际能力包括语言能力、课堂交际知识以及部分语用知识。

2. 社会交际能力

社会交际能力是指能够在课堂语境以外的目的语（即汉语）环境中运用目的语（即汉语）得体地与当地人进行交际的能力。社会交际能力包括语用能力和即席交际能力。社会语境不同于课堂语境，进入课堂语境就意味着接下来的活动就是学习，而且学习的内容是规定的，交际也是确定的；而社会语境与此不同，交际双方不固定，交际目的不是事先确定的。如例③、例④所示。

③有一位在中国学习的外国留学生，在马路上走，突然听到身后有人按喇叭，他回头一看，身后有辆车，司机把头伸出窗外朝他大声喊："看车"。这位留学生赶紧看了一眼他的车，接着继续走。不料司机还是朝他大喊："看车！"他回头又看了一眼车，可司机还是叫他"看车！"这位留学生迷惑不解："我都看了两次车了，为什么还让我看车呢？"后来他的中国朋友告诉他，在那种情况下，"看车"就是"小心车"的意思。

④程老师的班是一个公费留学生班，第二学期插班进来三位韩国自费生。程老师为他们建了一个用于学习的微信群。一名韩国学生在学习期间外出旅游了一周，受到了老师的批评。这名韩国学生不满，在群里抱怨老师不应该批评她，因为她觉得旅游也是学习。班里一位斯里兰卡学生在群里用英语说："我们来中国是学习汉语的，作为学生应该遵守中国的规定。有的学生花着中国的钱却在中国像个小孩子一样总是想着玩儿。"斯里兰卡学生的话触怒了那位韩国学生，她不再用汉语跟老师对话了，立即改用英语直接针对斯里兰卡学生留言说："我在跟老师说话，跟你没关系，我也不关心你们国家有什么规定，你为什么干涉我呢？"

上面两例都是在社会语境中的交际，例③中的留学生不能将社会语境（马路上）与语句"看车"联系起来，因此导致交际失败。例④中的留学生熟悉社会语境交际规则，能够使用恰当的交际策略达到自己的交际目的。

3. 课堂交际能力与社会交际能力的区别

课堂交际能力与社会交际能力存在着一系列差异，主要体现在以下三个方面。

第一，交际角色不同。课堂交际的角色有两种：有着教学任务的教师和有着学习任务的学生。而社会交际中，交际者身份较为复杂多样，比如朋友关系、同事关系、陌生人关系，也可能是老师和学生，但不存在教学任务的问题。

第二，交际环境不同。课堂交际发生在教学场所——课堂内，而社会交际发生的场所则是任何地方，也可以是教室，但不是课堂。

第三，交际目的不同。课堂交际的目的在于帮助学习者掌握第二语言所必需的知识与能力，而社会交际的主要目的在于交换信息。试比较例⑤和例⑥两个对话。

⑤A：现在几点钟？

B：十点钟。

A：哦，谢谢！

⑥A：现在几点钟？

B：十点钟。

A：正确！很好，现在十点钟。

表面上看，例⑤与例⑥似乎并没有什么不同，交际双方交替说话，也似乎相互理解对方的意图，而且都构建了自己相应的反应。然而两例实际上是不同的。例⑤中，A 发问的目的在于获取新信息，B 的回答为 A 提供了新信息；例⑥中，B 的回答是 A 已知的信息，A 发问的目的在于确认 B 是否掌握钟点的识读，B 做出正确回答后，A 予以鼓励，并重复了 B 的回答。例⑤与例⑥两个对话，针对的问题是相同的，回答也是相同的，但发问者 A 对回答者 B 的回答做出了不同的反馈，这种不同是由不同的交际角色、不同的交际环境与不同的交际目的造成的。课堂交际能力虽然不同于社会交际能力，但课堂交际需要了解交际双方的角色，需要熟悉当下的交际模式与交际规则，这也是社会交际能力必须具备的。因此，从广义上看，CSL 学习者的课堂交际能力包含于社会交际能力，它是 CSL 学习者社会交际能力的基础。语境视角下的 CSL 学习者交际能力构成及其关系如图 2 所示。

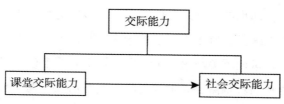

图 2　语境视角下的 CSL 交际能力构成及其相互关系

我们从语境视角区分课堂交际能力与社会交际能力，是基于以下两个方面的认识：一方面，CSL 学习者要真正获得汉语社会交际能力，则必须先获得课堂交际能力；另一方面，CSL 学习者仅仅获得汉语课堂交际能力是不够的，还必须将课堂交际能力转化为社会交际能力。这样从语境视角来描写交际能力的构成，是与课堂教学实践、学生培养的过程相契合的。

三、发展视角下的 CSL 交际能力

CSL 交际能力的发展视角，是指交际能力的获得与提高要经历一个发展过程，也就是说，交际能力具有动态性与阶段性的特点。正是因为交际能力的获得与提高具有动态性与阶段性的特点，所以吴景荣（1962）提出，外语学习要"把学习的连续性与阶段性结合起来，就会做到既是'循序渐进'又能'重点突出，主次分明'"。也是出于这种原因，我国的外语教学一直遵循"先准确，后流畅"的教学原则。一般情况下，交际活动均涉及双方或多方，因此，我们不仅要考虑准确性与流畅性，还应考虑得体性。CSL 教学与我国的外语教学本质是相同的，这条教学原则也适用于 CSL 交际能力的培养。

从发展的视角来看，CSL 交际能力可以简单地分为初级、中级与高级三个阶段的能力。初级阶段教学的重点在于打好汉语准确性的基础。《高等学校外国留学生汉语长期进修教学大纲》（下文简称《大纲》）从听、说、读、写四个方面对 CSL 学习者汉语交际能力的准确性做出了明确规定。从体现准确性的载体来看，初级能力的准确性首先体现在语音上，发音准确是交际的基础，要获得 CSL 交际能力首先必须过语音关。其次，要过词语关与语法关，即用词造句要准确。最后初步具备汉语语感，语感的获得需要大量的目的语实践活动，但初级阶段学习者的目的语实践活动不足，因此，只能具备初步的汉语语感。中级能力不仅体现为汉语表达的准确性，同时还体现为表达的流畅性。《大纲》对

中等阶段 CSL 学习者交际能力的规定为："语速基本正常，表达比较清楚、准确、恰当"，"能撰写一般性文章及一定业务范围内的工作文件和普通应用文，格式基本正确，语篇较为连贯，表达较为清楚、准确"，"具备初步的成段表达能力"。可以看出，《大纲》认为中级能力不仅要有准确性，而且要具备连贯性，即语义上的流畅性。高级能力中，准确性与流畅性是基础，得体性则是最为重要的方面，即表达能够考虑交际目的、交际对象、交际场合、交际的社会文化背景以及交际方式的选择等语境因素。具备高级能力的 CSL 学习者能够根据语境提示进行交际，能够体现出很好的灵活应变的能力与很好的汉语语感。《大纲》对高级能力也有相应的要求，如："语音语调正确，语气变化适当，语速正常，语句连贯……有一定的活用语言的能力，表达比较得体。"《大纲》对高级能力的表述涵盖了准确性、流畅性与得体性三个方面。实际上，准确性是流畅性的基础，而准确性与流畅性又是得体性的基础。发展视角下的 CSL 交际能力构成及其相互关系如图 3 所示。

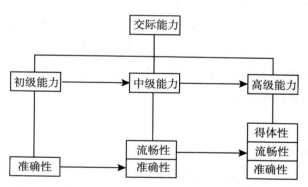

图 3　发展视角下的 CSL 交际能力构成及其相互关系

从初级能力、中级能力到高级能力不仅仅是时间的累积，更是交际能力的发展与提高，正是这种发展与提高体现了交际能力的阶段性与动态性的特点。

四、余论

CSL 学习者交际能力是一个多视角的系统，从内涵视角来看，CSL 学习者交际能力由语言能力、语用能力与即席交际能力构成；从语境视角来看，CSL 学习者交际能力由课堂交际能力与社会交际能力构成；从发展视角来看，CSL 学习者交际能力由初级能力、中级能力与高级能力构成。交际能力指的是一个由低到高的发展过程，而不是一个终极状态。

从不同视角认识 CSL 学习者交际能力对 CSL 教学具有重要的启发意义。正是因为 CSL 交际能力在内涵上不但包括语言能力，还包括语用能力与即席交际能力，因此，我们在教学中不能只是灌输知识，而应重视汉语言交际的训练。正是因为在不同的语境中形成不同的 CSL 交际能力，因此，我们在教学中不但应重视培养学习者的汉语课堂交际能力，而且更为重要的是，要通过教学总体设计与具体的教学，增加必要的社会实践活动，帮助学习者尽快地由汉语课堂交际能力向汉语社会交际能力过渡。也正是因为 CSL 交际能力具有阶段性、动态性的特点，我们在教学中才应合理设计，在不同阶段设置不同的教学内容与教学重点，采取合适的教学方法，分阶段进行针对性的教学。

◎ 参考文献

［1］程乐乐. 论课堂语境与课堂交际［J］. 云南师范大学学报（对外汉语教学版），2010（3）.

［2］程乐乐. 论课堂交际与课堂交际能力［J］. 广州华苑，2010（1）.

［3］范开泰. 论汉语交际能力的培养［J］. 世界汉语教学，1992（1）.

［4］桂诗春. 应用语言学［M］. 长沙：湖南教育出版社，1988.

［5］国家对外汉语教学领导小组办公室. 高等学校外国留学生汉语长期进修教学大纲［M］. 北京：北京语言大学出版社，2002.

［6］姜丽萍．关于构建"以培养交际能力为目标"的对外汉语教学框架的思考［J］．汉语学习，2007（1）．

［7］李泉．对外汉语课堂教学的理论思考［J］．中国人民大学学报，1996（5）．

［8］刘珣．对外汉语教育学引论［M］．北京：北京语言大学出版社，2008．

［9］吕必松．试论对外汉语教学的总体设计［J］．语言教学与研究，1986（4）．

［10］吕必松．关于教学内容与教学方法问题的思考［J］．语言教学与研究，1990（2）．

［11］吕必松．对外汉语教学概论（讲义）（续十六）［J］．世界汉语教学，1996（4）．

［12］束定芳．论外语交际能力及其培养［J］．外语学刊，1993（3）．

［13］王兰英．论语言交际能力及其培养，学海采珠——全国优秀英语学术论文集（上）［M］．成都：成都科技大学出版社，1995．

［14］吴景荣．外语怎样才能过关［J］．外语教学与研究，1962（4）．

［15］Chomsky. N. Aspects of a Theory of Syntax［M］. Cambridge，Mass：The MIT Press，1965.

［16］Campbell R，Wales R. The Study of Language Acquisition［C］// Lyons，J. New Horizons in Linguistics［C］. London：Penguin，1970.

［17］Hymes. D. H. On Communicative Competence［C］//J. B. Pride，J. Holmes. Sociolinguistics. London：Penguin，1972.

［18］Canal，M，Swain，M. Theoretical Bases of Communicative Approaches to Second Language Teaching and Testing［J］. Applied Linguistics，1980（1）.

对外汉语课堂有效提问之实证性调查研究

刘　姝

武汉大学国际教育学院

一、问题的提出

　　对外汉语教学是一个以学生为主体，以培养汉语语感和言语交际能力为目的的理解性学习过程，它需要学生将所学到的语言知识内化为自身的言语能力。在这一过程中，提问成为课堂师生言语互动的一种主要教学活动。卢华岩（2011）提出："它既是听、说技能训练的过程，也是师生课堂交际的过程，同时也是教师行使纠错职责的过程。"

　　从现有文献看，对外汉语教学界关于课堂提问的研究主要集中于以下三方面：①结合学生学习心理，探讨课堂教学中的提问技巧。如刘晓雨（2000）曾就提问后的等待时间、叫人顺序、提问过程中对学生错误回答的处理以及教师提问应具有的特征等方面进行了分析。②研究课堂提问的作用及原则。如周翠琳（1997）、杨文惠（2006）都先后提出课堂提问应具有新奇性、启发性、灵活性、适时性、系统性等原则。③总结课堂提问的几种类型。如马欣华（1988）认为可以将所提的问题分为固定性问题和开放性问题两大类。

　　上述研究为我们更深入了解这一问题提供了参考和借鉴。然而目前针对提问类型、提问顺序、提问的回答方式、提问失败时教师的心理及言语表达、教室空间排列和教师站位是否对提问产生影响等一系列具体问题，尚未见到实证性的调查数据。因此本文通过向教师发放调查问卷的形式，对目前课堂提问的现状进行总结，然后结合相应的调查结果进行分析探讨，提出课堂有效提问的策略。

二、调查过程及数据分析

1. 调查过程

（1）调查问卷设计

本调查着重考察以下几个方面的问题：①提问类型；②提问顺序；③提问的回答方式；④教师纠错方式；⑤提问失败时教师心理及相应的言语表达；⑥教室桌椅的空间排列以及教师所站的位置对于师生言语互动的影响；⑦提问的发起者。

（2）调查对象

调查对象为对外汉语一线正式教师，教龄 3~30 年，共发放问卷 56 份，回收有效问卷 56 份。

2. 调查数据分析

（1）提问类型分析

根据提问涉及的具体内容，我们将提问分为以下 4 种类型：①记忆、复述性问题。即针对某一学过的内容对学生进行提问，检查学生的理解掌握情况。如为了检查学生对已学汉字、生词意思的掌握，或者对已学课文的理解，围绕具体内容设计提问等。这一类提问的回答一般具有唯一确定性。②判断性问题。即针对某一内容要求学生进行"对"

163

或"错"的判断。③开放性问题。即围绕某一内容展开的相关性提问。如学习了某一篇课文后,围绕该课文的主题进行相关内容的课堂讨论等。④自由询问式问题。即所提问题不与某一固定内容有关。在这里,我们主要想考察教师在课堂上多采用何种类型的提问?提问内容是否多是"复述性问题"?如果是,教学过程中如何具体进行?根据调查,这四种提问类型中,最常用的是"记忆、复述性问题",占83%。其次是"判断性问题"和"开放性问题",各占72%。如表1所示。

表1 不同提问类型的使用率

提 问 类 型	使用率（%）
记忆、复述性问题	83
判断性问题	72
开放性问题	72
自由询问式问题	56

接下来,我们具体考察关于"记忆、复述性问题",教师在课堂上如何进行提问?如表2所示。

表2 具体方式采用的对比情况

具 体 方 式	使用率（%）
让学生不看书直接复述,没有任何提示	0
先给出关键词或句型,让学生根据关键词或句型复述	44
给出主要内容,但将其中的关键词及重点句子空出来,让学生完成未完成的部分,然后一起朗读	17
先提问,然后引导学生将回答转成成段的表达	44

表2显示,教师对"记忆、复述性问题"进行提问时,通常会给出一定的提示。一般采用"先给出关键词或句型,让学生根据关键词

或句型复述",或者"先提问,然后引导学生将回答转成成段表达"这两种方式。目的是考查学生对已学过内容中重点生词及句型的掌握情况,对内容的理解以及训练学生的口头成段表达能力。但是调查中有一点值得注意,只有 17% 的教师会采用"给出主要内容,但其中关键词及重点句子空出来,让学生完成未完成的部分,然后一起朗读"这种方式。相对于前两种 44% 的使用率,这种方式较少被采用。

(2) 提问顺序分析

这里的"提问顺序",是指所提的一系列具体问题在内容方面的关联性及层递性。调查显示,有 78% 的教师在备课时会专门设计提问顺序。那么教师设计提问顺序的依据是什么?调查结果表明主要是三个方面:一是依据教学内容的进程步骤设计提问,按照知识点的教学顺序来安排提问;二是按照所提问题的难易程度来排列,按照由易到难的顺序进行;三是根据提问类型排列提问,先是复述性问题,然后针对语言点进行判断性提问,接下来再进行开放式的提问。只有 2 名教师提到会"依照学生对所学内容的认知行程与心理""根据习得顺序"来安排提问。

(3) 回答方式分析

我们主要想了解教师经常采用何种回答方式?提问对象的选择是否有一定的依据?提问后的等待时间一般为多久?提问后具体采用的回答方式如表 3 所示。

表3　　　　　　　　回答方式的使用对比情况

方　　式	使用率（%）
学生按顺序逐一回答	39
集体回答	39

续表

方　式	使用率（%）
随机叫答	56
根据所提的具体问题确定回答的方式	67

由表 3 可以看出，教师在选定问题的回答者时主要是根据所提的具体问题，其次是随机叫答。那么教师选定问题回答者的依据是什么？如表 4 所示。

表 4　　　　　　　　　选定问题回答者的依据

依　据	所占比例（%）
问题的难易度和学生的汉语水平	89
学生的汉语水平	11
要鼓励不经常发言的学生	22
没有特别的依据	11
学生的性格	17

由表 4 我们可以看到，教师在选定问题回答者时，主要是依据"问题的难易度和学生的汉语水平"。也有 22% 的教师选择"要鼓励不经常发言的学生"，这说明部分教师在提问时会关注到一部分不经常发言的学生，希望能给予他们机会。值得注意的是，有 17% 的教师还认为应该根据"学生的性格"来选定适合的问题回答者。

关于"提问后等待时间"，虽然教师们认为这主要"根据问题的类型和难易度"来决定。但同时教师们也认为等待时间不宜过长，以避免冷场。大部分教师的等待时间在 10～15 秒，也有教师会给 30～60 秒，可见教师提问后的等待时间并不长。

（4）教师的纠错方式分析

每一位教师在提问后都会期待正确的回答，但是面对不正确的回答，教师一般会采用怎样的方式来纠正错误呢？其调查结果如表5所示。

表5 **教师的纠错方式**

纠 错 方 式	采用率（%）
直接纠正学生的错误回答	0
自己说出正确答案	0
认真倾听学生的回答，利用学生的回答，自己加以纠正，说出正确的答案	26
认真倾听学生的回答，利用学生的回答，引导学生思考，并让他们说出正确的答案	74

由此可以看出，教师在对待学生不完备的回答时，74%的教师会在认真倾听学生回答后，摘取其中正确的部分，并引导学生进一步思考，让学生自己完善回答。教师意识到应该让学生自己在不断思考的基础上完善答案。

也有5位教师提出，可以让其他学生纠错。

那么这个时候，教师一般会怎么说？如表6所示。

表6 **教师的语言表达（或让其他学生纠错）**

语 言 表 达	使用率（%）
不对	0
是这样说吗？/这样说，对吗	11
别的同学呢？都和他一样吗？还有别的说法/做法吗	41
哦，有没有不同意见的	67
你这样说，……是对的，但是这儿好像有点儿问题	22

续表

语 言 表 达	使用率（%）
你说："……" 这是对的，如果能这样说，就更好、更完整了（必要时可将正确的说法重复一次）	5

我们发现，教师基本上不会直接用"不对"给出判断，而是会询问其他同学的看法，用较为委婉的方式表达。

（5）提问失败后教师的心理及言语表达分析

我们将提问失败具体分为两种情况：一是学生完全回答不出教师的提问；二是有学生回答，教师的心理期望是学生能够正确回答，但实际却相反，学生的回答不符合教师期望的回答。首先来看第一种情况，教师的言语表达如表 7 所示。

表 7　　　　　　　　　　　教师的言语表达

言 语 表 达	使用率（%）
这个问题，我们学过呀，你怎么忘了	0
你是不是课后没有复习呀	0
你听懂了我的问题吗	16
那你先想一想，听听别的同学怎么说	79
这个问题可以这样回答（在关键处提示一下）	5

我们发现，此时教师会充分考虑到学生的心理及自尊心，同时也会避免课堂上的冷场与尴尬，会采用"那你先想一想，听听别的同学怎么说"之类的言语表达，委婉巧妙地请别的同学进行回答。有 16% 的老师会注意到可能是自己提问的措辞不够清楚等原因导致学生无法回答。

接下来再看第二种情况，当教师认为学生应该能够正确回答但学生未能做到时，教师会出现怎样的心里想法？如表8所示。

表8 　　　　　　　　　　　　　　**教师的心里想法**

心 里 想 法	比例（%）
这么简单都回答不了，一定是没有认真复习	11
学生的水平太低了	0
是不是我问的措辞不够清楚，学生没听懂	67
看来学生忘记了这一知识，我应该立刻重新讲解这一知识	78
这个知识点是之前的老师教的，与我无关	0

由表8我们发现，当教师认为学生应该能够正确回答但事实上学生未能做到时，大部分教师会立刻意识到学生有可能忘记了这一知识点，需要进行复习。同时还会有意识地注意到是否是提问的措辞不够清楚准确所导致的。将"教师注意到提问的措辞"这一方面与表7的结果进行比对，我们发现：当学生完全回答不出教师提问时，教师一般不太会注意到自己提问的措辞这一方面。但如果教师的心理期望是学生能正确回答，但实际相反时，反而更多的教师会意识到是否是提问措辞存在问题。

（6）教室桌椅的空间排列及教师所站的位置对于师生言语互动影响的分析

有74%的教师认为教室桌椅的空间排列及教师所站的位置对于师生言语互动有积极影响，比如扇形、环形、圆桌形、围绕式，以及方便教师在中间走动的教室空间排列等。但同时我们应注意到，虽然肯定空间分布对互动有积极影响，在实际教学中，却只有15%的教师会经常采用上述的空间排列，31%的教师偶尔会采用，54%的教师坦言不会采用，因为受到实际教室及教学时间的限制。

关于教师所站的位置具体分为提问时和听取学生回答时教师的站位。那么它对于互动是否有影响？大部分教师认为是有影响的。我们调查了教师在提问时一般习惯站的位置，如表 9 所示。

表 9　　　　　　　　　　　　**教师提问时的习惯站位**

习 惯 站 位	比例（％）
讲台上	50
教室中间	67
讲台下面，学生的前面	72
喜欢的学生的身边	5
事先期待能回答此问题的学生身边	0

我们发现教师在提问时，一般习惯站在"讲台上"，或者"教室中间"，或者"讲台下面，学生前面"。特别是选择"讲台下面，学生的前面"这一位置的人数是最多的。由此可见，教师在进行提问时，是希望能与学生拉近一些空间距离，避免居高临下的感觉，从而使学生更好地接受提问。

那么当教师在倾听学生回答时，一般习惯站在什么位置呢？结果如表 10 所示。

表 10　　　　　　　　　　　　**教师倾听学生回答时的习惯站位**

习 惯 站 位	比例（％）
讲台上	22
教室中间	17
回答者身边	11
不确定	56

表 10 显示，教师在倾听学生回答时所站的位置一般是"不确定"的。其次是部分教师会站在"讲台上"或者"教室中间"。只有 11% 的教师会选择站在"回答者身边"，选择这一站位的比例是比较低的。

（7）提问发起者分析

关于这一部分，我们主要想考察教师是否鼓励学生之间互相提问？什么情况下会鼓励？在调查"是否会让学生成为提问的发起者"时，32% 的教师选择"会"，其余 68% 的教师选择"视问题而定"。当问到"何种情况下会鼓励学生提问时"，持鼓励态度的教师普遍是以"所提问题的内容是否与所讲的内容有较大关联性"，以及"是否是代表大多数同学的问题"这两个原则来决定。如"根据问题与所讲课文的关联度，有联系的鼓励，没联系或者难度超前的下课后回答"，"重点知识点，能代表大多数同学的问题，应该鼓励大家当堂问，老师可以借机复习巩固；个别问题如只有个别学生不明白的，或者敏感的、私人的问题，不好占用全班同学的时间，那么就课后回答"。

对于"是否鼓励学生之间互相提问"这一问题，84% 的教师都持鼓励态度。

三、"有效提问"策略分析

对外汉语教师的基本角色是"知识传授者"，但是在新的教学理念下，这一角色也有所变化。姜丽萍（2008）认为，课堂应由教师居高临下向师生平等融洽转变，教学活动由师生共同设计完成。布鲁纳（1996）也提出，课堂应该是一个由相互学习的学习者与"组织学习过程"的教师组成的共同体。我们认为，对外汉语教学课堂应成为一种通过"有效提问"而引导学生独立思考并理解、发现的自主学习平台。这里所说的"有效提问"是指站在学生的视角，按照学生的认知、理解的发展先后排列问题，且这些问题能带动学习者积极参与学习理解过程，引导他们解释并且进行重新思考的一种教学行为。通过师生之间的提问、回答或者学生之间的相互对话引导学生理解性地学习，而不是对讲授内容的简单记忆。整个课堂学习是由一系列能带动学生积极参与教学对话的问题组成，学生通过积极主动地思考，发现、总结答案，这也正体现了卡尔·罗杰斯（1994）提出的"以学生为中心，减少课堂干预，鼓励学生积极参与，发展支持性教学环境，强调学生的自我发展"的以人为本的课堂管理原则。

我们发现有效提问策略应包括以下六个方面。

1. 追求高水平提问与学生高质量回答之间的一致性

"Dillon（1982）指出，学生在回答高水平问题时，有50%的机会会生成低水平的答案。"尽管如此，在课堂上，我们应该追求两者之间的一致性。要做到这一点，首先是提问措辞应准确、清楚。"Mills等人（1980）认为教师表述问题的清晰性和明确性，将会影响学生答案的清晰性、明确性和一致性"。所以教师提问的措辞应清楚、简明，应使用通俗易懂的口语化语言，"提适合学生语言能力的问题，避免超越学生语言能力的问题"（杨惠元，2007）。关于提问措辞方面，我们在调查的时候发现，教师比较容易忽视这一点。

除了注意到提问表述的准确性、易懂性、明确性以外，还应注意到提出的问题应该既符合班上大多数同学的汉语水平，同时难易度方面也应有水平区分度。一节课所提的问题应该是难易结合的，既有记忆、复述性问题，也有围绕课文内容的开放性问题。在调查中我们发现，教师在对"记忆复述性问题"进行提问时，较少地采用"未完成式"这样的练习，即"给出主要内容，但其中关键词及重点句子空出来，让学生完成未完成的部分"。我们认为这种练习方式对于初级阶段的学生，是一种比较有效而且循序渐进的训练方式。因为该阶段的学生在语言表达的准确性和语言组织的逻辑性方面尚很欠缺，而这种练习正好既能考查学生对重点词语及句型的掌握和使用情况，同时也能给学生一个表达范例，让学生进行模仿，最后还通过让学生朗读，训练学生的朗读能力及语音、语调的准确性。初级阶段先进行这样的练习，然后再逐步过渡到让学生根据所给的关键词或者问题进行成段表达的方式。同时还应注意到要鼓励全班同学积极参与提问，我们认为一节课应该给全班每一名同学回答问题的机会，而不应只是关注到某一部分的学生。

此外，提问顺序也是一个重要的方面。所提的问题之间应具有内在逻辑性和目的性，而且应注意按照学生习得与心理来进行。在调查中，我们发现教师很少会注意到应该按照学生习得与心理来进行，但我们认为这一点是很重要的。作为一名以汉语为母语的汉语教师，常常会对自己母语中的许多语法规律或语言处理方式习焉不察。母语者"很少能说出他们自己所说的母语中的语法规律或语言处理方式"，但是当他"分析、思考、追忆（这一）语言时"，就"会意识到（其中）不同的语言成分"（靳洪刚，1997）。所以教师在备课时，应该始终站在学生的角度，仔细想想，当学生在学习这一语言点时，会不会觉得难，难在哪里，我应如何设计出符合学生在学习这一语言点时心理进程的问题，使得学生对我的讲解更加容易理解与接受。

2. 提问的等待时间要适中

"提问后等待的时间"是完成教学对话的关键问题。课堂教学中的沉默往往是学生思考问题的过程，一旦学生开始回答问题，就必须给他们提供充足的时间，教师应仔细倾听学生的回答。"有研究表明每次发问后应停顿3—5秒。教师在等待学生回答或学生没有参与的表示时要与他们一起思考，并要用目光、表情等表示出积极的期望（Brophy、Good，1974）。但等待的时间不能过长，6秒的等待时间就会对大学生的成绩有一些消极影响了（Duell，1994）。"刘晓雨（2000）认为，应根据问题的难易程度灵活对待，一般等待时间为班上2/3的学生都已表现出"思考好了"。当学生思考好了，教师可以通过学生的表情或者言语询问。

3. 耐心倾听学生的回答

调查中，我们发现倾听学生回答时，选择站在回答者身旁的教师并不多。但是我们认为，教师在倾听学生回答时，应选择站在回答者身旁，面带微笑，耐心地听完学生的表述。因为这样能让学生感觉到不管自己回答得正确与否，老师都是尊重我的，而且是愿意听我的回答的，这样学生能更积极主动地回答问题。而且这样即使有些同学回答的声音较低，也能听清。对于性格内向的学生，要多用鼓励的眼神或手势，鼓励他回答，并及时给予肯定，并且每一节课都应给予班上每一位学生平等的回答机会。在教学对话中，我们要善用手势、眼神及言语来暗示发言过多的学生，教师耐心且面带微笑的表情会促进学生的回答，而且请学生回答时最好做出"请"的手势。如果学生无法回答，可以说"那你再好好想想，我们先问问其他同学"等委婉语，一定要帮助学生避免尴尬，保护学生的自尊心。下课后应主动及时地询问该生的学习情况，对于其学习的难点，要单独给他讲解。

4. 应采用引导学生主动思考并让学生自己得出结论的纠错方式

纠错是每一位教师都会在课堂上面临的问题，那么应该如何纠错呢？我们认为纠错时，可以先让其他学生进行修改，发挥全班同学的智慧。然后利用学生的回答，在肯定正确部分的同时，引导学生思考剩下不正确的那部分，并让学生加工出正确的表达。"只有以学生的回答为基础来组织核心问题和适当的加工性问题，才能构建出有效的提问。"（Marylou Dantonio、Paul C. Beisenherz，2006）Dantonio 和 Paradise（1988）也提出，"在发展和改进学习者认知加工的过程中，回答的结构化和随后的教师追问均比提出的初始问题更加重要"。因此，在分析学生的表述时，教师应利用对学生回答的肯定或纠正，加强学生对于知识重点的掌握。要能在听取学生回答后及时将获得的回答融入后续的提问中，引导学生通过反思自己之前的回答来解释、验证自己的想法。

5. 应鼓励学生向教师或者学生之间互相提问

既然课堂是师生平等对话的一个空间，那么提问的发起者除了教师，还应鼓励学生向教师或者学生之间互相提问。比如在课堂上，应倡导和允许学生可以在课堂上随时对所教授的内容进行提问，通过学生的提问发现学生对知识点的理解掌握情况。当然如果学生的提问可能打断教学整体思路时，教师可以说"请等一下"，或者用手势暗示学生先听教师讲完再提问。对于学生所提的问题，如果是因为教师讲解中未讲到或者讲解不清而导致的，应及时对学生所提的问题给予肯定，并且进行回答。但如果已是教师强调多遍或者跟这一语言点没有关联的问题，可以告诉学生"下课后回答"，这样既鼓励了自由的学习氛围，同时又不会影响教学进度及效率。另外还应鼓励学生之间互相提问，特别是初级阶段，应培养学生的提问能力。比如当教师在复习环节，想检查学生对已学课文内容、生词的掌握情况时，可以让学生之间根据课文内容互相提问，学生自己指定回答者。

6. 教师课后应主动反思

教师应在课后通过书写"课后备注"的方式，对课堂提问及教学效果积极地进行反思。如课堂提问是否达到了预想的教学目的，提问的内容、方式是否促进了学生的理解与学习，学生的回答所带给教师的反馈等。特别是所设计的问题是否符合学生的认知习得心理，纠错方式是否合适，有没有出现提问失败的情况，如果有，其原因是什么，等等，这些方面都应该进行思考，这样才能不断提高自身的有效提问能力。

作为一名对外汉语教师，应在教学实践中不断提高自身的有效提问技能，总结有效提问的策略，进一步优化课堂提问行为。

◎ 参考文献

[1] Marylou Dantonio，Paul C. Beisenherz. 课堂提问的艺术——发展教师的有效提问技能 [C]. 宋玲，译. 北京：中国轻工业出版社，2006.

[2] 卢华岩. 对外汉语课堂教学行为理论与实践 [M]. 北京：北京大学出版社，2011.

[3] 刘晓雨. 提问在对外汉语课堂教学中的应用 [J]. 世界汉语教学，2000（1）.

[4] 周健. 论华语语感培养的原则与方法 [J]. 暨南大学华文学院学报，2004（4）.

[5] 靳洪刚. 语言获得理论研究 [M]. 北京：中国社会科学出版社，1997.

[6] 杨惠元. 课堂教学理论与实践 [M]. 北京：北京语言大学出版社，2007.

提高少数民族预科生
汉语口语水平对策探究

——以新疆大学预科学院为例①

冯清华　李　圃

新疆大学人文（中语）学院/国际文化交流学院

随着新疆自 2013 年全面实施中国少数民族汉语水平等级考试（MHK），口语开始作为单独的一门考试科目，日益受到教师和学生的重视，但对于汉语是第二语言的少数民族学生，加之汉语与其母语的语音、语法等方面的巨大差异，汉语口语无疑成了他们学习汉语的较大困扰。

当然，少数民族预科学生学习汉语不仅仅是为了通过 MHK 考试，也不仅仅是为了升学或者取得毕业证书。从根本上讲，学习汉语的目的在于学以致用，全面掌握汉语的听说读写，达到汉语教学追求的"民汉兼通"，这是为了同各族人民交流沟通，满足经济和社会发展的需要，也是个人发展的必备条件。然而目前新疆少数民族学生汉语口语却存在诸多问题，有的学生只会背汉语词汇、记语法，甚至能听懂部分汉语，却说不出几句完整的汉语句子；有的学生说出来的也不标准，难以字正腔圆，在交际中往往词不达意、词不成句。与中国人学习英语时出

---

① 本文是新疆大学"21 世纪高等教育教学改革工程"四期项目（XJU2015JGY78）阶段性成果。

现的"哑巴英语"现象相似,汉语学习中也有"哑巴汉语"的现象,多数少数民族学生仍然是"汉语难"。

本文立足新疆大学预科学院预科生提高汉语口语需求的调查来进行分析研究,旨在对少数民族预科学生的汉语学习有一定的了解,分析少数民族预科学生感觉口语困难较大的原因,并探索相应的解决对策。

一、研究对象与方法

1. 研究对象

以新疆大学 234 名少数民族预科生为研究对象。

2. 研究方法

采用文献资料法、访谈法、问卷调查法和数理统计法等方法进行研究,其中问卷调查以自编问卷《预科生提高汉语口语的需求》为基础,旨在了解预科生对汉语口语的提高需求,从而进一步完善我们的汉语教学。共发放问卷 246 份,回收有效问卷 234 份,有效回收率为 95.1%。

二、预科生对提高汉语口语需求分析

1. 预科生对汉语口语的态度调查

调查表明,学生学习缺乏主动性。只有 17.52% 的学生会主动用汉语进行交际,70.94% 的学生偶尔练习汉语口语,11.54% 的学生基本都是被迫说汉语的,如表 1 所示。这说明学生自主学习的自觉性和主动性还远远不够,需要进一步引导学生主动用汉语进行交际。

表1 预科生说汉语的主动性统计表

	经常	偶尔	不会	总计
人数	41	166	27	234
百分比	17.52%	70.94%	11.54%	100.00%

2. 影响预科生学习汉语口语的因素调查

调查表明,仅有0.56%的学生不想说汉语,由此可见,绝大多数学生还是很愿意说汉语,并且意识到说好汉语的重要性,但因为一些原因他们无法开口,如表2所示,其中缺乏语境或条件不足成为最主要原因。因为周围少数民族较多,没有语言环境,加之平时课量太大,没有足够时间练习口语。教师应该合理调整课时结构,丰富课堂教学活动,引导少数民族学生课下主动与汉族人交朋友。

表2 预科生认为影响汉语交际因素的排序表

	频数	排序
缺少语境	119	1
缺少时间和机会	91	2
缺少词汇量	81	3
母语的影响	17	4

3. 预科生认为汉语口语表达较难的原因调查

调查表明,传统模式使然,学生汉语口语学习重视度不够,很多学生认为平时考试多为书面形式,口语形式较少,所以不经常使用汉语口语进行交流,在MHK考试中口语问题越来越凸显,如表3所示。这说明学生受传统应试教育的影响,对学习汉语口语不够重视。就书面语而言，口语更灵活，语音、词汇、语法和句式等诸多方面变化都比书面语要大，更加难以把握。此外，缺少语境与难以适应口语形式并居第一，而只有极少数同学是因为对汉语口语表达缺少兴趣而难以用汉语表达，更加验证了表 2 的调查结果。

表 3　　　　　　　预科生认为汉语口语表达较难的原因排序表

	频数	排序
书面形式更容易适应	99	1
缺少语境	99	1
缺少时间	36	3
缺少兴趣	15	4

4. 预科生认为口试困难的因素调查

调查表明，很多学生基础不扎实，欠积累，欠努力，而紧张也是由于对自身能力的不确定，自身语言表达能力不过硬，这说明在学习过程中缺少积累，字、词、句等基本功不过关，如表 4 所示。因此，教师在教学过程中还是应该重基础，抓细节。

表 4　　　　　　　预科生认为口试困难因素的排序表

	频数	排序
缺乏词汇量	90	1
紧张	74	2
缺少练习	58	3
缺少时间	26	4

5. 预科生希望的早读、上课模式调查

在调查中很多学生都写下了自己喜欢的早读、上课模式，比如有些学生希望补充适当的汉语成语、俗语、歇后语等，了解其来源、用法及含义，有些学生希望以自然的对话形式交流从而提高口语，有些学生希望加入适当的娱乐，如学唱汉语歌、看汉语电视剧或电影等。此外，个别学生希望能够有机会大声朗读。可见我们的早读、教学模式过于单一。少数民族学生使用的汉语教材也存在问题，目前少数民族学生使用的汉语教材并没有呈现一套完整的汉语口语系统，学生往往接触什么就学什么，同时，教材选材不适合少数民族学生的文化背景，组织方式不合理，脱离生活实际等。

三、提高少数民族预科生汉语口语水平对策

根据上述对预科生提高汉语口语需求的调查分析，提出以下四种对策。

1. 改善课堂、早读模式，开展丰富的课外活动，营造轻松的语言学习环境，培养学生汉语学习的兴趣和信心

以课堂教学为主，课外活动为辅，开展各种形式的活动，如利用小品、相声、参观、演讲、辩论、唱歌、观看影片等，创造学生说汉语的机会，在轻松娱乐的氛围中提高学生的汉语口语水平。此外，可加大学生对汉语当中的成语、歇后语、俗语等的积累，以讲故事的形式，将典故告诉给学生，便于学生记忆和积累。这里需要强调的是，课外汉语活动应具有长期性和规律性，让同学们养成定时参与的习惯，实现汉语口语持续性的促进和提高。

用汉语进行课前报告。在每节课前留出几分钟的时间，给学生一个说汉语的机会。刚开始，可以让学生像老师一样进行课前的师生问候，

复习已学的简单的日常交际用语，并以此来锻炼学生的胆量。随着所学知识的增加，可以让一个或几个学生到台前表演，内容可以是家庭、学校、个人、天气、身体状况、购物等，也可以是小品、小故事、汉文歌曲等，这样既锻炼了学生的听说能力，又复习了所学的知识。通过这种形式，激发学生的学习兴趣，调动学生参与的积极性，充分发挥学生的主体作用，学生的口语表达能力也能逐渐地提高。

学生自编自演短剧节目和角色扮演。实践证明，同学们参加这种形式的口语活动的兴致非常高，训练效果也堪称最佳。这种活动的另一优点是能有效促进班级的内部和谐和师生间的亲密关系。教师应努力创造接近真实的交际情景。无论是短剧节目还是角色扮演，都应在轻松的气氛中、真实的情景下让同学们自由发挥，这样才能挖掘出同学们的潜力，提高临场解决问题的能力。

开展汉语文化知识竞赛。这种方式融合了语言教学和文化教学，既锻炼了同学们的口语表达，又丰富了汉语文化知识。

组织丰富多彩的游戏活动。任何一种形式的活动开展时间长了都会引起同学们的厌倦，教师应抓住时机，灵活穿插一些颇有情趣的游戏活动，调节课堂气氛，在娱乐中练习口语。此外教师还可自行设计或者模仿娱乐节目中有意思的游戏，创造一些同学们喜欢的游戏形式。

组织各种形式的联谊活动。可以定期组织和兄弟学院、班级的联谊活动，这样既可促进民族团结，还能在活动中了解彼此的习惯、风俗、文化等，有利于少数民族学生的汉语时间。

2. 考前进行多次心理疏导，突破学生心理障碍

很多学生认为紧张是 MHK 考试中最大的难题，还有的学生因为怕说错了被别人笑话而拒绝说汉语，因此，应突破学生的心理障碍，在考前尽可能多地安排心理疏导，教师在平时课堂、课外应多鼓励学生多说汉语。

3. 重视听力训练

"听"，所谓语言的输入，"说"，所谓语言的输出。在提高口语方面，"听"和"说"固然不能分家，"听"的训练对于提高口语来讲是排在首位的，"听"是"说"的基础，听懂才能说出，同时，训练听力，在听的过程中，对学生纠正汉语发音也会有一定的帮助。除了教材、模拟试题的听力训练外，教师还应引导学生平时多听广播、新闻，扩大知识面。

4. 牢固基础，打牢基本功

很多同学感觉在考试中，某个词就在嘴边，但怎么也说不出来，应加大对词汇量的积累，教师应通过字形、字义帮助学生积累词汇量，词汇量有了一定的积累，听力、阅读、写作、口语等方面便会有新的突破。

四、结语

总之，提高学生的口语能力绝不能仅仅局限在课堂或早读时间，应充分利用各种时机锻炼，让学生重视听力，大胆地说，突破心理障碍，只要有计划、肯努力，少数民族预科学生的汉语口语能力就一定会有所提高，从而实现学生的汉语综合能力的提升。

◎ 参考文献

[1] 白文. 建构主义理论下民族学生汉语口语教学模式——以和田师范专科学校为例 [J]. 和田师范专科学校学报，2013（1）.

[2] 丁学军. 中职学校少数民族学生汉语口语教学初探 [J]. 中国职业技术教育，2011（23）.

[3] 高娃. 提高少数民族学生的汉语口语表达能力初探 [J]. 内蒙古师

范大学学报（哲学社会科学版），1999（4）.

［4］哈丽代·巴克. 对新疆少数民族学生汉语口语能力训练的思考
［J］. 新疆警官高等专科学校学报，2011（3）.

［5］李春苗. 提高高校少数民族大学生汉语口语策略［J］. 青年文学
家，2009（4）.

处于"一带一路"核心区的新疆汉语教学中不可忽视的问题探析①

刘 怡

新疆大学新闻与传播学院

"和平、发展、合作、共赢"是当今时代的主题,正是在对时代主题的深刻把握下,党中央作出了"一带一路"重大战略决策。这是中国扩大和深化对外开放的需要,也是加强与亚欧非及世界各国互利合作的需要,是促进共同发展、实现共同繁荣的合作共赢之路,是增进理解信任、加强全方位交流的和平友谊之路。

古"丝绸之路"绵延近万公里,其中近 5000 公里在新疆境内。地处亚欧腹地的新疆地缘优势明显,与 8 个国家接壤,连通国内国际两个13 亿人口的大市场,战略位置十分重要。不论是历史上的丝绸之路,还是如今的丝绸之路经济带,新疆都是东西方"西出东进"的必经之路。新疆作为中国向西连接中亚地区的重要通道和"丝绸之路"经济带核心区域,必须大力推进中国和"丝绸之路"经济带沿线国家间的教育和文化交流。随着新亚欧大陆桥、中国—中亚—西亚、中巴、中蒙俄经济走廊建设的推进,新疆"连接东西、沟通南北"的枢纽作用将更加凸显。

---

① 本文是新疆大学"21 世纪高等教育教学改革工程"四期项目(XJU2015JGY78)阶段性成果。

新疆自古就是一个地域辽阔、民族众多、宗教多样的聚居区。"国之交在于民之亲，民之亲在于文化相融，文化相融在于语言相通"，为了适应国家提出"一带一路"建设的需求，推进"一带一路"建设的发展，建造一个良好的、社会稳定和谐的政治、经济环境，汉语教学对处于"一带一路"核心区的新疆社会稳定和经济发展起到了关键支撑作用，具有战略意义和义不容辞的责任。

语言的魅力和功能是巨大的，在达意的同时还可以传情，在通事的同时还可以通心。在"一带一路"建设中，语言功能大有作为、大可有为。它搭建起一座民心相通的桥梁，将中国与"一带一路"沿线各国人民的心灵与情感紧密联结起来。通过语言交流和互通，各国人民彼此间能够真正做到心灵沟通，进而不断增进感情，提升互信水平，夯实人文基础，在交融往来中不断促进不同文明的互学互鉴，从而让"丝绸之路"精神得到更好的传承和弘扬。

新疆的汉语教师在汉语教育教学中肩负着不可替代的重要责任，工作过程中的意义非凡。除了需要潜心研究汉语教学的教学内容、教学方法，还需要不断探索汉语教学的新理念、新模式、新体系，不断深化汉语教学改革，使之为人才培养发挥更大的作用。为此，在汉语教学中要高度重视以下四个方面不容忽视的问题。

一、将汉语教学融入增强中华民族共同体意识教育的大格局之中

中华民族共同体意识就是每个生活在中国的公民自觉地意识到大家都是中国人的这种思想和观念，认识到我国 56 个民族是一家，56 个民族共同构成了中华民族，我们每一个人既是本民族的一员，更是中华民族的一员。在这个中华民族大家庭中，不能只考虑本民族的利益，而忽视其他兄弟民族的利益，不能为了本民族的小利益而忽视其他兄弟民族的共同利益，更不能为了本民族的小利益而损害中华民族大家庭的大利

益和整体利益,中华民族的利益是 56 个民族的根本利益,是中国的国家利益,是高于一切的利益,这应该成为我们的思想共识,也是融入汉语教学过程中的核心内容。

在 2014 年召开的中央民族工作会议上,习近平总书记提出要"积极培养中华民族共同体意识"。在新疆这样一个多民族聚居地区,积极培育和牢固树立中华民族共同体意识具有极端重要性,因此,我们的汉语教学要积极促进各民族交往、交流、交融,教育学生牢固树立中华民族共同体意识。各民族唯有树立中华民族共同体意识,不断增强对中华民族和国家的认同,新疆才能实现社会稳定和长治久安。

我们要通过汉语教育教学,使学生清楚地认识到,在历史的长河中,各民族共同创造了悠久的中国历史、灿烂的中华文化,形成了以汉文化为主流、为主导,各民族文化共存的传统;我国各族人民共同创造中华文化,捍卫祖国统一,推动历史进步,形成了源远流长的"大一统"思想,汇聚成中华民族共同体。历史证明,中华民族共同体意识是国家统一之基、民族团结之本、精神力量之魂。实现中华民族伟大复兴的中国梦,需要进一步培育中华民族共同体意识,打牢各族人民团结奋斗的经济基础、政治基础、思想基础、文化基础和社会基础。我们要通过教育教学过程,与各种错误思想作斗争,澄清学生思想中的一些模糊认识,为增强中华民族共同体意识奠定坚实基础,扫清各种障碍,培养中国特色社会主义的建设者和接班人,绝不能出现旁观者和反对派。

教育工作者肩负着"培养什么人?如何培养人?为谁培养人?"这一重大责任和历史使命,这关系到祖国的前途和命运。汉语教育是中华文化教育的重要组成部分,我们在教学中要旗帜鲜明地开展爱国主义教育,增强学生们对中国共产党、伟大祖国和中国历史的认同,需要将爱国主义教育、民族团结教育、马克思主义"五观"教育、"五个认同"教育、法制教育、去极端化教育、反分裂反渗透教育、感恩融情教育,融入立德树人、教育教学、管理监督的全过程,从而使学生增强国家意识、公民意识和法制意识,牢固树立"三个离不开"思想,筑牢中华民族共同体意识。

在新疆，语言相通是人与人相通的重要环节。在世界经济一体化背景下，各个民族要不断发展进步，就必须在传承本民族语言和传统文化的同时，学习好国家通用语言以及世界其他发达国家的语言和文化。汉语是我国法律规定的通用语言，一个人汉语水平的好坏在很大程度上会影响其交流水平，甚至是未来发展。对中华民族而言，国家通用语言文字就是共同语言，是中华民族发展必不可少的条件，因此，无论是少数民族还是汉族，都要学习国家通用语言文字。共同的语言对于民族的形成发展具有重要意义，是民族聚合必不可少的条件。为了促进少数民族地区经济社会文化发展，需要通过汉语教学让学生掌握国家通用语言文字，增强对中华文化的认同。普通话和规范汉字是国家通用语言文字的构成要素，普及国家通用语言文字，有利于培养普通话交流、交往意识；有利于"学习普通话，走遍全中国"等中华民族共同语言意识；有利于形成通用语言文字普及与共同语言意识的良性互动格局；有利于消解由民族语言文字差异引发的民族隔阂现象；有利于促进民族团结，增强中华民族认同感；有利于促进各民族交往、交流、交融，实现各民族共同繁荣发展。近几年，新疆的机关干部下基层、下乡村驻村工作，遇到的最大难题就是语言不通、交流障碍、思想传导困难，阻碍了工作的有效开展和积极推进，这充分体现了加强汉语教学的必要性和紧迫性。

二、在汉语教学中要充分体现中华文化的传承与创新

从本质来看，语言是文化的一部分，同时也是承载文化的工具。文化学习和语言学习是一个相辅相成的过程，文化因素在语言教学中的重要性不容忽视。对此问题，北京语言大学教授吕必松先生曾经指出：在学习第二语言的过程中，必然会遇到一些不熟悉或难以理解的文化现

象，这类文化现象就成为理解和使用目的语的文化障碍。要消除这种文化障碍，在第二语言教学中就必须同时进行相关文化因素的教学。

对于第二语言教学，文化因素及其教学应是其重要组成部分。语言存储着丰富的文化信息，具有非常深厚的文化内涵，而文化信息的传达则必须以语言为中介，两者共生共存，互相依托。从语言学习的角度来看，很多词语的意义来源于特定的文化背景，词语表面的指示意义包裹着含有文化因素的"内涵义"。如果不了解文化背景，不明白其内涵义，就难以理解语言的真正意义。

中国是由 56 个民族组成的大家庭，各民族自己的特色文化共同构成了中华传统文化，融为一体，这保障了中华民族的认同心理，有共同的文字、共同的心理特征、共同的利益追求，还有共同但又有区别的生活风俗，这些是中华民族无法被分裂的文化心理基础。无论欧美敌对势力如何想分裂中国，在中国都是不可能成功的。这不仅归功于党的正确领导，更与中华文化的共同特质有密不可分的关联。所以，积极主动地传承中华文化是保障中华民族永远统一的伟大战略，是抵御外国分裂势力最有力的武器。

我们要通过汉语教学，向学生培育中华民族精神，这是提高全民族综合素质的必然要求。一个民族的发展，不仅取决于经济、科技发展水平，而且取决于民族的综合素质。民族精神是民族综合素质的有机组成部分和集中体现。在发展中国特色社会主义的历史进程中，高昂奋进的民族精神能产生巨大的力量，发挥不可估量的作用。弘扬和培育中华民族精神，是不断增强我国国际竞争力的要求。中华民族精神作为中华文化的精髓，是提升我国国际竞争力的重要保证。

文化教学是第二语言教学的重要组成部分，文化教学与语言教学密不可分。但是要实现语言教学和文化教学的有机结合，一直是个难题。传统的语言教学中，一种情况是语言教学课堂上以讲解语音、词汇、语法知识为主，以训练听说读写的语言技能为中心，忽视文化教学；另一种情况是在语言技能课堂上过多地讲解文化知识，而这些文化知识与所要学的语言知识脱离。要将二者结合好，可以通过两种教学方法来进行。第一种方法是把文化教学融入语言教学中，比如在讲解语法规则、成语典故、词的用法造句、词语含义等语言知识内容时，认真挖掘语言中所包含的文化内容，让学生在学习语言知识的同时，学习、领悟到其中的文化背景和文化知识，以助于对语言知识的准确理解和掌握。第二种方法是举办形式多样的文化专题讨论会，可以以不同的专题如饮食、交往、旅游、家庭、教育、结婚等为话题，进行课堂讨论，促进学生之间的学习，加强学生的听说读写能力，培养学生语言运用、表达的能力。

汉语教学的主要目的是培养学生的汉语交际能力和跨文化交际能力，而不是单纯训练学生的汉语听说读写技能。只教语言、不教文化会使学生变成"流利的傻瓜"，无法使学生真正学懂弄通中华文化和中华民族精神。因此，汉语教师要充分认识到文化教学在汉语教学中的重要性。

三、每一位教师要有强烈的爱心和责任心，才能不辱使命

培养什么人、如何培养人，历来是党和国家教育的根本问题。党的十八大以来，以习近平同志为核心的党中央要求全面贯彻党的教育方针，坚持教育为社会主义现代化建设服务、为人民服务，把立德树人作为教育的根本任务，培养德智体美全面发展的社会主义建设者和接班人。习近平总书记着眼全局，把握关键，立意深远，深刻回答了培养什么样的人、为谁培养人以及如何培养人等一系列重大问题，这是中国特色社会主义教育理论的精髓，是推进我国教育现代化的指导思想和行动指南。

多年的教育教学管理和教学工作使笔者深深地体会到：一名好教师教好课的关键就是教育要有责任心，眼里要有学生，心里要有学生。教

师的责任首先来源于对学生的爱。热爱学生、尊重学生是教师最基本的道德素养。没有爱就没有热情,没有爱就谈不上责任心,爱是教师责任心的前提和基础。一个教师只有热爱学生,才会用心执教,无微不至地关心学生的健康成长;才会爱岗敬业、乐于奉献,竭尽全力地去教育学生;才会规范自己的言行,更好地做到为人师表;才会滋养出学生健康的人格、向上的信念;才会培养出有魂有根的民族脊梁。

教师承担着帮助学生扣好人生第一粒扣子的重任。2014 年 5 月 4 日,习近平总书记在北京大学考察时指出,青年的价值取向决定了未来整个社会的价值取向,而青年又处在价值观形成和确立的时期,抓好这一时期的价值观养成十分重要。这就像穿衣服扣扣子一样,如果第一粒扣子扣错了,剩余的扣子都会扣错。人生的扣子从一开始就要扣好。因此,我们在教学中要牢记习近平总书记的要求,真正为学生扣好第一粒扣子。同时,老师也是帮助学生加强社会主义核心价值观教育的引路人。习近平在全国高校思想政治工作会议上指出,要把思想政治工作贯穿教育教学全过程,引导广大师生做社会主义核心价值观的坚定信仰者、积极传播者、模范践行者。教师的责任还来源于对社会、对国家的爱。一名教师,他的责任无处不在。陶行知认为在教师手里操着幼年人的命运,便操着民族和人类的命运;马卡连柯认为,教育工作中的百分之一的废品,就会使国家遭受严重的损失"。国家需要人才,人才靠教育,教育关键在教师。教师只有把对祖国的热爱化作对工作的责任、才能给工作带来无尽的力量,才能不断革新自己,做到敬业、勤业。以高度的责任心、专注的态度,去创造高水平的工作和高质量的成果。

教师的责任心不是在轰轰烈烈中展示,而是在平凡、普通、细微之处的点滴小事中体现。比如,对于学习困难的后进生,不能轻言放弃,要给予更多关怀和帮助,使这些同学从厌学、冷漠渐渐变得积极、热情、自信,帮助学习困难的学生建立学习信心。只要用心付出真心、爱心和耐心,让学生真正感受到你是为他好,很多难题就能迎刃而解。

教师有了责任心,就会根据自己的经验,针对不同的教学内容、不同的教学对象，制定不同的教学方法。高效的教学方法，大多是在教学实践中磨炼出来的。别人的教学方法再好，如果教师自己没有责任心，就不会真正将其学到手，更不会运用到实际中去。采用、实施一种好的、适合的教学方法是要花很多心血的。比如，在教学中，有意识地以学生为主体，教师为主导，根据学生的特点，用心找到学生的兴趣点，充分引导和调动学生的学习积极性，培养创造性思维方式。通过辩论赛、典型事例、热点问题的讨论，运用视频资料等灵活多样的教学手段，活跃课堂气氛、提高课堂教学质量，使学生在视觉、听觉、感受中激发社会责任感和使命感。

"学高为师，身正为范"。作为人民教师，我们要用自己的实践来咀嚼这八个大字的真正含义。要时刻铭记，我们肩负的不仅是教师的工作，更是千万个家庭的希望和社会的未来。有位老师说得好：一个孩子的失败，对一个教师来说，只是几十分之一的失败，但对于一个家庭和社会来说，就是百分之百的失败。这段话让人深深地体会到教师的责任背后的博大情怀。

四、优秀教师的人格魅力对学生的影响是深远的、持续的

习近平总书记要求教师做"四有"好老师，即"有理想信念、有道德情操、有扎实知识、有仁爱之心"。教育的根本任务就是育人，立德树人要落实在教师教书育人上，而育人就是教会学生如何做人。做人最核心的是要有人格，否则就会只有人形而无人实。俄罗斯教育家乌申斯基认为教师人格是教育事业的一切。教师的理想信念、生活态度、价值取向、道德品质、治学方法、为人世事等一言一行、一举一动，都是教师人格的具体体现，都在潜移默化地影响学生，成为学生模仿的对象。教师品德越高尚，学识越渊博，身心越健康，对学生的吸引力越强，教师的教学效果也就越好。

教师与学生之间存在着极为密切的联系，所以教师恰当得体的言语表达对促进学生人格健康发展起着重要作用。教师正直宽容的态度、鼓励的话语是培养学生自信、促进学生发奋学习的最大动力。教学过程是教师向学生传授知识和学生学习的过程，包括师生之间思想、情感等心理活动双向交流的过程。教师对学生的言语的态度、情感交流，都从不同侧面影响着学生学习的态度和学习效果。能够全心全意为学生着想，并以肯定的态度对学生取得的进步表示赞赏的教师一定是对教育事业最为忠诚的人。

一个要求学生讲文明礼貌的老师，自己首先应该是文明礼貌的楷模。"未做文章先做人"，讲的是教育要注重德行的修养，而教师的德行对学生的影响非常大。拥有高尚品德的教师会自然而然地得到学生的尊敬。教师良好的德行是实施教书育人的基本要求，教师只有具备了这样的素质，才能为学生树立很好的榜样，学生才会以教师的价值观作为衡量自身价值的尺度。一个淡泊名利的教师心中始终保持着对教育事业仰望的姿态，以及对此抱以情有独钟的圣洁，全身心付诸教育事业中去，把关爱学生作为自己最神圣的职责，这样的教师最难能可贵。教育事业应该是无比圣洁的事业，它容不得职场权衡利益的玷污，教师的心灵必须时刻保持清明澄澈。在教育教学实践中，只有教师自己遵守规章制度，才能有效地对学生进行纪律教育。在教育学生刻苦读书的同时，教师要具备敬业精神，以自强不息、刻苦钻研业务的行动去感染学生。教育家加里宁认为：一个教师必须好好地检点自己，他应该感觉到他的一举一动都处在最严密的监督之下，世界上没有其他任何东西受到这样严格的监督。空洞的说教在任何时候都显得苍白无力，只有教师自身行动的感召才能深刻地影响学生。

孔子说："其自正，不令则行，其身不正，虽令不行。"师德是教师的灵魂。在整个教育教学过程中，教师的思想道德、作风仪表、为人处世乃至一言一行都在潜移默化地影响着学生。在教育过程中，学生对教师不仅听其言，而且观其行。教师如果具有良好的道德情操、爱岗敬业的崇高精神、高度的责任心和事业心，对待学生多一份关爱、多一份温情、多一份信任，学生就会从教师的言行身教中明白做人的道理，就会依照老师的言行来调节自身的行为。

教师的高尚品德，对学生有润物无声的教育效果。"桃李不言，下自成蹊"，教师兢兢业业、一丝不苟的工作作风会直接影响学生对待学习的态度，也会对他们日后的工作态度产生积极的影响。因此，教师要严格要求自己，时时处处以身作则，做到育人先育己，育己先育德。用自己良好的品德修养、坦荡的胸襟、高尚的情操、正直的为人去熏陶和感染学生，教育和规范他们的言行，发挥榜样的作用，达到"润物细无声"的效果。

◎ **参考文献**

［1］陆俭明．"2014年首届汉语跨文化传播国际研讨会"大会报告［R］，2014.

［2］王敏．略论对外汉语教学中的文化教学［J］．考试周刊，2009（37）．

［3］祖晓梅．跨文化交际［M］．北京：外语教学与研究出版社，2015.

预科汉语写作网站建设与应用研究①

杨 伟

新疆大学人文（中语）学院

一、引言

写作教学一直是汉语教学中的薄弱环节，写作内容贫乏是学生在写汉语作文时面临的最大问题，导致这一问题的根本原因就在于写前没有充分地收集、吸收和消化各种素材。网络技术的普及和发展给汉语写作教学带来了生机，通过将网络技术与汉语写作教学相结合，开辟出一条提高汉语写作教学效率、促进学生汉语写作水平的新途径。多媒体网络技术突破了传统常规汉语写作教学的种种局限，不仅为师生在收集素材、查阅范文方面提供了极大的便利，也可以实现在线表达与在线评改，因此建构网络环境下的多元化汉语写作教学模式是非常必要的。

早在 1997 年，就有专家预言以多媒体技术、网络技术为核心的信息技术将给写作方式带来一场革命。写作网站的汉语写作教学实践活动为预科师生提供了一个信息技术和写作教学相结合的教学范例，具有交互性、共享性、易于管理、兼顾学生个体差异等特点。学生可以自由选

① 本文是新疆大学"21 世纪高等教育教学改革工程"四期项目（XJU2015JGY78）阶段性成果。

择交流的形式、内容，老师可以通过交流监控每个学生的写作过程，必要时给予指导。在这种教学模式中，教师只是起组织、引导和释疑的作用，而学生却能充分发挥自己的主动性、积极性和首创精神，培养学生的阅读和表达能力，最终实现有效地建构知识的目的，这必将大大提高汉语写作教学的效率，对于汉语其他能力方面的学习也具有一定的借鉴作用。

二、预科汉语写作网站建设流程

1. 资源收集

通过文献资料、网络资源等多种信息搜集渠道，全面收集不同文体的写作方法、写作技巧、写作框架、范文分析等。利用数字化技术对收集的资源进行分类别、分阶段的归类整理，为建设全面、系统的汉语写作网站提供丰富的资源。

2. 资源存储

为了更好地利用网络技术辅助汉语写作教学，需要建立专门的数据库，对收集到的相关资源进行集中存储，一方面便于资源的集中管理与更新，以最保真的方式长久地保存写作素材，从而减少学生素材资源的零散化；另一方面，能够为汉语写作网站的建设提供强大的数据支撑，充分体现网络技术对审题、选材、构思、交流、互评到定稿等各环节的支持。

3. 网站规划

通过收集预科汉语基础写作、实用写作、文学写作教程以及相关写作教学参考书等，包括各种文本、图片、音视频资料，进一步筛选、整理、归类后保存到数据库中。在此基础上，对预科汉语写作网站进行了总体规划，功能结构包括用户管理、资源管理、写作素材、内容发布、专题讨论、考试系统、在线咨询、作品展示、科研在线等。

4. 网络化运作

现今互联网的传播速度无疑是最方便快捷的，仅仅将资源进行存储并不能有效地解决写作素材零散化及师生互动缺失等问题，在法律许可的范围内，进一步完善网站的功能和服务，加速汉语写作网络化运作进程，使学生通过该网站的学习系统地掌握写作的理论知识和基本技能，为预科学生提供发表写作作品和研究性学习成果的园地。

三、预科汉语写作网站在汉语写作教学中的应用

1. 改变传统的写作教学模式，构建新型教学模式

预科汉语写作教学网站在建设过程中，充分体现了"以学生为中心""以学生为主体"，贯彻协作学习、模拟情境学习、研究性学习、多元智能学习、互动式学习等先进的教育理念，积极探索如何把先进的教育思想、信息技术有效地融合于写作教学中。借助网络技术，利用其简单、快捷、易操作、开放性、交互性、共享性等特点，应用于汉语写作教学中，改变传统的写作教学模式，从而寻找一种理想、高效的教学模式。网站的写作素材、课件尽量避免单纯的演示和说教，所呈现的不仅仅是具体知识，而是一个便于师生讨论交流的学习环境。学生在教师的引导和组织下，从教学网站中获取大量的相关信息，通过与同伴、教师乃至专家的讨论，开阔视野，掌握专业知识，提高写作能力。

2. 完善写作课程的知识体系，发挥强大的专题学习功能

预科汉语写作教学网站是面向预科学院教师和学生的开放型写作教育网站，此网站从理论概述到教学实践，力争系统地构建写作系列课程

的知识体系。既提供应用文、记叙文、议论文、说明文等不同文本的写作理论知识与方法，又列举了大量生动简明的教学案例，附有互动练习、网上考试。采用 Word 文本、Powerpoint 文本、音视频等多种方式组合，可供师生自由选用。

同时，预科汉语写作教学网站是一个专题性的教学网站，它以研究性学习理论为指导，以写作系列课程的教与学为中心，具有强大的专题学习功能，有效地指导学生在写作的不同阶段如何进行研究性学习，如写前阶段包括构思及收集素材，从以往的以教师提供范文和学生到图书馆查阅相关文献为主转为网上学习资源的阅读与下载为主；写作阶段学生可利用计算机文字处理程序进行写作训练，教师监控整个写作过程，及时纠正学生的错误，防止学生抄袭剽窃行为的产生；修改、重写阶段学生可以轻易地通过剪切、粘贴、添加等电脑操作手段对文章进行修改，师生通过网络对学生作文进行评析与修改，将学生作文传到网上，可激发学生的写作热情，从而改变以往由教师单一评价的方式。

3. 共建师生互动的交流平台、学习平台和科研平台

该网站旨在使教师及相关研究人员不断地用自己教学、科研、学习的信息与成果来更新网页，学生不断地将自己的学习体会、经验与学习成果上传到网站，师生共同努力，不断丰富网站的内容，使之成为师生教学互动的"学习平台、交流平台和科研平台"。从师生关系来看，通过写作网站的学习，改变传统的以教师为中心、以教师为主导、以学生为主体的模式，不再是教师讲授写作技巧、布置题目、决定写作框架、批改作文和讲解分析范文，而是要求学生自主学习写作技巧，学生阅读、讨论素材，学生之间互相批改作文，从而达到学生主动建构知识的目的，真正实现以学生为中心的教学，兼顾学生的个体差异性，从而培养学生的写作兴趣，提高写作成绩。

4. 提供方便快捷的学习平台，注重信息技术与写作课程的结合

预科汉语写作教学网站设置了具有互动学习功能的专题讨论区、写作考试系统，为学生开展协作学习、交流和探讨相关问题、检验学习效果、展示写作成果提供平台。利用网站的相关学习功能，学生可以自己创建学习与写作专题，在这里参加讨论与发表想法、发表作品，将信息技术融于写作课程教学之中，使预科汉语写作教学网站成为学生获取知识的桥梁，成为教师改进教学方法、提高教学水平、促进教学相长的工具。

四、预科汉语写作网站的未来发展

预科汉语写作网站以信息化校园里的现代教育技术为手段，以科学的教育理论为指导，是集理论研究与教材建设于一体，教师写作示范及评点与学生写作实践相结合的教改成果。按照预科汉语写作网站建设规划，争取早日建成预科汉语写作网站，并通过教学实践不断完善网站建设，加强对"基于网络的写作学习模式""基于网络的写作学习评价"的研究与探索，进一步完善网站的功能与服务，真正把预科写作课程与网络信息技术合二为一，推行一种"审美型阅读、研究式学习、创造性写作"的教学理念，改变传统的"以教师为中心"的教学模式，构建一种既能发挥教师的主导作用，又能充分体现学生写作主体作用的新型的教学模式，在此基础上实现预科学生写作课程教学内容、教学手段和教学方法的变革。

◎ 参考文献

［1］莫顺斌，易瑜 . 国内写作网站述评［J］. 湖南科技学院学报，2009（9）.

［2］袁丽丽．移动写作平台的学习支架研究［D］．南京师范大学，
2015．

［3］黄勇，李庆明．网络环境下英语自主写作模式探讨［J］．外语电化
教学，2006（2）．

汉语交际策略影响因素研究

——以新疆高校留学生为例

李　圙

新疆大学国际文化交流学院

一、引言

全球"汉语热"的持续升温，给国内外汉语教学事业带来了空前的机遇。在新世纪错综复杂的背景下，交际能力逐步成为当代对外汉语教学的主导目标，汉语交际策略也随之成为研究热点。自 20 世纪 70 年代以来，国内外外语教学界的学者们对交际策略进行了大量的研究，比较而言，国内对外汉语教学界的相关研究则显得比较单薄，尚未见到对影响汉语学习者交际策略的因素进行的系统研究，而且研究多以描述性为主，实证分析较少。

二、交际策略及其影响因素

1. 交际策略的定义

对国内外语言学习交际策略的研究一直是语言研究教学界一个至关

重要的话题。在参考相关研究成果的基础上，笔者认为，最为精简准确的交际策略概念是"某人完成特定交际目的、遇到困难无法解决时采用的潜意识计划"（Fraech、Kasper，1983）。① 这也是本文"交际策略"的含义。交际策略多用于口语交际，在交际者的对话陷入僵局时起重要作用，有助于交际者顺利完成交际任务，提高交际水平。

2. 交际策略的分类

本文主要以 Fraech 和 Kasper 对交际策略的分类为依据。Fraech 和 Kasper（1983）运用心理语言学方法来研究，将交际策略分为两种：一是减缩策略（消极策略），即逃避问题，包括对交际目标的放弃，具体包括形式缩减、功能缩减；二是成就策略（积极策略），是学习者为达到交际目的而采用的补救措施，这种分类也被称为心理策略模式。具体包括合作策略、母语或外语策略、目的语策略、非语言策略、检索策略。这种分类角度比较合理、全面，也更加科学，实用性强，正因如此，该分类也是目前应用最为广泛的分类方法。

3. 交际策略的影响因素

不言而喻，影响交际策略的因素有很多。研究者发现，学习者对交际策略的运用有很大差异，那么这些差异究竟是由哪些因素引起的呢？笔者将这些因素总结后发现，从整体来看，影响交际策略的因素可以归为两大类：学习者个体因素和环境因素。个体因素包括年龄、性别、学习能力、动机、性格、语言程度、焦虑或害怕、国籍、态度等；环境因素包括学习者的母语背景、教师因素、学习条件、会话对象、任务类型等。当然，影响交际策略的因素并不是单一的、孤立的，而是多种因素

---

① Farech，Kasper. Strategies in Interlanguage Communication ［M］. London：Longman Pub Group，1983.

共同作用的。

三、研究设计

1. 研究目的和调查对象

本文对交际策略的影响因素进行了较为系统的研究。鉴于当前交际策略影响因素的实证研究在年龄、性别、性格、国籍、母语、学习条件和教师因素等方面已较为充分，笔者仅选择前人较少涉及的学习动机和会话对象进行重点考察，探讨其对交际策略的实际影响。

本次调查所选择的调查对象是在新疆高校学习汉语的留学生。笔者采取随机抽样的方法，于 2015 年 5 月和 6 月对新疆高校国际交流学院和人文学院的留学生发放问卷 157 份，回收 139 份，其中有效问卷 120 份。这 120 名留学生大多已学习汉语 2～4 年。其中 84.99% 的学生来自中亚及俄罗斯，女生占 55%，男生占 45%；年龄从 17 岁至 30 岁不等，其中 21～25 岁占 55.83%。

2. 研究方法

本文使用了问卷调查和会话调查两种方法。

问卷分析中，本文使用汉语交际策略问卷进行调查，在国内外交际策略量表和问卷的基础上，结合留学生具体情况进行了改编。该调查问卷共分三个部分：第一部分是个人基本信息；第二部分是学生交际策略运用情况的调查，内容为汉语交际策略测试题；第三部分是学生汉语学习动机的情况调查。

会话分析用于考察会话对象的差异对交际策略的影响。笔者一方面于 2015 年 6 月对新疆高校的留学生进行问卷调查，另一方面收集其自然会话的语料，综合考察其交际策略使用情况。在会话对象的选择上，笔者从 157 名留学生中精心挑选了 2 组共 40 人，其中师生会话和学生小组会话各 20 人，老师和学生、学生和学生之间轮流进行对话。

四、研究结果与分析

1. 交际策略总体使用情况分析

按照 Farech 和 Kasper 从心理学角度对交际策略的分类标准，依据 Oxford（1990）的解释，运用 SPSS19.0 对问卷第二部分的信度进行检验，结果如表 1 所示。

表 1 　　　　　　　　　**交际策略量表的信度（n＝120）**

项目	问卷总体	减缩策略	成就策略
α 系数	0.897	0.805	0.862

从表 1 中克朗巴赫 α 系数来看，问卷总体和问卷分内容的 α 系数均在 0.8 以上，说明该问卷具有良好的信度。通常克朗巴赫 α 系数的值在 0 和 1 之间，若 α 系数超过 0.6，一般认为量表具有相当的信度，可靠性较强。

120 名被试交际策略使用的总体情况如表 2 所示。

表 2 　　　　　　　　　**交际策略使用总体情况表①**

策略性质	策略类型	对策略的评价	平均值（Mean）	标准差（S.D.）
积极策略	合作策略	中、高级策略	3.5875	0.82631
	母语或外语策略	初级策略	2.5928	0.44846
	目的语策略	高级策略	3.2339	0.55619
	非语言策略	初级策略	2.6951	0.77458
	检索策略	初、中级策略	2.9605	0.80598

---

① 对策略的评价主要基于某一策略主要由何种程度的汉语学习者使用。如"母语或外语策略"由于初级汉语学习者使用更多，故评价为初级策略；"目的语策略"由于高级汉语学习者使用更多，故评价为高级策略。

策略性质	策略类型	对策略的评价	平均值（Mean）	标准差（S. D.）
消极策略	减缩策略	初、中级策略	3.1104	0.27979

由表 2 可知，汉语学习者交际策略从高到低的平均值排序依次是合作策略、目的语策略、减缩策略、检索策略、非语言策略和母语或外语策略。换言之，汉语学习者使用最多的是合作策略这一中、高级策略，减缩策略和检索策略这类初、中级策略居中，使用最少的是母语或外语策略这一初级策略。这表明新疆高校汉语学习者对汉语交流沟通技巧有了高度重视，也对交际策略的运用给予了很大的关注。

尽管汉语学习者交际策略的使用频率总体较高，对交际策略各类型的使用频率的平均值（M）都达到了 2.5 以上，但是从标准差方面来看，合作策略（0.82631）和检索策略（0.80598）的内部具有较大的离散性，即学生在这些策略内部的使用上具有较大的差异，呈现两极分化的趋势。

2. 动机因素对交际策略的影响分析

这部分问卷的设计主要参考了 Gardener 和 Lambert[1] 和秦晓晴[2]的二语学习动机问卷，再根据汉语学习者的实际情况设计编撰而成。

---

[1] 加拿大著名的心理学家和应用语言学家 Gardener 和 Lambert 从社会语言学的角度出发将外语学习的动机分为"工具型动机"（instrumental motivation）和"融入型动机"（integrative motivation）两种。带着"工具型动机"的学习者希望通过利用第二语言达到自己的目标，侧重"学习一门新的语言的实际价值和好处"（Lambert，1974，p.98）。带着"融入型动机"的学习者希望自己能融入第二语言的文化中，表现出一种"对于该种语言下的文化和人民的真诚的个人兴趣"（Lambert，1974，p.98）。Gardner R C. Social Psychology and Second Language Learning：The Role of Attitudes and Motivation ［M］. London：Eward Amold，1985.

[2] 秦晓晴. 中国大学生外语学习动机研究 ［M］. 北京：高等教育出版社，2007.

（1）各动机类型使用情况分析

本研究的主要目的是探讨动机对交际策略的影响情况。笔者特意选择前人研究较少的融入型动机和工具型动机，对新疆高校 120 位汉语学习者的动机进行问卷调查，融入型动机和工具型动机各设 5 个项目，共 20 道题。汉语学习者在各个项目上的强度差异和每一个动机项目的具体使用频率如表 3 所示。

表3　　　　　　　　　　　　　动机类型结果分布

变量	项目内容大纲	M（SD）	各因素平均值
融入型动机	Q24 与中国人交流	3.4833（0.90733）	3.2283
	Q25 与中国人生活	3.5000（0.97877）	
	Q26 了解中国文化	3.5250（0.95233）	
	Q27 融入中国社会	2.2667（1.15761）	
	Q28 了解中国人思维方式	3.3667（1.02024）	
工具型动机	Q29 旅游工具	3.4417（0.93302）	3.4983
	Q30 提升工作工具	3.6667（0.94676）	
	Q31 查阅工具	3.6583（0.93031）	
	Q32 看中国电影，听歌曲	3.6833（0.89802）	
	Q33 通过考试	3.0417（1.03312）	

表中融入型动机的 5 项内容说明留学生希望与中国人沟通交流，想要了解中国的文化和生活方式，乐意成为其中一员。工具型动机的 5 项内容说明留学生把汉语当成工具，如：旅游工具、查阅工具、交流工具、翻译工具、提升工作工具等，是为了实际的价值与好处。

从表 3 可知，学生具有强烈的工具型动机（3.4983）和融入型动机（3.2283），而且，学生的工具型动机的平均值（M）高于融入型动机。究其原因，学生把汉语当作工具，如看电影、看杂志、听歌曲、旅游、找工作等，汉语的用处无处不在，所以工具型动机非常强烈；汉语学习者想跟中国人交朋友，愿意与中国人一同生活，渴望融入中国社会，所以融入型动机也很强烈。

（2）各动机类型与交际策略的相关性分析

为了调查汉语学习者各动机类型对交际策略的影响情况，笔者进一步做了两者之间的 Pearson 相关性分析，① 结果如表 4 所示。

表4 　　　　　　　　　　　　动机与交际策略相关关系表

动机	项目	减缩策略	合作策略	母语或外语策略	目的语策略	非语言策略	检索策略
融入型动机	Pearson 相关系数	0.305**	0.184*	0.053	0.268**	0.139*	0.018
工具型动机	Pearson 相关系数	-0.291**	-0.030	-0.087	-0.255**	-0.142*	-0.022

注：** 表示在 0.01 水平上显著相关（双尾检测），* 表示在 0.05 水平上显著相关（双尾检测），下同。

从表 4 可以看出，融入型动机同减缩策略及目的语策略在 0.01 的水平上显著相关，数值为正，数值在 0.1 至 0.4 之间，为正向弱相关。融入型动机同合作策略及非语言策略在 0.05 水平上显著相关，数值为正，数值在 0.1 至 0.4 之间，也为正向弱相关。而其他两种交际策略与融入型动机没有统计学意义上的相关关系。工具型动机同减缩策略和目的语策略在 0.01 的水平上显著相关，是负向弱相关。工具型动机与非语言策略在 0.05 的水平上显著负向弱相关。而其他三种交际策略与工

① Pearson 相关性分析，Pearson Correlation Analysis，分析两个变量之间的相关关系，相关系数越多，相关度越强（采用 spss19.0 进行统计分析）。

具型动机没有统计学意义上的相关关系。

数据结果显示，两种语言学习动机对留学生交际策略的选取具有一定的影响，特别是在减缩策略、合作策略、目的语策略和非语言策略上有一定影响，但在母语或外语策略和检索策略的选取上没有统计学上的影响。使用母语或者外语策略以及检索策略，即借助母语（或外语）交际或通过交际中的停顿来争取时间，这是交际者在语言学习和交际的初级阶段的自然之选，也是无奈之选，所以与语言交际者是否具有语言动机没有直接相关性。

（3）动机行为各维度对交际策略的影响分析

笔者做了动机类型与交际策略的相关性分析，可以说"动机与交际策略的使用密切相关"。但动机毕竟是个抽象的事物，动机到底有什么样的具体表现？它们对交际策略的影响又是怎样的呢？

简单地说，动机具体表现为动机行为各维度。动机行为各维度是动机行为的普遍表现形式，具体可划分为"注意力""持续性""主动性"和"用功程度"四个方面。① 一般来说，动机行为各维度并不与动机类型直接相关，即上文提到的融入型动机和工具型动机并非分别对应动机行为各维度，而是两种动机同时具化为四个方面，简单地说，任何一种动机的强烈与否都能从这四个方面表现出来。动机行为各维度的描述统计量表显示，所有变量的偏度和峰度的绝对值均小于 1，说明该数据有效，完全可以用来进行后续的参数检验，② 如 Pearson 相关性分析等。

为了分析动机行为各维度与交际策略之间的相关性，笔者对两者做了 Pearson 相关性分析，所得结果如表 5 所示。

---

① 秦晓晴. 中国大学生外语学习动机研究［M］. 北京：高等教育出版社，2007.

② 偏度（skewness）和峰度（kurtosis）是两个重要的数据分析指标。一般来说，如果这两个指标的绝对值小于 1，表明数据分布呈正态对称分布，有显著的差异。

表 5　　　　　　　　　动机行为各维度与交际策略相关关系表

动机行为	项目	减缩策略	合作策略	母语或外语策略	目的语策略	非语言策略	检索策略
注意力	Pearson 相关系数	-0.294**	0.120	0.095	-0.106	0.092	0.101
持续性	Pearson 相关系数	-0.022	0.221*	-0.062	0.230*	0.171	0.016
主动性	Pearson 相关系数	-0.141	0.140	-0.054	0.180*	0.011	-0.239*
用功程度	Pearson 相关系数	0.077	0.159	0.229*	-0.047	0.280**	0.113

由此说明，对于汉语学习者来说，在影响交际策略的各种动机行为因素中，持续性、主动性、用功程度对交际策略的影响较大，均有 2 个 Pearson 相关系数呈显著相关；注意力对交际策略的影响相对较小，只有 1 个 Pearson 相关系数呈显著相关。这一研究结果可能与我们平日的主观感觉存在一定差异。

汉语学习者能坚持学习汉语、坚持做汉语功课、坚持不放弃的这种持续性动机行为，对学习汉语有极大的促进作用。同时，与其他交际策略相比，这类学生更多地运用合作策略和目的语策略，学生会主动练习汉语，主动检查汉语学习效果，所以主动性动机行为对汉语学习者来说尤为重要。主动性高的学生，会自觉运用目的语策略，更加积极而直接地探知上下文意思，寻求解答；同时，主动性越高的学生，检索策略用得越少，因为他们在长期的主动学习中一般已达到超出同伴的水平，无需再频繁使用停顿或套语来赢得时间，也无需通过语义场猜测上下文意思。换言之，一个汉语学习者一旦习惯于使用目的语策略，那就不屑于使用检索策略了。

学生自己努力学习，多下功夫钻研汉语，多思考、多揣摩的这种

"用功程度"动机行为，也是重要的影响因素之一。学生们喜欢一边说汉语一边说母语或其他外语，母语策略运用较多，学生也会用多种手势语等非语言策略。当然，学生平时的注意力不集中、学习汉语时分心走神、容易想入非非等消极状态也会在一定程度上影响学习效率。正因如此，注意力低下的学生难免会使用更多的减缩策略。但是，正如我们研究结果所呈现的那样，与持续性、主动性、用功程度等动机行为维度比较起来，注意力对交际策略虽然也有一定影响，但影响相对较小。

本文研究成果与以往的汉语教学观点有所不同，这一发现对于汉语作为第二语言的教学有很好的引导作用。以往，相对于学生的课后自学，我们更看重学生的课堂表现。所有的中国老师都希望学生在课堂上一直专心致志地跟着自己走，这种专心程度似乎也成了衡量学生优劣的最重要指标。但是，我们的研究结果表明，专心程度既不是唯一标准，也不是最重要的标准，因为学生的持续性、主动性、用功程度才是影响学生交际策略使用的更重要的标准，而交际策略的使用类型和频率直接影响学生的学习效果。① 因此，今后我们是否可以更多地引导留学生在学习上坚持不懈，而不要过于纠结他在课堂上的实际表现？毕竟，相对于国内学生来讲，留学生来自于不同的文化和教育背景，用与国内学生相同的标准来要求他们是不科学也不可行的。

3. 会话对象对交际策略的影响分析

本文将会话对象区分为师生会话和学生会话两类，使用了会话调查法研究。二者的话题一致，会话的时长也一样。笔者综合了以上两类会话语例，从中分析不同会话对象学习者使用交际策略的情况，成功地验证了笔者的一个猜想：汉语水平较差的学生也能通过与较为高级的会话

---

① Bialystok 发现语言水平高的学习者更倾向于选择目的语策略，而语言程度较低的学习者更多地会选择母语策略或减缩策略。反之，选择目的语策略这一高级策略也更有益于语言水平的提高，选择母语策略或减缩策略等初级策略则会妨碍语言水平的提高。这一发现得到了学界的普遍认同，我们的研究也证实了这一点。

对象进行会话来提高汉语水平。

在我们观察的汉语会话中，汉语交际策略的出现频率较高。不同会话对象学习者使用的交际策略大不相同，结果如表 6 所示。

表 6　　　　　针对不同会话对象学习者交际策略使用比例对比

会话对象		减缩策略	合作策略	母语或外语策略	目的语策略	非语言策略	检索策略
师生会话	频数(39)	4	11	4	16	3	1
	百分比	10.26%	28.21%	10.26%	41.03%	7.69%	2.56%
	排名	3	2	3	1	4	5
学生会话	频数(41)	6	4	10	6	7	8
	百分比	14.63%	9.76%	24.39%	14.63%	17.07%	19.51%
	排名	4	5	1	4	3	2

调查表明，在师生会话中，交际策略使用总频次为 39 次。老师若察觉到学生的困惑，会主动向学生讲解，这种释义策略的频次是 14 次，为师生会话中使用频次最高的交际策略。学生遇到问题会直接向老师提问，其直接询问策略次数达 11 次，是师生会话中使用频次排行第二的交际策略；在学生会话中，交际策略使用总频次 41 次。学生间的会话较为随意，言行自由，学生使用手势动作等体态语策略的频次是 7 次，是学生会话中使用频次最高的交际策略。学生在交谈时，使用"啊、额、怎么说呢"等停顿或套语策略达 5 次，是学生会话中使用频次排第二的交际策略。

为了直观呈现会话对象对交际策略的总体影响情况，笔者以 X 轴为各类型的交际策略，Y 轴为交际策略的使用频次，将不同会话对象使用交际策略的情况以折线图的形式展示，如图 1 所示。

研究表明：①师生会话中，目的语策略是使用的高频策略，检索策略使用较少；②学生会话中，母语或外语策略被大量使用；③师生会话

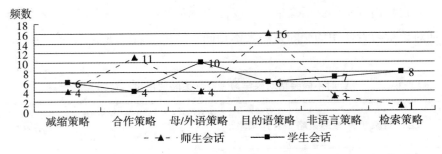

图 1　会话对象对交际策略的总体影响情况折线图

中的目的语策略和合作策略使用频率明显高于学生小组会话；④学生会话中的母语或外语策略和检索策略使用频率明显高于师生会话。

　　这一结果表明，同一学生在与汉语程度不同的会话对象会话时，对策略的使用表现出很大差异。当面对高级会话对象时，学生通常会选用高级汉语学习者喜欢使用的交际策略，比如目的语策略、合作策略等；面对低级汉语学习者时，学生则会选用初级汉语学习者喜欢使用的交际策略，比如母语或外语策略、检索策略等。

　　这一研究结果在汉语作为第二语言教学中也非常有意义。以往的研究比较一致的结论是，高年级组学生比低年级组学生更频繁地使用目的语策略，通常的原因分析是：高年级学生学习汉语的时间较长，汉语水平相对较高，大脑中储存的近义词、反义词、上位词、句法结构、构词法等汉语知识较多，当出现言语障碍时，能够更为恰当地选择和调用这些知识完成交际。因此对于低年级学习者，我们通常会让教师鼓励学生在日常交际中，在自己水平允许的情况下有意识地多运用目的语策略，并告知他们随着汉语水平的不断提高，使用目的语策略的难度会逐渐降低，从而增强他们运用汉语进行交际的自信心。

　　而我们现在的研究在此基础上又增加了一个新的认识：同一学生在与汉语程度不同的会话对象会话时，其使用的交际策略实际上是存在很大差异的。即学生对于交际策略的使用不仅与他本身的汉语水平相关，而且与他的会话对象密切相关。这一发现的可贵之处在于，在以往单纯地鼓励学生多使用目的语策略的惯常做法之外，还为学生提供了一条切实可行的实现途径——找到高级会话合作者。这就不仅为学生指明了方向，而且找到了方法。哪怕是汉语水平较低的学习者也可能通过与高级会话合作者的互动和交流而更多地使用目的语策略，从而实现汉语水平的迅速提高。这一发现的最大意义就是让学生从理论上了解了高水平汉语会话者的重要性，留学生就可能主动寻找更多的中国朋友，而不是局限在同胞的狭小圈子中。

总之，研究发现，会话对象同样影响汉语学习者交际策略的使用。师生会话中学生倾向于使用更高级的策略，而学界已有大量研究证明高级策略的选用对于学习者确有积极影响。会话对象的汉语水平直接影响学生交际策略的选择。汉语水平较差的学生也能通过与较为高级的会话对象进行会话来较快地提高汉语水平。

五、结语

通过对新疆高校 157 名留学生（有效人数 120 人）进行实地调查研究，笔者总结出了以下两个结果。

第一，融入型动机和工具型动机对交际策略都具有一定的影响。两种动机都与交际策略的使用存在非常密切的关系，因此，两种动机中任何一种动机的激发都能促进交际策略的使用，进而促进学生的汉语学习。

在影响交际策略的动机行为各维度中，持续性、主动性、用功程度对交际策略的影响均较大，注意力的影响则相对小一些，这个发现对于汉语教学是很有意义的。在语言学习中，毅力和恒心是比专注度更重要的因素。学生动机的类型是不大容易改变的，但是影响交际策略的动机行为各维度，我们是可以引导的。这一发现与以往的教学理念有所不同，在汉语作为第二语言的教学中可以起到很好的引导作用。

第二，会话对象同样影响汉语学习者交际策略的使用。同一学生在与汉语程度不同的会话对象会话时，其策略使用表现出很大的差异。面对高级会话对象时，学生通常会选用目的语策略等较为高级的交际策略，而面对低级汉语学习者时，则会选用母语或外语策略等初级交际策略，即会话对象的汉语水平直接影响学生交际策略的选择。

这一研究结果对于汉语教学具有启发意义。既然汉语水平较差的学生也能通过与较为高级的会话对象进行会话来促进高级交际策略的使用，从而较快地提高汉语水平，那么让学生主动交中国朋友就有了更充分的理论依据，而不再仅是以往汉语教师们一个苍白的要求。

◎ 参考文献

［1］刘乃美．交际策略研究三十年：回顾与展望［J］．中国外语，2007（5）．

［2］刘珊珊．来华汉语学习者课堂会话交际策略调查［D］．暨南大学，2013．

［3］秦晓晴．中国大学生外语学习动机研究［M］．北京：高等教育出版社，2007．

［4］秦晓晴．外语教学问卷调查法［M］．北京：外语教学与研究出版社，2009．

［5］王立非．国外第二语言习得交际策略研究述评［J］．外语教学与研究，2000（2）．

［6］海珂．留学生汉语口语交际策略研究［D］．华东师范大学，2006．

［7］张荔，王同顺．交际策略问卷信度和效度的研究［J］．外语研究，2005（1）．

［8］闫丽萍，雷晔．汉语口语交际策略使用的差异性研究——以吉尔吉斯斯坦奥什国立大学汉语学习者为例［J］．新疆师范大学学报（哲学社会科学版），2011（4）．

［9］Farech，Kasper．Strategies in Interlanguage Communication［M］．

London: Longman Publishing Group, 1983.

[10] Oxford, R. L, Nyikos, M. Variables Affecting Choice of Language Learning Strategies by University Students [J]. Modern Language Journal, 1989 (2).

[11] Gardner R C. Social Psychology and Second Language Learning : The Role of Attitudes and Motivation [M]. London: Eward Amold, 1985.

队伍研究

国际化人才培养助推"双一流"建设

——基于武汉大学的实践

李晓述

武汉大学国际交流部

2015 年 8 月，国务院推出的《统筹推进世界一流大学和一流学科建设总体方案》作为国家层面的战略规划，为新时期中国高等教育的发展指明了方向。2017 年 1 月，经国务院同意，教育部、财政部、国家发展和改革委员会印发《统筹推进世界一流大学和一流学科建设实施办法（暂行）》。国家"双一流"建设方案明确提出，到 2020 年，若干所大学和一批学科进入世界一流行列，若干学科进入世界一流学科前列。武汉大学作为"世界一流大学"建设高校、中国高等教育第一方阵的重要一员，积极响应，提出"十三五"期间初步建成有中国特色的世界一流大学的目标，而国际化办学作为武汉大学实现"双一流"建设目标的重要路径和手段，得到学校决策层的高度认同和重视。为加快推进学校国际化建设，2016 年，武汉大学出台《武汉大学国际化办学"十三五"发展规划》，其中，人才培养的国际化成为重要发展任务和考核指标，而提高在校生的海外学习经历成为实现这一目标的重要工作抓手。

作为"双一流"建设高校，武汉大学人才培养的目标，是培养具有国际视野、国际经历，能够参与国际竞争和国际治理的复合型人才，因此，学校高度重视在校生海外经历的获取，并且在资源配置上加大对国际化发展的投入，从 2016 年至 2019 年，仅本科生出国（境）交流学习的专项奖学金资助总额就将近 3000 万元，资助本科生出国（境）交流 2000 多人次。学校基于"学生为本"的理念，大力拓展学生出国（境）交流的渠道，打造了由国家公派留学、校际学生交换、国际暑期学校、国际学术会议、第三学期国际课程、高端定制项目等形式组成的适合不同类型学生的体系。对于学业优异、外语能力强的学生，学校重点推荐至世界排名前 50 的大学交流学习，对于家庭经济条件有限的学生，主要考虑参加免学费的公派项目，而对于来自贫困家庭的学生，学校努力实现全额资助。2018 年，超过 20% 的在校本科生获得出国（境）交流学习的机会，其中，60% 以上的出国（境）学生得到学校或学院的专项资助。

以国家留学基金管理委员会资助的国家公派留学项目为例，过去五年，武汉大学获得国家留学基金资助的学生逾千人。仅在 2015 年，武汉大学在校生共获得国家留学基金管理委员会 15 个专项的资助，受资助学生 288 人。2016 年，武汉大学申报"国家建设高水平大学研究生项目"获批 157 人，"优秀本科生国际交流项目"获批 89 人。2017 年，"优秀本科生国际交流项目"获批 42 项。2018 年，国家公派博士生、研究生出国交流 200 余人。尽管相较武汉大学 5 万多的学生总量，学生出国（境）交流工作还有较大的发展空间，但出国（境）交流对学校国际化发展的推动引导作用显著。我们以国家公派留学为例做具体分析。

一、国家公派留学服务拔尖创新人才培养

武汉大学围绕"培养具有国际竞争力的拔尖创新人才"这一中心工作，大力推动学生赴"海外第二校园"交流学习。毫无疑问，海外学习经历可以较好地拓展学生视野，提升研究素养，磨砺创新品性。总体来看，参加公派出国留学项目的学生，个人发展成就突出，下面以陶

友田同学和余维来同学为例来说明这个问题。

武汉大学化学学院陶友田同学于 2009 年受"高水平项目"资助赴剑桥大学进行为期 15 个月的联合培养，在中外双方导师的指导下，该同学在博士期间共发表 SCI 论文 14 篇，其中 1 区论文 9 篇，2 区论文 3 篇，3 区论文 2 篇，影响因子最高的一篇达 24.89。2013 年，该同学的博士学位论文《高效有机电致磷光双极传输主体材料的合成与性能研究》获得全国百篇优秀博士论文奖。

武汉大学"弘毅学堂"（基础学科拔尖学生培养试验计划）化学班 2016 届本科生余维来同学，曾赴哈佛大学交流一学期，在校期间该同学以第一作者身份发表 SCI 论文 3 篇，总影响因子为 18.718，成功获得美国加州理工学院、加利福尼亚大学伯克利分校、耶鲁大学、芝加哥大学等 8 所名校的全额博士奖学金。

二、国家公派留学推动学校科研国际化

国家公派项目，特别是公派研究生项目，是密切国内外同行科研合作、建立国际化科研团队的桥梁和纽带。通过参与公派研究生项目，武汉大学与美国杜克大学、芝加哥大学、德国慕尼黑工业大学、日本早稻田大学等世界一流大学搭建了国际科研平台，极大地提升了学校科研国际化水平。

英国杜伦大学化学系教授马德（Todd Marder）是英国化工材料领域知名专家，其研究成果处于行业领先地位，武汉大学国家杰出青年基金获得者、"长江学者"特聘教授雷爱文通过"高水平研究生项目"选送了两名研究生到马德教授的实验室学习。双方以联合培养研究生为纽带，围绕"高效催化有机合成反应的新型配体"为课题进行深入交流，形成了以雷爱文和马德教授为学术带头人的跨国科研团队，并促成了杜伦大学化学院与武大化学院的全面科研合作。

此外，武汉大学化学学院翁玥同学，作为"高水平研究生项目"

第一批资助学生，在其中方导师的推荐下，前往美国著名的斯克利普斯研究所进行联合培养，并参与国外导师张庆海教授的重大科研课题，随后以化学部分第一作者身份在国际科学界顶尖杂志 *Science* 上发表论文，成为中美科研合作的标志性成果之一。

三、国家公派留学促进国际化能力建设

国际化办学是一个综合体系，包括学生来源的国际化、师资队伍的国际化、课程建设国际化等，武汉大学国际化发展的瓶颈问题就是国际化办学的能力不足，例如外籍专家的人数较少，缺乏全英文授课的课程，留学生素质有待提高等。在国家公派留学项目的引领和推动下，学校国际化建设了各项指标都有的较好的改观。

2011 年，武汉大学与德国慕尼黑工业大学联合举办"地球空间科学与技术"双硕士项目，全英文授课，培养模式为"1+1+1"。该项目以其创新性获得了国家留学基金委员会连续 3 年的专项资助。作为武汉大学理工领域第一个中外合作举办的全英文硕士专业，该项目对于推动学校国际化发展发挥了很好的示范作用。一方面，通过系统地引进德国名校师资和课程，该项目有效弥补了国内在地球空间信息科学基础理论方面研究生教育资源的不足；另一方面，通过联合授课，该项目极大地提升了本土教师参与国际交流的能力。该项目还向世界各国的学生开放，慕尼黑工业大学于 2015 年 9 月选派学生 Pedro Perez 来武汉大学攻读硕士，可以说，该项目有效提高了武汉大学留学生培养的质量。该项目还推动了武汉大学与慕尼黑工业大学的全面合作，取得了良好的综合效益，因此受到了国家留学基金委员会的高度关注和大力支持，在 2012 年"中加研究生教育论坛"上其项目负责人以此作为典型进行发言。

此外，国家公派留学促进了武汉大学相关专业的学科建设，尤其是教师队伍参与国际科研合作和学术交流的能力建设。例如，学校"高水平研究生项目"优先选择国家战略发展需要的学科、国外处于相对

领先的学科、国家重点学科、国家重点培育学科，有针对性地选择推荐学生，被录取学生的学科专业属于国家留学基金委员会优先资助专业的超过 95%。

在全球化和信息化的时代，我国高等教育界对于国际化发展已逐步形成普遍共识，不少高校纷纷出台国际化战略或国际化发展规划。"双一流"建设和学科评估都将学生出国（境）交流、中外合作办学、留学生培养等要素作为重要考核指标，其中，"华东五校"等中国第一方阵大学对本科生海外交流比例提出了具体目标。武汉大学基于自身实际，制定了在 2020 年在校本科生海外交流比例达到 30% 的计划。

目前，各种类型的出国（境）交流项目已成为武汉大学人才培养国际化的重要支撑，对于学校国际化发展战略的顺利实施意义重大。今后一段时间，学校国际交流部等职能部门和各学院将进一步加大资源投入，多措并举，拓宽渠道，持续扩大学生出国（境）交流规模，同时，重点推进赴世界排名前 50 的高校学习交流，重点推进学生赴国际组织实习实训，培养未来的国际治理人才。总之，学生海外交流事业的快速发展，必将有力推动武汉大学建设世界一流大学的步伐。

◎ 参考文献

[1] 国务院关于印发统筹推进世界一流大学和一流学科建设总体方案的通知 [EB/OL]. [2015-11-05]. http：//www. gov. cn/zhengce/content/2015-11/05/content_10269. htm.

[2] 教育部、财政部、国家发展改革委公布世界一流大学和一流学科建设高校及建设学科名单的通知 [EB/OL]. [2017-09-21]. http：//www. moe. gov. cn/srcsite/A22/moe_843/201709/t20170921_314942. html.

[3] 武汉大学教育事业发展"十三五"规划 [EB/OL]. [2017-02-27]. https：//info. whu. edu. cn/info/2296/175524. htm.

高校语言外教管理问题的思考及对策探析

熊 英

武汉大学国际教育学院

一、高校语言外籍教师管理问题简述

进入 21 世纪以来，随着教育国际化的推进，我国高等教育加快了国际化进程，从而加快了引进外专外教的脚步。外籍教师利用他们自身的文化和语言优势为高校外语教学作出了巨大的贡献。但是，外教是高校中一个特殊的群体，由于语言沟通障碍，以及不同价值观念、思维方式、文化差异等诸多因素的影响，外教的管理工作面临各种难题与挑战。因此，外教的管理工作是一项涉及面广、政策性强的工作，不仅繁杂琐碎，还存在一定难度。本文在分析我校语言外籍教师管理当中存在问题的基础上，对问题存在的原因及对策进行探讨。

二、当前存在于高校语言外籍教师管理当中的问题

1. 文化冲突和价值观差异影响外教心理

外教是指在中国境内工作的，有着不同国别、文化背景、价值观念、教育程度、素质修养、宗教信仰等的外籍教师群体。外教与中国学

生、外教与中方管理人员、外教与外教之间都可能出现文化冲突（culture shock）。这种影响是全过程、全方位的，渗透在外教从应聘到离职的各个阶段。对于个别外教，文化冲突和价值观差异会带给他们不良情绪，严重影响他们的心理，甚至导致其无法正常工作乃至离职回国的严重后果。

2. 部分外教的教学能力和教学水平有待提高

有些语言外教虽然来自英语母语国家并具备学士学位，且通过了至少 120 小时的语言教学法的专业培训，取得了 TEFL、TOSEL 之类的国外专业资格证明，但缺乏实际的课堂教学经验，甚至会有较重的地方口音，对我国的教学模式以及学生的学习习惯、学习基础都缺乏了解，在实际教学中很难把自身的知识储备与中国的教育方式有效融合，从而影响教学效果。

3. 外教管理人员的综合素质和管理水平有待提高

目前，高校外教管理主要依靠行政管理人员。管理者自身的专业能力、知识水平、管理理念、办事效率等，都影响着管理水平。一个专业能力强、知识水平高、管理理念先进、办事效率高的管理人员能发挥最大的自身价值，反之，则会对外教管理工作造成诸多障碍乃至不良影响。

4. 相对较低的待遇留不住好外教

外教的待遇受我国地区差异的影响比较大。北京、上海、广州、深圳等一线大城市相比中部的武汉市，整体外教工资水平要高一些。因此，水平较好的外教往往因为工资不能达到预期目标而选择转去工资标准较高的一线城市就职。即便聘到了较好的外教，他们往往也不安心长期任教，甚至有的会以旅游观光为目的，往往合同期一到就不愿再续聘。外教队伍的不稳定，影响了教学质量。

三、解决高校语言外籍教师管理问题的对策

1. 严把外籍教师"聘请关"

外教的聘请是高校外教管理工作的第一关，必须认真对待。学校对外籍教师的学历、学位、专业水平、宗教信仰、价值观、教学能力、对华态度、之前的工作经历、之前工作单位的评价、家庭状况、健康状况等要有全面细致的考察。最好外教本人在中国境内，能请外教本人来到学校，辅助面试和试讲环节，谨慎判断该外教是否符合学校聘请外教的条件。

2. 优化外教教学过程的管理

（1）合同管理

无规矩不成方圆。外教的管理也一样。如果没有好的制度规定，要管理好外教只能是纸上谈兵。高校应该健全外籍教师合同管理制度，同外教签订工作合同。工作合同要力求全面、细致，涉及外教教学全过程的方方面面。同时，还应该与时俱进，经常修改完善合同。一旦有了合同的约束，外教和用人单位双方都应该严格遵守，保证合同的权威性、可实施性。

（2）组织教研活动，提高外教教学水平

外籍教师是来帮助我们工作的。无论其之前的教学能力、教学水平、教学经验如何，他们都需要了解适应新的学校、新的学生，让自己的教学最大限度地发挥作用。对于外教，除了安排常规教学任务外，还应要求他们参加相关教研室的日常教研活动，提高教学水平。从活动中他们可以了解学校对他们的教学要求，直接或间接了解学生的感受和需

求，便于他们及时调整和改进教学。同时，和语言中教沟通切磋，也可以听听他们对教学、科研具体问题的意见和建议，以及解决问题的思路和方法。中外教师取长补短，相互启发，相得益彰，从而达到双赢的效果。

（3）注重教学评估工作，做好积极反馈

在外教的一个工作合同期期满之前，要做好教学评估工作。评估内容应包括外教自我评价（包括工作量的完成情况、教学效果等）、学生评价、教研组评价、学院评价等相关内容。同时根据统计的评估结果，学院将决定是否继续聘用该外教。对于评估结果优秀的外教，将酌情考虑增加工资待遇。对于评估结果不好的外教，将酌情考虑通过谈话使其改进其工作甚至不再续聘。评估的意见和建议将被归纳总结，并反馈给外教本人，促使外教认识自身的问题，积极改进工作。总之，教学评估工作应该切实有效。此项工作对外教本人和学院整体外教工作有着积极的意义，是学校外教管理的有效手段。

（4）对外教汉语能力进行培训

基本的汉语能力是外教融入中国生活的第一步。学校应该为外教提供免费接受汉语培训的机会，鼓励外教提高汉语能力。外教掌握一定的语言沟通能力之后，很多工作和生活上的事情就可以自理，既让外教在中国工作、生活更加自如自在，又为校方节省了管理和服务成本。

3. 以人为本，人文管理

随着社会的发展，人们对人文关怀的需求越来越高。高校外教的管理方法中，人文关怀是有效途径之一。外教人文关怀的核心是以人为本的"文化观"。这种"文化观"赖以生存的土壤和得到发展的环境是用"跨文化的视角和全新的思维方式"把外教的管理和外教的服务紧密结合起来。外教管理人员要在充分遵守中国法律法规的前提下，尊重外教的宗教信仰、个人自由、文化背景、风俗习惯等。对于新来的外教，要主动创设帮助其安顿下来的良好环境和条件。对于外教在生活上遇到的各种困难，要积极迅速地帮助他们解决。对于外教在工作中遇到的教学问题，可以安排其他有经验的外教或语言中教给予帮助。外教最关注的外国人工作许可证和居留许可的办理工作要做到及时高效。在西方国家重大的节假日或外教生日，送上问候。将省、市、学校和学院组织的一些适合外教参加的活动告知他们，鼓励他们积极参加，通过营造人性化的、多元的文化环境，让外教增强归属感、认同感，增强主人翁意识，从而提高工作积极性。

4. 提高外教管理人员的管理水平和业务能力，提升综合素质

对于外教管理人员来说，首先，要加强语言能力（包括肢体语言、面部表情）方面的培训，既要能识别言内之意，还要能识别言外之意。其次，要学习了解世界各地文化的价值观、道德观、宗教信仰以及风俗民情。有条件的情况下，可以在国外环境中直接学习这些方面的知识。再次，要掌握一定的心理学知识，以应对外教群体中出现极端性格的情况。最后，要多在工作中和外教沟通交流，提高语言能力，多了解外教的价值观、道德观等，不断积累工作经验。

5. 合理提高外教待遇

一个优秀的外教，对于学院学科建设乃至外教团队建设，能发挥超出一般外教数倍的积极作用。因此，对于教学水平不断进步、各方面表现优良的外教，应该酌情考虑增加工资待遇以提高其工作积极性；对于教学水平高超、各方面条件都比较优秀的外教，可以考虑给予其超过外教平均工资水平的工资，从而与外教的自身价值相匹配，以期发挥其最大的作用。

总之，高质量的外籍教师如同千里马，对外教的管理和使用就如驾

驭千里马。管理和使用得当，将使其日行千里，从而实现聘用效益的最大化，实现高校语言教学质量的大幅度提升。我们应该做到：严格管理与完善服务相结合，科学管理与尊重爱护相结合，工作上的严格要求与生活上的细致关心相结合，刚柔并济，双管齐下，方能实现外籍教师管理效果的最大化。

◎ **参考文献**

[1] 于立志．高等院校外籍教师管理的问题和对策研究 [J]．科技信息，2012（35）．

[2] 曹爱娥，胡建国．基于中西文化差异的高校外籍教师跨文化管理分析 [J]．南阳理工学院学报，2012（3）．

[3] 蔡敏．浅谈高职院校外籍教师管理中的问题和策略 [J]．时代教育，2014（9）．

[4] 朱楚原．从文化冲突角度探讨高校外籍教师聘用与管理问题 [J]．决策与信息，2013（11）．

国际汉语教师的跨文化能力刍议

刘学蔚

武汉大学国际教育学院

汉语国际教育硕士专业的建立"使现行的对外汉语教学人才培养体系更加健全",它仍以对外汉语教学为学科基础,其"课程学习与对外汉语教学实践紧密结合",但在能力和实践层面有了更高的要求,除了承担汉语教学任务之外,"还要具有较强的从事汉语国际推广、管理和文化交流的能力"。① 由此看来,培养优秀的师资队伍既是提高对外汉语教学质量的基础层面,亦是提高汉语国际推广有效性的关键因素,后者在前者的基础上,将培养目标定位于"高层次""国际化"和"复合型"的人才。

我们当前的教师培养模式主要有两种,② 一种是从 20 世纪 80 年代延续至今的"知识型培养模式",旨在培养专业性强的对外汉语教师;第二种是现今以汉语国际教育硕士专业为代表的"应用型培养模式"。所谓应用型,就是对实践的看重,尤其强调对教学能力和跨文化能力的培养。《国际汉语教师标准》正是顺应了"知识型培养模式"朝"应用

---

① 汉语国际教育硕士专业学位设置方案说明 [EB/OL]. [2007-06-01]. http://www. moe. edu. cn/publicfiles/business/htmlfiles/moe/moe_823/201002/xxgk_82703. html.

② 马国彦. 国际汉语教师培养模式考察:问题与对策 [J]. 对外汉语研究, 2013 (2):58.

型培养模式"的转向，因而其具体内容也全面围绕着"知识、能力和素质"来制订。

一、国际汉语教师跨文化能力的认知层面

人们在与外界事物的接触过程中会形成各种认知，这些认知受到文化差异的影响与制约，影响着跨文化教学和交际的方方面面。在跨文化教学情境中进行国际汉语教学，其认知层面的首要阻力来自于教学主体持有的刻板印象。在传播学领域，刻板印象是一种分类方法，即人们对某个群体所持有的过度简化、过度概括或夸张化的固定印象，是"有根据的偏见机制"①。

那么，刻板印象是如何构成国际汉语教学的阻力的呢？首先，它是人们发展出来的一种简化的认知方式，既容易让教师忽略相同或相似文化背景的学习者内部的差异，也容易让他们忽略来自不同文化背景的学习者之间的关系和关联。这种过度简化或夸张化了的观念往往会使教师采用定式思维去理解异文化。一般来说，教师对来自特定文化背景的学习者了解得愈少，就愈容易在教学和交流过程中受到刻板印象的牵制。另外，刻板印象还具有顽固性，一旦形成就不易发生改变，正面的刻板印象容易让教师对特定学生形成偏爱，负面的刻板印象则有可能导致偏见的产生，无论是哪一种情况，都构成了国际汉语教学的阻力。

刻板印象既包括积极的内容，也包括消极的内容。当人们在刻板印象的基础上对一个群体产生了负面认知并以消极态度去对待他们的时候，偏见便产生了。一般来说，只要教师具有足够的跨文化意识和敏觉力，很多刻板印象就能得到不同程度的修正，其最主要的途径就是和学

---

① 陈国明. 跨文化传播学关键术语解读［M］. 北京：中国社会科学出版社，2010.

生之间产生直接的、足够多的交流。倘若教师并没有对刻板印象的危害产生足够的警惕，也没有及时得以纠正，那么就难以避免一些刻板印象逐渐发展为偏见。刻板印象一旦演变为偏见，对国际汉语教学产生的负面影响就更严重了，并且偏见比刻板印象更为顽固，更不容易得到纠正。因此，国际汉语教师一定要意识到刻板印象和偏见对国际汉语教学存在的潜在威胁及危害，有意识地通过各种方法和途径去避免、修正甚至消除自己的刻板印象；这些方法包括不断提高对异文化的认知，创造和谐的课堂气氛及友好的交流气氛，建立并强调师生之间互为主体的关系，增加师生之间直接进行有效交流的机会，等等。

为了克服刻板印象或偏见对国际汉语教学形成的阻力，教师在认知层面必须具备一定的跨文化理解能力，即人们对一个群体的价值观、态度、信仰等特征的内化性洞察力。① 对跨文化理解能力的掌握可以降低跨文化教学和交际过程中产生的"情境模糊性与不确定性"②，是教师面对复杂的多元文化教学情境以及目的国文化差异所带来的文化冲击时必须具备的基本能力之一。这个理解过程表现为由浅至深的三个阶段：首先，对异文化表面特征的初步了解往往来自于教科书、媒体、旅游手册、培训课程等，它是国际汉语教师针对目的学生进行教学的初始阶段所持有的预先认知的来源和刻板印象的成因；其次，对异文化的进一步了解和深度探索主要基于教师的教学经验和跨文化交际经验，包括他们在遭遇文化焦虑和文化震荡时进行的自我反思，以及和学生之间产生文化距离和文化冲突时进行的理性思考；最后，教师须从学生的立场来理解文化的异同并探寻关联的所在，这个阶段的跨文化理解与教师所具备的移情能力有关，其理解的深度和广度亦与教师移情能力的高低呈正比。

---

① Adler, P. S. Culture Shock and the Cross-cultural Learning Experience [G]. In L. F. Luce & E. C.

② 陈国明. 跨文化交际学 [M]. 上海：华东师范大学出版社，2009.

二、国际汉语教师跨文化能力的情感层面

不同的认知阶段伴随着不同情绪的产生，引起消极情绪的因素有很多，比如对教学环境的不适、遭遇违背预期的情境、教学过程中冲突的发生、消极的心理暗示、封闭的心态和狭隘主义等。为了解释跨文化交际中的个体如何回应文化差异，以及对特定文化的认知给他们带来了怎样的情感变化，本纳特和汉默提出了一个由"否认"到"整合"逐级上升的理论假设。① 但实际上，并非所有的教师都会经历这样一个过程。倘若缺乏提高自身跨文化敏觉力的意识，教师们在多元文化教学情境中很有可能在"捍卫""化小"和"接受"阶段徘徊，而很难将自身文化和他者文化进行有效整合。

跨文化敏觉力，即"促进适当且有效的跨文化沟通"的正面情感的能力，是一个人在"了解并感激文化的差异"的基础上去学习另一种文化时所产生的情绪。② 具有跨文化敏觉力，是在情感层面上对国际汉语教师的跨文化能力提出的最基本的要求，而由跨文化敏觉力所引导的"文化移情能力"也成为提高汉语国际推广有效性的关键因素。"移情"是德国美学界19世纪末的重要发现。德语中的"mitgefühle"（同情），其前缀"mit-"有"一起，带有，连同"的意思，后缀"-gefühl"（复数-gefühle）表示"感觉，触觉，知觉"，连在一起即"共同的感觉"；而"einfühlung"（移情），其前缀"ein-"表示"进入，融入"，后缀"-fühlung"表示"联系，接触"，即"通过接触而发生的（感情的）进入"。也就是说，"同情"和"移情"这两种类似的感觉方式存

---

① Hammer M R, Bennett M J., Wiseman R. Measuring Intercultural Sensitivity: The Intercultural Development Inventory [J]. International Journal of Intercultural Relation, 2003 (27): 421-444.

② Chen G M, Starosta W J. A Review of the Concept of Intercultural Sensitivity [J]. Human Communication, 1997, 1 (1): 5.

在着极其细微的差别，前者强调的是共感，后者强调的是感情的进入，德国心理学家利普斯在社会学领域扩展此概念时，正是抓住了移情的这一特点去化解人与人之间的冲突。英语中的"empathy"是美国心理学家缇钦纳由德语概念"einfühlung"对译过去的新造词，"sympathy"（同情）的前缀"sym-"表示"共同"，"empathy"的前缀"em-"表示"进入"，共有的词根"-pathy"表示"情感"，可见缇钦纳在对译这个概念的时候，也充分领会了二者的差别：移情不光是客体如何引起主体的某种情感，更重要的是主体要把这种情感移置到客体中去,① 也就是说，"移情"强调的是主体与客体之间相互渗透的动态过程，不仅仅是主体间分享的共感。对移情的讨论也是对主体间的关注，即无论主体是人、景或物，最终都会动态地接近主（自我）客（他者）合一的状态。

移情能力并非与生俱来，而是后天培养出来的，并时刻受到跨文化敏觉力的引导。移情能力较高的教师往往同时具有"认知移情"和"交际移情"这两种能力，前者是知觉技能，强调跨文化教学和交际过程中要时刻聆听他者，客观地观察和识别他者的情感；后者是交际技能，强调在认知移情的基础上对他者作出正确、积极的反馈与回应，并通过语言或非语言的方式表现出来。具有较高移情能力的国际汉语教师会从检视自我和欣赏他者的角度去思考问题，这有利于他们形成多元的文化价值观，并克服文化中心主义和民族文化优越感等影响跨文化教学和交际过程的心理因素。在很多情况下，他们还会试图去理解学生的审美习惯，熟悉其文化价值观和社会习俗，有时甚至会使用带有他者特色的方式去诠释中国的文化和价值观。并且，除了掌握短时间内有效消除心理距离的跨文化技能之外，他们还会在长期的教学实践中持续地修正自己所持有的刻板印象，他们并没有失去批判性的视角，而是站在他者

---

① 牟春. 移情之流变及其批判——从现象学反思利普斯的移情说［D］. 郑州大学, 2005.

的立场上去批判、观察和体验。

移情一定是双向的，但并不意味着一方对另一方的绝对顺从。虽然一个高移情能力的教学者可以做到将心比心，却并不能控制和影响学习者的行为，因为单向的移情或许能在某些跨文化情境中暂缓冲突的发展，却无法在更深的层面上化解跨文化交际的障碍。然而，双向移情有时也未必会达到预期的教学目标和交际目的，如果双方都站在对方的角度去编码和解码，有时会出现令彼此备感尴尬的情形。我们只能认为，移情能力的培养是一个长期的过程，并没有任何技能或经验是适用于所有跨文化情境的，即便是高移情能力的教学者在某些情况下仍然会有移情缺失的表现。但总的来说，在跨文化敏觉力引导之下的文化移情能力仍然是提高汉语国际推广有效性的关键因素，是优秀的国际汉语教师必须具备的重要的跨文化素质和能力。

三、国际汉语教师跨文化能力的行为层面

文化对人类的行为有着极大的影响，文化的标准、规范及良好的跨文化态度指导并影响着我们的行为举止。鲁本提倡在"认知"和"行动"之间架起一座桥梁，"对一个交际个体而言，要做到精通跨文化效力的理论知识、拥有最好的动机并且真诚地去扮演他的相关角色也许并不难，但若想在自己的行为中去诠释自己的理解却并非易事"。① 国际汉语教师的跨文化能力若想得到全面的提高，仅仅停留在认知和情感的层面上是远远不够的，而需要具有将认知层面上的知识转换为有效行为技巧的能力，并进一步地将认知、情感、行为层面上的能力进行全面整合。

如果说表达思想的言语应答和动作多样是人类和动物的分水岭，那

---

① Ruben B D, Kealey D. Behavioral Assessment of Communication Competency and the Prediction of Cross-cultural Adaptation [J]. International Journal of Intercultural Relations, 1979（3）：19-20.

么，语言和非语言交际能力在跨文化理解和交际过程中扮演的角色也各有不同。语言和非语言符号的形成和变迁总是会受到特定文化的影响，为反映文化而运作，并影响人们的文化架构。成功的跨文化教学取决于来自不同文化背景的教师和学生之间互动的过程，霍尔认为这要求人们能够经由语言和非语言的行为去了解对方，并进一步建立彼此间的和谐关系。① 我们早已对国际汉语教师提出了跨文化语言交际能力的要求，在更高的层面上，教师还应了解一定的语言学知识和语言对比分析的方法，了解学习者的思维方式及其表现在话语使用上的特点，具有"根据任教国的文化准则来调整自己的言语行为"的能力以及"通过对比的方法对实际交际中的会话原则进行分析"的能力等。② 除了语言交际能力之外，非语言交际能力在国际汉语教学过程中亦起着非常重要的作用，尤其当教师的外语水平有限，或者学生的汉语水平尚处于基础阶段的时候，非语言交际能力在教学和交际过程中将扮演更加重要的角色。

在诸多的策略和技巧之中，笔者认为以下三个方面对国际汉语教师而言具有相当的重要性。第一，教师对跨文化教学、交际和对话过程应具有一定的"互动经营"能力，包括引出话题、互换交谈和结束交谈等，③ 并且这种控制能力须同时满足交际的适当性和有效性。第二，由于国际汉语教师的教学对象具有多样化的文化背景，交际主体之间的文化关系是比较复杂的，这就要求教师在教学和交际实践中具有较强的"行为弹性"，能够及时地、自然地调整自己的语言行为和非语言行为，变通地将自己的知识储备和跨文化能力应用到各种交际情境中。更重要的是，行为弹性一定要以真诚而良善的交际愿望为基础，否则它也有可能成为跨文化理解的阻碍。第三，如果说行为弹性是教师在个人层面上

① 陈国明. 跨文化交际学 ［M］. 上海：华东师范大学出版社，2009.

② 国家汉语国际推广领导小组办公室. 国际汉语教师标准 ［S］. 北京：外语教学与研究出版社，2007.

③ Ruben B D. Assessing Communication Competency for Intercultural Adaptation ［J］. Group & Organization Studies，1976（1）：334.

所具有的灵活性的话，"交际校准"能力则是教师在跨文化教学和交际实践中所必须具备的合作意识。这种合作通常是通过沟通和协商来完成的，它要求教师在跨文化语境中可以"对复杂的意义进行协商讨论"，"对复杂的情况和矛盾冲突加以掌控"，且能够依照不同交际情境的需求不断修正自己的行为。① 我们都知道要想在尊重差异的基础上实现有效的跨文化教学和交流，不可能有"放之四海皆准"的原则和技巧，因此，在特定的交际情境中，我们还需要避免用自身标准对学生作出统一要求。除此之外，我们当然也可以在教学和交流过程中去探寻一些符合大多数文化习惯的要素，比如双方尽可能专注地去参与谈话过程，在倾听过程中不要随意打断对方，对他者的谈话方式表现出足够的宽容和耐心，对他者的话题表现出一定的兴趣等。

四、国际汉语教师跨文化能力培训重点

知识、能力和素质之间绝对不是一种平行的关系，它表现为一种立体的构成，只有将其有机整合起来才能发挥作用。当我们的师资需求从知识型全面转为应用型时，我们的培养模式也随之发生了变化，即以知识为基础，以能力为重心，而素质在这里起着心理和情感层面的调控与操纵作用。对能力的看重，将国际汉语教师跨文化综合能力的全面发展提升到一个更加显著的位置，毕竟，每一个教师都会在课内课外遭遇各种跨文化难题，持有文化缺陷观的教师容易将问题归咎于外因，不会去正视自身的跨文化态度或能力的问题，也不会有意识地、主动地通过提升自己的能力去寻找解决问题的根本方法。

跨文化能力并不能通过短期的培训来获取，该能力的全面提高是贯穿于教师整个职业生涯的。因此，在时间有限的跨文化培训课堂上，我

---

① 陈国明. 跨文化传播学关键术语解读［M］. 北京：中国社会科学出版社，2010.

们的培训重点不可能放在教给教师们多少文化知识和跨文化技巧上，因为这些教师在其职业生涯中所面对的学生具有千差万别的文化背景，通过短期培训获得的文化知识和跨文化技巧并不能应对所有的跨文化情境。更何况，针对教师的跨文化培训和针对外国学习者的跨文化交际技巧训练是有区别的，前者是具有单一文化背景的中国教师面对文化背景极其多元的外国学习者和任教国社会成员，后者是来自多元文化背景的外国学习者面临着和中国人进行有效跨文化交流的难题。

在有限时间内针对国际汉语教师的跨文化培训应将重点放在提高情感层面的跨文化能力上面，它包括提高教师的跨文化敏觉力、跨文化适应能力、移情能力和全球思维方式等，这类培训成功的关键在于它是否能真正触及教师的内心，开启他们的多元文化心灵。心灵的开启对教师的影响是至关重要的，并能令其受益终身。在良好的跨文化态度和开放的多元文化心灵的引导下，教师才能在今后长期的教学实践中拥有自我修炼和自我提升的意识和主动性，成为一个合格的国际汉语教师，更肩负起汉语国际推广和中华文化"走出去"的重任。

海外高层次人才师德师风教育研究

许欢欢

武汉大学党委教师工作部

随着我国经济社会的发展，海外留学人员回国工作的数量、规模和比例越来越大，日益成为我国现代化建设中重要的人才队伍组成部分。高校作为高层次人才的集聚地，是海归教师的主要集中地之一。作为一支日益壮大的队伍，海外高层次人才在高等教育的发展与改革中发挥着越来越重要的作用。对于这一群体的师德师风教育及管理引导，也日益引起相关部门及高校的重视。

一、海外高层次人才师德师风教育的重要性和必要性

近几年，各个高校大力引进海外高层次人才，这些海归教师群体对广大学子和青年教师在学术上具有引领和榜样作用，但是这些海归教师经过不同文化及生活环境的熏陶，特别是西方主流价值观的影响，回国后，往往与我国的主流意识形态保持某种疏离，对师德师风建设及教育也保持一种"认同但事不关己"的态度。因此，加强海外高层次人才的师德师风建设和教育，无论是对学生个体还是对学校的发展、社会的影响都有十分重要的意义。

1. 坚守师道尊严，增强责任感

高校大力引进海外高层次人才，不仅仅是为了提升现阶段的科研能

力，更是希望通过高层次人才的引领带动，提升学校整体教师队伍的素质和水平，与本土人才形成良性互动，共同推动学校发展。师德师风教育对海归人才的师道尊严的养成有直接作用，通过其在传播自身正能量的同时，增强教书育人楷模的责任感，带动学生朝着正面的方向发展。

2. 坚持学术道德，增强引领性

海外高层次人才大多毕业于国外知名高校或在世界顶尖实验室接受过系统的学术培养和科研训练，接触过最前沿的科学技术和最先进的科技成果。他们将国外最新的先进技术、方法和理念带回国内，不仅是学生心中"双高"（高学历、高职称）的偶像，也成为很多青年教师的奋斗目标。因此，加强对海归教师的师德师风教育和学术道德学风建设，可以使之在青年教师群体中起到先锋模范带头作用，提高高校整体青年教师的素质。

3. 坚定理想信念，增强认同感

海外高层次人才对于学校的可持续发展具有重要意义。除了待遇、科研条件、平台建设之外，如何做到以感情留人是各个高校非常重视的工作。对高校的海归高层次人才进行理想信念的教育，不仅可以提高其思想道德境界，更能在思想根源上留住人才，提高其对学校的忠诚度，帮助他们自觉自发地认同国内校园文化，自觉地为学校未来长期的规划和校园精神构建贡献自己的力量。而加强海外高层次人才的师德师风教育，是坚定理想信念的一个有利抓手，也是高校人才引进、使用、培育、管理的一项基础工作。

二、海外高层次人才师德师风教育现状和存在的问题

当前海外高层次人才师德师风状况总体良好，但仍需加强，应将此项工作纳入高校海外高层次人才思想政治工作的重点，开展调研，

发现其中需要改进的方面，促进海外高层次人才师德师风工作的不断提升。

1. 海归教师师德师风教育工作重视程度有待加强

海归教师具有较高的科学研究水平，个体研究能力出色，由于国（境）内外科学研究机制、研究水平、创新体系等体制的不同，加之受强调自我价值实现的价值观影响，其对国内体制的适应需要一段时间，在两种不同价值观的影响下，确实存在部分海归教师在育人过程中往往更重视知识的传授，而忽视师德师风教育和建设的情况，也可能会出现不注重品德修养、学风浮躁等问题。因此，引导海归教师树立正确的价值观，保持教师队伍的高尚情操，是一项长期而艰巨的任务。

2. 海归教师师德师风教育工作不够明确，缺乏凝聚力

长期以来，高校教师的师德师风教育工作运行机制不够顺畅、职责不够明晰，成为高校教师思想政治工作的薄弱环节。"都管，都不管"的"九龙治水"现象导致教师师德师风工作弱化、边缘化，教师师德师风工作运行机制与工作职责亟待理顺。党委教师工作部的设置是全面加强高校思想政治工作制度层面的创新，也是实践创新。虽然不少高校已成立党委教师工作部，专门抓教师师德建设与思想政治工作，但大多数高校的教师工作部都与人事部门合署办公，没有专职的工作人员，工作机制、运转模式还处在摸索之中。教师工作部与相关部门（如党委宣传部、组织部、人事部、工会等）的统筹协调与沟通交流还有待加强，各部门在共同发力的协同合作机制上还存在一定的不足。

3. 海归教师师德师风教育工作不够灵活，缺乏针对性

当前高校教师评价体系多以教学活动和科研数量为评价标准，因此，教师大多更专注于与职称、业绩、津贴相关的内容，而师德中

"高尚"的成分逐渐流失，部分教师无心教学或教好学，也无暇关心自身道德修养的建设与提升。而且教师的师德很大程度上仅依靠个人不断学习来完善，难以进行量化考察，也难以通过详细的规章制度进行考核。

三、海外高层次人才师德师风教育的有效策略

高素质教师队伍是落实立德树人根本任务的基础与前提，加强海外高层次人才师德师风建设是培养高素质教师队伍的内在要求和必要条件。因此，要将师德师风建设贯穿在学校办学的全过程、各环节，引导教师自觉践行"四个相统一"，更好地担负起学生全面发展的指导者和引路人的使命与责任。

1. 加强思想引领，增强海归教师的理论学习与认知

加强师德师风的相关政策理论学习，提高自身素养和理论水平。海归教师是高校人才的重要组成部分，是"人才强校"的重要力量，必须从推进学校改革与发展的高度，充分认识到加强海归教师思想工作的重要意义。学校应坚持"教育者先受教育"，通过组织专题学习和日常学习相结合，集中学习和个人自学相结合等多种形式，深入推进学习贯彻党的十九大会议、全国教育大会及习近平总书记系列讲话的精神，就其中关于教师思想政治素质、师德师风建设方面的内容精心编排课程，坚持用习近平新时代中国特色社会主义思想武装海归教师头脑，保证教师队伍建设正确的政治方向。

2. 深化党管人才理念，确保政策举措的落地见效

各高校应根据自身情况设立党委教师工作部，以统筹协调全校教师的思想政治教育和师德师风教育建设工作，促进教师的全面发展。党委教师工作部的设立将进一步加强教师工作力量，可梳理职责分工，明确

重点任务，并以此为契机，实现党委常委会研究教师队伍发展问题的常态化，建立教师工作联席会议制度，协调组织、人事、教学、科研、工会等相关部门与二级单位上下齐心、上传下达，逐步形成学校党委统一领导、党政齐抓共管、一级抓一级、层层抓落实的多部门联动工作格局。加强对海归教师的思想引领和政治教育，继续大力推进高层次人才国情研修培训、双带头人培训和院长培训等常规化工作，强化师德师风教育。

3. 开展经验交流，传承优良师德师风

定期开展教学经验交流会，将社会主义核心价值观纳入海归教师职前培训、职后培养的全过程，促进本土教师与海归教师之间、新进海归教师与存量海归教师之间的交流，实现优良师德师风传承。创立新进老师"mentor 制度"，定期开展教学经验交流、本科导师制经验交流等，不仅注重教学方法上的交流，还注重优良师德师风的传递。在海归教师的日常教学科研活动中，强调立德树人，将其融入教学实践，在入脑入心上下功夫，引导广大海归教师积极投入对学生人生、学业、生活三位一体的指导，形成学业教育和思想政治教育相结合的良好体制。

4. 加大表彰力度，营造尊师重教的良好风尚

各高校应充分挖掘新闻宣传资源，树立海归教师师德典型，讲好师德故事，不断加大海归教师典型工作宣传力度，引导广大海归教师坚持教书和育人相统一，坚持言传和身教相统一，坚持潜心问道和关注社会相统一，坚持学术自由和学术规范相统一，争做"四有好教师"和"四个引路人"。通过在高校新闻网站主页开展"前沿人物""科研群星""团队力量""新时代劳动者""教书育人"和"党员好故事"等专题新闻策划和宣传，组织反映高校海归教师在教学科研中的先进事迹的相关稿件，营造"伴典型同行、向典型学习"的良好氛围。

四、结语

通过对海外高层次人才群体的师德师风教育，学校建立和完善了师德建设的长效机制，把海归教师的报国情怀与立德树人结合起来，凸显了海归教师的示范效应，使师德建设更富实践性和实效性，并且，通过师德建设的不断延伸，促进海归教师积极履行社会责任，极大地增强了他们教书育人的荣誉感、立德树人的责任感、为人师表的使命感。

比较研究

大学生出国留学现状及影响因素研究

——以留学美国为例

刘宇晖

武汉大学数学与统计学院

一 、引言

在互联网和信息技术飞速发展的今天，世界越来越紧密地联系在一起，我们已经迈入了一个全新的全球化时代。在这样的时代背景下，全球的人才在同一个舞台下竞争，年轻人需要提前做好准备，使自己拥有全球化的竞争力。出国留学，可以让中国学生走出去看世界，可以让他们的思维模式更加国际化、多元化，帮助他们拥有世界的气度、胸怀和格局，懂得世界的语言和价值观，能够站在世界的舞台上与全球人才合作和竞争。

一直以来，国家和学校鼓励大学生走出国门，支持学生出国留学或交流学习，鼓励人才回国，使出国留学成为一股潮流。近十年来，出国留学人数快速上涨，2018 年出国留学人数就已突破 66 万。从曾经的公派留学为主，到如今留学的常态化、平民化，大学生们越来越渴望外部世界的优质内容。选择出国留学的学生也面对着越来越多的选择：不同社会文化和产业发展的国家，不同特色的院校，各行各业世界前沿的教育方式等。我们通过连续 5 年的调研发现，意向留学人群主要集中在本科在读群体，占到了总数的61%；本科及以上的意向留学人群近5年从71%增长到了77%，基本呈现稳步增长趋势。

二、大学生出国留学现状

1. 留学目的地多元化趋势增强

对比近5年的数据，美国依然是意向留学人群最热衷选择的留学国家，占比约为43%。而倾向英国的群体占比在2019年大幅上升，占比约为41%。澳大利亚、加拿大继续占据主流留学目的地的第三和第四位。整体来看，意向留学美国的比例呈现缓慢递减趋势，留学目的地选择的多元化趋势正在加强。以申请比例最高的美国为例，2017年在美国就读研究生项目的中国学生总数占其国际学生总数的33%，为国际学生人数之最。

2. 境外高校录取标准差异化明显

2018年，在国内就读本科的赴美留学群体中，26.9%就读于"985"工程高校，18.9%就读于"211"工程高校；就读于"双非"高校的申请者占比最多，达到了33.7%。其中，在获得美国TOP10院校录取的研究生中，海外本科学生占到了40.6%，"985"工程高校本科生占到了38.2%，而"211"工程和"双非"高校的学生占比仅为21.2%，说明美国高校在录取国际学生的过程中对于学生本科学校背景较为看重。

除本科学校背景外，各类语言课考试成绩、学生本科学习成绩表现等均对录取结果有较大影响。通过分析2018年美国研究生的平均录取成绩，发现美国院校排名区间与录取学生的成绩存在明显的正相关。结果如表1所示。

表1   不同排名区间院校平均录取成绩

院校排名	GPA	TOEFL	IELTS	GRE	GMAT
TOP 10	3.65	104.7	7.3	323.4	684.1
TOP 11~30	3.52	101.0	7.1	320.6	679.3
TOP 31~50	3.36	97.7	6.8	317.8	667.5
TOP 51~100	3.26	94.2	6.7	315.4	640.9
TOP 100+	3.08	83.7	6.1	311.8	594.9

3. 热门专业固化凸显

与美国大学本科录取不同，研究生录取过程中，一般是由各专业或系来审核学生材料并做出录取决策，所以同一所学校不同专业间的录取情况也存在明显差异。一方面，热门专业由于申请人数较多，其录取标准也会水涨船高；另一方面，不同的专业对学生素质侧重不完全一致，也会导致差异。

根据历年学生申请数量的跟踪统计，中国学生申请的热门专业也基本趋于稳定，电子工程、金融、计算机科学、统计学、机械工程、市场营销、会计这七个专业连续4年位居热门专业前10名，其中统计学和机械工程的热度正在逐渐增大，近年来连续稳定在前5名。结果如表2所示。

表2   十大热门专业及历年申请变化

热度排名	热门专业	2015	热门专业	2016	热门专业	2017	热门专业	2018
1	电子工程	14.8%	金融	13.1%	金融	13.0%	金融	12.4%
2	金融	13.4%	电子工程	12.4%	电子工程	11.8%	电子工程	11.7%
3	计算机科学	6.6%	计算机科学	8.7%	计算机科学	9.7%	计算机科学	11.4%
4	会计	6.5%	会计	7.4%	统计学	4.6%	统计学	4.6%
5	统计学	5.3%	MBA	4.2%	机械工程	4.4%	机械工程	4.3%

热度排名	热门专业	2015	热门专业	2016	热门专业	2017	热门专业	2018
6	机械工程	4.0%	统计学	4.0%	会计	4.4%	商业分析	3.4%
7	MBA	3.9%	机械工程	3.7%	法学	3.7%	市场营销	2.8%
8	教育学	3.0%	土木工程	3.5%	市场营销	3.3%	法学	2.8%
9	市场营销	2.8%	市场营销	3.1%	土木工程	3.2%	会计	2.8%
10	工业工程	2.5%	教育学	2.8%	经济学	2.7%	土木工程	2.8%

4. 国内"985"工程高校构成博士申请主体

通过对过去四年美国大学博士项目申请的调查研究，本科为"985"工程高校背景的学生一直是博士申请的主体人群，占比达到50.8%。与硕士热门专业不同，博士申请的前十名热门专业大部分是理工类基础学科（包括数学、物理、化学、生物学等）。

硕士与博士的申请，在美国 TOP30 的学校中差距不大，GPA 平均差距在 0.1 左右，TOEFL 平均差距在 1 分左右，GRE 平均差距在 3 分以内。随着院校排名的降低，硕博录取的平均差距逐渐拉大。其主要原因在于博士类项目属于学术类项目，学生须在就读期间发表高水平论文，甚至承担部分教学任务，高校在录取博士时更为谨慎。

三、大学生出国留学选择影响因素分析

1. 留学目标与生涯规划影响因素

留学目标是学生申请出国留学的内在驱动力，对学生的留学选择起着决定性的作用，如图 1 所示。调查显示，内在自我提升对意向留学人群的驱动依旧强势，占比逐年攀升。2019 年，超过半数的学生希望通过留学拓宽国际视野，丰富人生经历，学习先进知识。

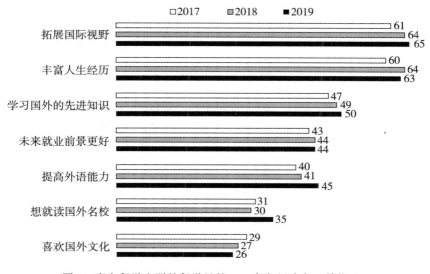

图 1　意向留学人群的留学目的——内在驱动力（单位:%）

　　除内在驱动力外，种种外部因素也影响学生出国留学的目标与规划，如图 2 所示。随着中国国家实力的增强、民族自豪感的提升，学生希望通过留学移民的想法逐渐淡化，更多的是在国内教育的压力下希望寻找更多的选择。同时，留学群体也容易受身边同学的影响而同化。

2. 家庭背景影响因素

　　高学历背景家长群体比例持续上升。对比 5 年来的意向留学人群父母的学历背景，拥有研究生及以上学历的占比呈上升趋势，如图 3 所示。家长受教育程度不仅会影响家庭培养孩子的教育方式，更会在日常生活中潜移默化地影响孩子的选择。

　　普通家庭群体占比持续上升。对比 5 年来意向留学人群父母的职务，按照"单位负责人（高管）""中层领导""一般员工"分类，"一般员工"的比例逐渐攀升，与 2015 年的 29% 相比，净增了 14%。这源于国家综合实力的增强，家庭对孩子教育的重视，以及国际教育资源的

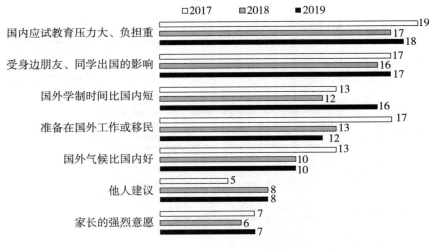

图 2　意向留学人群的留学目的——外在驱动力（单位:%）

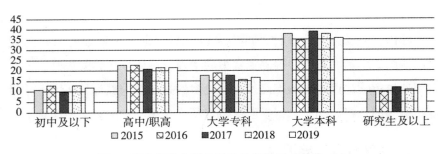

图 3　意向留学人群父母的最高学历（单位:%）

进一步开放和国内留学服务行业的发展。

3. 留学国家（地区）、学校与专业选择影响因素

在留学国家（地区）的选择上，以近 5 年数据做对比，教育实力始终是留学人群选择留学国家（地区）的首要考虑因素。2019 年，安全问题从 5 年前的第 8 名跃升至第二大考虑因素。此外，就业成为第三大考虑因素，如图 4 所示。

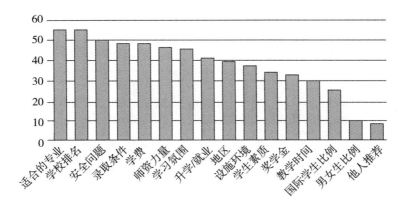

图 4 意向留学人群选择院校的考虑因素（2019 年）（单位：%）

中国家庭存在着较为明显的名校情结，更加关注学校的知名度。但在日趋激烈的竞争面前，当前留学群体表现得越来越理性，更加注重学生本身与专业的契合度。在 2018 年意向留学人群对专业和学校的优先考虑顺序统计中，46% 的学生优先考虑专业，44% 的学生优先考虑学校。合适的专业、学校排名以及安全问题是近几年来意向留学人群选择学校时的重要考虑因素。此外，学校的教学安排、男女生比率、升学/就业等因素逐渐上升。意向留学人群开始更加关注和重视留学后的发展。

在专业选择方面，留学群体有"功利"趋势。虽然兴趣依然是意向留学人群选择专业的首选因素，但近年来正逐步下降；与此同时，对于学校的排名、专业录取率、课程难易程度、学费和奖学金比例等的考虑比例明显上升，如图 5 所示。

四、思考

在国际化竞争日趋激烈的趋势下，当今大学生应尽早适应大学生活，明确自己的短期目标和长期发展规划，合理规划好自己的大学学习

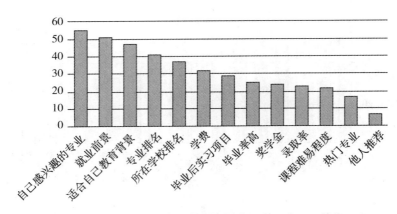

图 5　意向留学人群选择专业的考虑因素（2019 年）（单位:%）

和生活。在本科期间，学生除努力学好专业知识，进行相应的语言考试外，还应积极参加各类国际交流学习或者访问，了解国外高校教学和科研模式，为自身的发展决策提供辅助参考。

此外，大学生应广泛涉猎与自身专业相关的交叉领域，找到自己的兴趣所在。不要盲目地、功利地选择高校和专业。随着申请者数量上升导致的录取率的降低，和海归群体增多而加大的就业竞争，导致学生在选择专业时，更看重院校排名和录取难度，从而牺牲自己的兴趣。但是从长远职业规划来看，兴趣是一个人长期职业发展的原动力，它不仅决定一个人工作时的幸福感，更决定他有多大的潜力使自己的职业技能大幅提升。

◎ **参考文献**

［1］ 新东方 . 2019 中国留学白皮书 ［R］. 2019.

［2］ 李薇薇 . 大学生出国留学意愿的影响因素分析 ［J］. 智库时代，2019（35）.

德国北威州汉语教师职业技能发展调查

范小青

武汉大学国际教育学院

一、关于汉语教师职业技能发展

　　教师职业技能发展，或称教师专业发展问题兴起于 20 世纪 60 年代的美国，第一部语言教师教育论文集（Richards、Nunan，1990）出版于 20 世纪 90 年代初。1998 年，Roberts 著有《语言教师教育》，该书成为语言教师入职的指导性入门读物。我国语言学界对教师专业发展问题的研究也从这个时期开始萌芽，经历了近 30 年的发展，研究内容从外语教师专业素质逐渐扩展到教师知识能力、专业发展模式、教师认知、教师决策、教师信念、国外教师教育理论介绍等（董金伟，2012）。近 10 年来，对教师专业发展的研究在经历了接受理论、学习理论的阶段后，开始转向运用理论进行本国教师专业发展的研究，其中个案研究、实证研究的发展十分迅速，既有纵向对从幼教到高校等不同教师群体的专业发展的研究（郭海燕，2006；丁刚、陈莲俊、孙玫璐，等，2011；吴美华，2013；夏纪梅，2002；李洁，2006；董金伟，2012），也有横向对比我国教师和国外教师群体的研究（肖丽萍，2002；许楠，2012；陆道坤，2014）。值得注意的是，在教师专业发展的研究中，进入研究者视野的往往是外语教师这个群体，并且绝大部分是英语教师，以国际汉语教师群体为考察对象的研究相比之下略显薄弱。对国际汉语教师专业发展问题的考察约始于 21 世纪第一个十年，在兴起时间上略晚于对英语教师群体的考察，主要研究也经历了从理论研究到实证研究的发展历程（王晓华，2006；王学松，2008；申莉、刘东青，2011；王天淼，2015），研究的国家和地区教师群体如泰国汉语教师（关梦婉，2011），俄罗斯本土汉语教师（乔莹莹，2011），新疆高校对外汉语教师（朱金娥，2012），吉尔吉斯汉语教师（克里木，2015），等等。

据国家汉办官网信息显示，截至 2015 年 12 月 1 日，全球 134 个国家和地区已建立起 500 所孔子学院和 1000 所孔子课堂，有 169 所孔子学院分布在欧洲 40 个国家。① 2006 年公派汉语教师岗位 357 个，357 名教师遍布美欧亚非和大洋洲的 92 个国家，此外还有数量更加庞大的志愿者教师群体。② 综合考察以上研究，国内现有关于国际汉语教师，或称对外汉语教师专业发展的文献中，实证研究的数量和国际汉语推广的规模之间还有较大差距，同时也缺乏海外本土教师和国内外派教师之间的比较研究。

二、对北威州汉语教师的调查

1. 问卷调查的起因

2016 年 5 月 11 日在德国鲁尔都市孔子学院召开了一次北威州汉语教师座谈会。来自北威州多所中小学的 11 位德国本土华裔教师和任职于孔子学院的 5 位中方教师交流了双方的教学情况。和来自国内的中方教师相比，本土华裔教师在个体教育背景以及相关专业背景、教学单

---

① ［EB/OL］．［2019-05-25］．http：//www. hanban. org/confuciousinstitutes/node_10961. htm.

② ［EB/OL］．［2019-05-25］．http：//www. hanban. org/teachers/node _ 9753. htm.

位、教学体系、评价考核体系等方面存在诸多区别。这样两个不同的群体在海外汉语教学中遇到了哪些问题，这些问题有何异同，他们采用了哪些策略来应对，这对教师个人的专业发展起到什么作用，他们怎样提升教师个人的专业技能，他们希望从孔子学院得到哪些帮助？本文以问卷形式对教师们进行了调查。

2. 问卷调查的目的

本文的调查主要目的有二：其一，对北威州汉语教师的基本教学状况和专业发展做一定的了解，通过了解教学状况和教学理念，反映专业水平和专业发展状况；其二，为孔子学院开展教师培训提供参考。

3. 调查问卷的构成

本文的调查问卷为半开放式问卷，问卷主要由三部分构成：第一部分为与教学相关的基本信息调查，包括教师从事汉语教学的时长，所在的教学机构，教学对象的年龄层次，每周的课时数，同时担任几门课程，教材选用情况等；第二部分为教师教学理念调查，包括更喜欢给哪种性格类型的学生授课，采取何种方式激励学生，生活和教育经历对教学工作有何影响等；第三部分为职业技能发展调查，包括教育背景，和教学相关的生活经历对教学的影响，职业进修和培训情况，个人提升职业技能的方式，对孔子学院提供培训支持的建议等。

4. 调查方式和数据收集

本文的调查以问卷方式进行，以电子邮件方式群发给曾参加过北威州汉语教师座谈会的教师。问卷发出后的两周内，收到返回的问卷 8 份，3 份来自本土华裔教师，5 份来自国内外派教师。

5. 研究发现与讨论

经过数据整理，返回的 8 份试卷均为有效试卷。通过对比，本土华裔教师和国内外派教师呈现出种种不同的特点。本文将首先分析两大群体的普遍特点，再以本土华裔教师 Z 老师和国内外派教师 L 老师为例，进行教学理念和专业发展的个案比较。

（1）教学时长和年龄分析

从教学时长来看，本土华裔教师群体从事汉语教学的时间更长。3位教师中有 2 人从事汉语教学的时间在 10 年以上，总教学课时数超过1 万课时，另 1 位老师从事海外汉语教学 7 年，总教学课时数也超过了5000 课时。而 5 位国内外派汉语教师中仅有 1 人教学时间达到 10 年以上，教学课时数超过 1 万课时。另外 4 名教师从事汉语教学的时间在 1至 3 年之间不等，总教学课时数在 1000 课时以下。教学时长和教师从事教学工作的年限也即教龄相关，但相对于教龄，课时数能更精确地量化教师的教学经验。以上教师的教学课时数同时也受到教师本人年龄的影响，如国内外派教师中的 B 老师、L 老师和 J 老师，年龄都在 26 岁以下，教龄少则 1 年，多的也不超过 3 年，从教学课时数不超过 1000课时来看，应属于汉语教学界的新手教师。而本土华裔的 Y 老师和 Q老师不仅更年长，而且教学课时数都超过 1 万课时，属于汉语教学界的资深教师，数十年的教学实践积累了丰富的教学经验，体现在问卷中就是他们对教学理念的思考和总结更加深刻。

（2）教学机构和教学对象分析

从教学机构来看，本土华裔教师群体普遍任教于德国教育系统的学校，三位教师均来自北威州的公立中学，并且均为教育质量高、学生成绩好的 Gymnasium（文理中学），这类文理中学的毕业生的去向是升入大学继续深造，而不同于德国其他三类侧重职业教育的中学。国内公派教师群体则任教于孔子学院，由孔子学院分派课程，授课机构多种多样，既有孔院自办的周末儿童汉语课堂、HSK 考前辅导班等，也有属于德国全民教育体系的民众大学（Volkshochschul，性质为夜校，类似社区兴趣班）；既有合作至今已满 4 年的企业中层管理者汉语班，也有经常举办的临时的汉字课程、文化课程等。外派教师还在杜伊斯堡-埃森大学东亚经济系长期讲授学分课，该课程长达 3 学期，是东亚经济系研究生必修的东亚语言课之一。和德国本土华裔教师相比，国内外派教师授课环境更为多样。

从比较中可以看出，本土华裔教师在正规教育体系的中学任教，学习者的年龄段集中在 13 至 18 岁之间，有统一且明确的学习目标和考核方式，教学的各个环节和因素都相对固定，教师面临的问题也相对集中，多体现在教学环节和教学因素本身。

国内外派教师面临的教学对象相比之下要复杂得多，从年龄上看，既要面对儿童汉语班里不到 6 岁的幼童，也要面对社区夜校里年过花甲的老人。除了每周若干次的常年固定课程，还常有临时一次的在各个博物馆、宣传展上开展的微缩课程。教师要面对的既有对中国文化兴趣浓厚的中国迷、中国通，也有抱着好奇心态走到展位前随便听两句的普通民众。

（3）常用教材和教学辅助手段分析

本土华裔教师更多地使用自编教材，同时结合选用已出版的《HSK 标准教程》、华语教学出版社《口语速成》、北京语言大学《汉语 A+》、北京语言大学《汉语阅读教程》、北京语言大学《汉语听力教程》等德国可以买到的汉语教材，在教学过程中偏好使用板书、图片、实物展示的方式辅助教学。国内外派教师群体更多地选用《汉语会话 301 句》《快乐汉语》《HSK 标准教程》，在教学手段上更多地使用多媒体，制作 PPT，以影音图像资料辅助教学，同时也兼用板书、图片和实物等。这种差异性是和这两类教师群体的教学对象的差异性相适应的。作为正规国民教育体系的组成部分，文理中学必须遵循所在州的教育管理规定，参加所在州的统一 Abitur 考试（德国中学毕业考试，其成绩是进入大学的重要参考依据，相当于我国的高考）。这就决定了教师在教学中更侧重于提高语言水平，以使学习者通过固定的学习时间达到更高的考试分数。而国内外派教师群体面对的教学对象，往往不单纯以提高语言水平作为唯一目标，他们中的儿童群体，往往是移居德国的第二代、第三代华裔，学习汉语的目的在于保持和原民族的文化联系。成人群体中，以和中国有某种联系的人群居多，如有商务往来、工作联系，曾去过或想去中国求学、生活或旅行，亲属中有人去过中国，对中国文化感兴趣，等等。面对这样的教学对象，国内外派教师在教学中，除了要保持一定的教学进度，逐步帮助学习者提高语言水平外，更要在不同程度上侧重文化教学和宣传，以符合学习者的心理需求。在这样的教学中，采用活泼多变的教学辅助手段，适当降低语言教学的比重和难度，既可以减轻普通民众的畏难情绪，也可以引起他们学汉语的兴趣，增强他们继续学习的信心。

调查结果还显示，对于网络汉语学习资源，国内外派教师群体掌握得更多。在北威州汉语教师座谈会上，外派教师向本土华裔教师介绍了由国家汉办投资维护的孔子学院网络课程和在线测试等辅助教学工具，受到了本土华裔教师的热烈欢迎。本土华裔教师纷纷表示，德国汉语教学资源有限，材料收集不易，这些网络教学资源十分可贵。本次问卷调查中，来自国内的 F 老师也表示，相对于国内丰富的教学资料，德国的教学资料十分贫乏，孔子学院的在线测试等网络资源使用方便，内容具有权威性，不仅受到学生们的欢迎，也大大减轻了教师的备课负担。孔子学院网络管理数据显示，本土华裔教师对孔子学院网络资源的使用已经实现了零的突破，在数量上呈加速发展趋势。截至 2016 年 6 月，本土教师 Z 老师的累计使用次数在全体教师使用者中排名第三，超过了许多国内外派教师的使用次数。国内外派教师均使用过该测试系统，但使用次数有多有少，这与教学对象对汉语水平的关注度呈正相关，如给东亚经济系上学分课程的 F 老师使用次数较多，而给儿童班授课的 B 老师、L 老师以及以书法、绘画等文化课为主的 J 老师使用次数较少。

（4）生活经历和教育经历对教学理念的影响

语言教学理念或称语言教学思想、教学观念，是指导语言教学的根本思想（赵金铭，2008）。教师的教学理念体现在教学的每一个环节，贯穿教学过程的始终，对学习者起着潜移默化的作用。如问卷调查中有如下两个问题。

（第 11 题）您更愿意教授哪种类型的学生？请从 ABCD 中选择：

A. 非常认真努力，但不够灵活

B. 非常活跃聪明，但不够努力。

C. A 和 B 之间

D. 其他，请详细说明

（第 12 题）您觉得以上哪种类型的学生在学习汉语方面更有优势？请谈谈您的教学理念，说说您在教学中贯彻的原则和常用的激励、敦促学生的方法。

以本土华裔教师 Z 老师为例，第 11 题他选择的学生类型是 C 项，即介于"非常认真努力，但不够灵活"和"非常活跃聪明，但不够努力"之间的这类学生，他们的智力和毅力都正常且均衡。同时他还选择了 D 项，他的补充说明是："愿意教对中国有美好情感的。"对于第 12 题，Z 老师的回答是："不管哪类学生学习汉语都有优势，关键看怎么鼓励和促进他们学。我比较强调语文分离的教学法，语言和文字分开处理，以增进学生的学习成就感。通过鼓励学生参加 HSK 和各种汉语比赛来督促学生。"

Z 老师已经在德国生活了 15 年，在德国从事汉语教学已有 7 年，教学课时数超过 5000 课时，最多时每学期同时给 5 个班上汉语课，每个班学生人数在 20 人左右。Z 老师的教学是卓有成就的，他执教的伯乐文理中学是德国北威州汉语成绩最好的中学，该校的中学生合唱团曾为来访德国的彭丽媛女士演唱中文歌曲《茉莉花》，并得到高度赞誉。他的学生多次被选送参加世界中学生汉语桥大赛，今年的德国赛区冠军选手正是他的学生，即将代表德国中学生赴中国参加决赛。Z 老师的教学理念体现了他作为资深教师的自信："不管哪类学生学习汉语都有优势，关键看怎么鼓励和促进他们学。"Z 老师在平时的教学中充分发挥了自己既熟悉中国又了解德国的优势，他的汉语课没有固定教材，全部授课内容以自编为主。他以北威州汉语考试大纲为纲，对大纲进行充分研究，结合中国社会的热点话题，在大纲的基础上补充完善，围绕"生活""学习""娱乐"等考点，从网络、书刊、教材中选取合适的教学材料发给学生学习。他的学生不仅能学到汉语的语音、词汇、语法和汉字，而且能比较了解中国社会的最新热点问题，不但会说汉语，而且言之有物，而不仅仅是简单乏味的书本句型操练。对 Z 老师来说，教学不存在任何难度，他通过语文分离的技巧，能适度减轻学生的畏难情绪，增加成就感，通过这样的技巧，并配合各种比赛激励，让学生在竞争中以游戏的方式你追我赶，自然而然地提高汉语水平。Z 老师采用的教学技巧和教学理念符合他的教学对象（十来岁青少年）的心理，取得了良好的效果。

来自国内的外派教师 L 老师对 11 题的选择也是 C 项，她的理由是："我觉得 C 类型的学生比较有优势，因为他们既可以较快理解汉语这门全新的语言，自主发掘汉语与母语之间的相似之处，同时也能用功学习，巩固已有的知识。"关于教学原则，她提倡"少讲多练，口语为主"的原则，"因为学生学习汉语大多是兴趣导向（曾在中国工作等）或实用导向（与中国相关工作），对他们来说口语是最重要的。因为课堂时间有限，书写大部分时间是作为家庭作业的。"关于敦促学生学习的方式，她提出了两点："①巩固复习，灵活对话中学生发觉自己掌握了已学知识，会很受激励。②小考，比如 HSK1 模拟测试，通过后他们不仅对个人汉语水平有了大概了解，同时也知道自己几个月的汉语学习取得了一定成果，在接下来的学习中会更有信心。"L老师的教学原则是语言教学中通用的"精讲多练"原则，她认可考试对敦促学生学习的作用，并注意通过低难度的考试让学习者增强信心，也常用提问方式让学习者使用已学过的语言点，引起兴趣，增加成就感，调动学习者的积极性。L老师是刚入职一年的新手教师，入职前在德国做过半年的交换生，对德国社会和生活有一定的了解。她主要承担的课程有每周6课时的民众大学（社区夜校）汉语兴趣班，还有每周2课时的儿童汉语班。关于学习对象的年龄层次，L老师在调查问卷上幽默地描述为"约8岁至80岁"。面对来源复杂、水平参差、目的不一的教学对象，她遵循主流教学原则，精讲多练，以学生为中心，教师为主导，保持学习者的积极性，注意激发学习者的学习兴趣。在教材采用上，她最常使用的是《汉语会话301句》和《快乐汉语》，这两部教材都是德语版，和常见的英语版汉语教材相比，更适合面向德国普通民众和儿童的教学。除此以外，她还会补充使用部分自编教材。L老师也偏好教授智力和毅力均衡中等的学生，理由在于学习者能凭借智力自主发现汉语和德语的相通之处，同时也足够努力，能够自觉巩固所学知识。L老师的教学建立在学习者的配合程度上，这也是大多数儿童班和社区夜校班（老年人较多）的特点。相对于考试成绩，学习者更看重学习的过程，兴趣是他们报名学汉语的理由，也是教师激励他们学习的手段。L老师准确地掌握了学习者的心理，在教学中采取了合适的对策。L老师的班教学效果良好，学习者报名参加HSK1级考试的通过率较高，L老师也是孔子学院受学习者欢迎的教师之一。

（5）培训经历和培训需求

教师培训是促进教师专业发展的一种有效途径，是教师教育的一个重要内容，它与教师职前培养、入职教育一起构成完整的教师教育内容（朱旭东等，2013）。教师作为教学活动的实施者，其知识储量和教学技巧与学习者的学习效果直接相关。本土华裔教师 Z 老师，就读于德国某大学语言学专业，获硕士学位，还通过了德国的汉语和英语教学资格的国家二级考试。除了具有德国大学教育背景外，为获得德国认可的语言教学资格，也为提升个人专业水平，Z 老师还参加了 6 次培训，其中中国大陆举办的培训 1 次，为期 7 天，其他培训 5 次，长达 4 年。在问卷调查中，Z 老师对海外举办的 5 次培训给出的评价如下：

① "2011 年牛津大学的培训，时间为一周，略有心得。"

② "2012—2014 年法兰克福孔院的证书培训，时间为两年，九个模块中有四五个非常有意思，能学到东西，但是针对性不强，无法在实际教学中运用，而且不只针对中学，基本上是语言学理论，理论比实际多得多，不具备操作性。"

③ "2015—2016 年北威州教育局国家考试中心的培训，略有心得，非常适合北威州的中学汉语教育，但是也只适合北威州教育局要求的中学汉语教育，除此之外，一无是处，反正学生按这个汉语教学方法学完以后什么也不会。"

④ "2015 年台湾师范大学的培训，两周，一线老师的课非常有启发，值得推荐。其他文化课程马马虎虎。"

对于中国大陆培训，他的评价是"浪费时间"。谈到是否希望孔子学院帮助本土汉语教师进行培训，他的看法是："如果有好的主题和老师的话，开展培训会非常有益。可以请中国大陆的一线教师或者对外汉语的专家教授讲教学法或语言理论。德国大专院校或中学里的中文教师就不用请来讲课了。"

调查问卷第 21 题如下：

作为一名汉语教师，您会采取何种方式提升专业技能？请选择，可多选，请按常用程度排列（   ）

A. 教学相长，在实践中提升

B. 阅读专业书籍文献等

C. 和其他教师交流，互相学习

D. 参加学术会议，培训

E. 其他，请写出＿＿＿＿＿＿＿＿＿＿

Z 老师的选择依次是 A、B、C。他认可的专业发展方式主要来源于个人的教学实践、个人自主学习，较少来源于和同行的交流，他完全放弃了培训模式。

国内外派教师 L 老师是武汉大学德语系毕业的本科生，读大学期间曾在德国斯图加特大学作为交换生学习过 6 个月。她通过国家汉办的志愿者资格考试，被外派到德国鲁尔市孔子学院担任志愿者老师。她一共参加了 3 次培训，其中国内培训 1 次，是为期 35 天的志愿者行前培训，内容为"汉语语音、汉字、词、语法讲解，课堂活动讲解，教材编写，赴任国家国情介绍，HSK 介绍及考官证考核，教师礼仪培训，才艺学习（书法、剪纸、中国结，太极拳），反恐训练，急救训练等"。她对这次培训的评价是："很有帮助，经过培训我对对外汉语教学有了初步了解，培训内容在接下来的教学中给了我很大帮助。"另外，她还参加了 2 次国外培训，培训评价具体如下。

①"特里尔大学孔子学院教师培训，提供方：特里尔大学孔子学院。培训内容：商务汉语教学，孔子学院经营方式，教学法，课堂活动等。培训效果：较有帮助。对孔子学院的运作模式有了更深的认识，初步了解商务汉语教学。"

②"德语区志愿者岗中培训，提供方：国家汉办/慕尼黑孔子学院培训内容：儿童汉语教学，语法、语音等教学，课堂活动，生活难题等。培训效果：很有帮助，尤其是儿童汉语教学中各种游戏、教学法的介绍为接下来的儿童班教学提供了极大帮助。"

对于是否希望孔院为教师提供培训的问题，L 老师做了肯定的回答，她希望孔院以讲座的方式介绍课堂活动，分享教学资源。

三、结语

以上分析显示，本土华裔教师群体和外派教师群体之间存在的差异主要是由教学对象和教学目标的差异造成的。本土华裔教师群体就职于德国教育系统，面对在校学生，遵循所在州的考试大纲，培养学习者不断提高汉语水平，通过毕业考试。根据德国相关法律规定，只有通过极其严格的国家考试和长时间的实习才能取得教师资格，因而该教师群体具有扎实的学术背景和丰富的教学经验，熟悉所在州的汉语考试，善于帮助学习者提高考试成绩。该群体受地域限制，对国内汉语教学趋势和教学资源的了解和掌握相对滞后，如果想要满足学习者超出考试范围之外的学习需求，需要更多的外部支持。国内外派教师群体要面向德国各年龄、各阶层的民众宣传中华文化，为了更好地和民众交流，经选拔到任的教师往往具有如下特点：德语流利，一般有德语系教育经历，年轻、善交流，会中华才艺。受年龄限制，该教师群体虽然并不普遍具备丰富的教学经验，但教学手段多样，并且有来自孔子学院的丰富资源支持，善于根据学习者需求灵活采用教学方式，因此广受德国民众欢迎。针对教学经验不足的弱项，该教师群体内部交流频繁，对教学法和语言理论的讨论是群成员普遍关心的问题。

孔子学院作为汉语国际推广的教育性机构，培训汉语教师、提供汉语教学资源是其服务内容之一。对本土华裔教师群体，孔子学院可从两方面提供帮助。其一，资源：丰富的汉语教育资源，包括网络资源、最新教材、各类书籍和教具、考试和竞赛信息。其二，培训：国内汉语国际教育专家和一线教师的讲座和培训。对国内外派教师群体，孔子学院除继续提供丰富的教学资源外，还可侧重于同伴式发展，采用老带新、听课评课等方式帮助新手教师，并开展以教学法和教学技巧为内容的培训。

◎ 参考文献

[1] 董金伟 . 促进大学英语教师专业发展的学习策略——以 G 大学为例的实证研究 ［J］. 外语教学理论与实践，2012（2）.

[2] 夏纪梅 . 大学英语教师的外语教育观念、知识、能力、科研现状与进修情况调查结果报告 ［J］. 外语界，2002（5）.

[3] 李洁 . 大学英语教师个人特征对知识、技能和能力的影响研究 ［J］. 外语界，2006（4）.

[4] 肖丽萍 . 国内外教师专业发展研究述评 ［J］. 中国教育学刊，2002（5）.

[5] 陆道坤 . 斯坦福大学教师专业发展研究与启示 ［J］. 中国高教研究，2014（3）.

[6] 赵金铭 . 汉语作为第二语言教学：理念与模式 ［J］. 世界汉语教学，2008（1）.

[7] 朱旭东，宋萑 . 论教师培训的核心要素 ［J］. 教师教育研究，2013（3）.

国外高校科学道德与
学术诚信监管体系研究

王 丹

武汉大学党委研究生工作部

2017 年 4 月 20 日，世界最大学术出版机构之一的斯普林格（Springer）出版社发表撤稿声明，旗下期刊《肿瘤生物学》宣布撤回 107 篇发表于 2012 年至 2015 年的论文，原因是同行评议造假。2015 年 3 月，英国现代生物出版集团撤销 43 篇论文，其中 41 篇来自中国作者；同年 8 月，斯普林格出版社撤回旗下 10 个学术期刊的 64 篇论文，全部来自中国作者。撤稿的原因均是这些论文在"同行评审"过程中造假，论文作者中有相当一部分是在校研究生。2018 年 10 月，《科学》杂志对历史上的撤稿事件进行了史无前例的深度分析，排行榜上中国排在第七位，撤稿率达到万分之五。2014 年，美国厚仁教育研究中心从接触到的 515 例被开除的中国留美学生案例中，抽取了 492 个有效样本进行研究分析，发布了《留美大陆学生现状白皮书》。调查显示，学术不诚实是中国留学生被美国学校开除的一大肇因：许多中国留学生未意识到美国学校与社会对诚信的重视度，超过 20% 的中国留学生因抄袭、考试作弊或协同作弊、代考、成绩造假等原因被开除；在成绩优良的被开除中国学生中，近八成是因为在学术研究过程中存在不端行为。

这些数据警醒我们：中美两国高校对科学道德与学术诚信的监管评价体系存在较大区别，中国高校加强科学道德与学术诚信的监管评价工作刻不容缓。

经过比较研究，我们认为以美国为首的国外高校在科学道德与学术诚信监管体系方面有以下几个特点。

一、建章立制，做好学术规范建设的基础性工作

1. 建立以荣誉制度为核心的学术诚信教育制度

早在 1779 年，美国高校就开始建立并执行以荣誉制度为核心的学术诚信教育制度。顾名思义，荣誉制度是一种通过学生宣誓和承诺保证本人在学习、考试以及学术活动中不说谎、不作弊、不造假、不剽窃的制度，其表现形式主要为无人监考、签署诚信声明、学术诚信周活动等。荣誉制度体现了对学生人格的尊重及对其能力的信任，有助于激发学生的自信心与荣誉感，达到遵守学术诚信、尊重科学道德的效果。

2. 加强学术规范的标准化建设，完善学术研究具体规则

在美国文科学术出版领域中，引领学术论著和文章体例潮流的"三巨头"分别是《美国心理协会写作手册》《MLA 文体手册和出版指南》及《芝加哥手册——写作、编辑和出版指南》。

作为社会科学学术论文的基本规范和国际社会科学最流行的论文写作格式，《美国心理协会写作手册》深刻地影响着来自世界各地的心理学、教育学以及其他社会科学学者。《MLA 文体手册和出版指南》是由美国现代语言协会（MLA）为出版学术论著和学术性期刊文章而特别推荐的文体格式，其对各种文体如何引用及文献资料如何注释都做出了详细的规定，历来为专业学术期刊、学校、大学院系和学者们广泛采用。《芝加哥手册——写作、编辑和出版指南》几乎囊括了学术写作和编辑所涉及的各个细节，是美国各出版社和学术杂志对稿件要求的最常用的标准。

以上三部手册在引文的合法性上，强调作者本人的观点与引用他人的观点严格区分，做到"无一字无出处"；在注释的规范性上，要求作者做到与标准毫厘不差，以维护学术道德与学术诚信至高无上的地位。

3. 建立公开、公正的学术违规处理制度

美国高校坚持对学术不端予以严厉打击，对学生的学术不端行为秉持公开、公正的原则，遵循通知、调查、听证、裁决的程序有条不紊地进行，根据违规程度的不同对应裁定不同的处罚，保证了处罚的严肃性和公正性。

4. 多方参与的学术诚信保障制度

在国外，相应的政府部门或学术机构会通过设立相关管理单位，以保障学术诚信和规范学术行为：美国、丹麦、挪威和波兰政府成立了专门的官方管理机构。如美国的研究诚信办公室和独立于联邦政府机构的监察长办公室（OIG），受理关于科学研究不端行为的投诉和举报，并开展专业的科学调查来确保科研诚信；澳大利亚、德国、加拿大、芬兰、英国、日本和韩国则由学术机构或基金会设立相应的管理单位；瑞典在政府中成立了常设机构，专门处理学术造假事件；法国虽无统一的官方机构，但于国家科研中心下设科学伦理委员会，在国家健康与医学研究所下设科学廉洁委员会。以上机构都有较为健全的监督组织机构、高效的监督机制与规范独立的运作程序，能在调查处理过程中保持中立透明，从而更有效地遏制和防范学术不端行为的发生。

此外，由政府部门或相应的学术机构出台政策或指南，也是国外较为通行的学术诚信机制建设措施。

1997 年，丹麦出台了《研究政策建议法案》，并于 2003 年在此基础上正式颁布了《研究咨询系统法案》，作为国家处理学术不端行为的最高准则。

2000 年，德国马普学会在《关于处理涉嫌学术不诚信的规定》中为处理学术失范问题作出了明确的规定。

2000 年，美国政府正式发布了《关于不正当研究行为的联邦政策》，该政策在美国的学术规范建设方面具有重要地位及影响力，对"不正当研究行为"进行了严格的定义，要求联邦机构和研究机构对研究过程共同承担责任，并对联邦机构关于学术不端处理的行政行为作了明确解说。

2010 年，美国白宫科技政策办公室（OSTP）发布了《关于联邦机构如何制定科研诚信政策的高级指南》，强调加强政府研究的事实可信度和认知可信度，要求促进符合隐私权和分级标准的科技信息的自由流动，并确定将科技信息向公众发布的原则。《指南》还呼吁建立提升和促进科学家与工程师管理的专业发展政策。

2006 年，日本文部科学省新设不良研究行为特别委员会，并于当年通过互联网向社会公布《关于制定研究活动不良行为的处理指针报告书（征求意见版）》。《报告书》明确了"关于研究活动不良行为的基本认识"和"对于使用竞争性资金开展的研究活动中的不良行为的处理指针"，成为日本文部科学省制定《关于处理不良研究行为的指针》的重要参考。

2007 年，由澳大利亚国家卫生与医学研究会、澳大利亚研究理事会及大学联盟共同制定的《负责任的研究行为准则》正式颁布实行。作为澳大利亚学界科研行为的基本指导方针，该准则的制定是为了在科研人员（包括高等学位研究生）、高校和公共研究机构中促进科研诚信和负责任的研究行为。

除政府和科研单位以外，国外高校也纷纷设立专门机构保障诚信制度的实行，如杜克大学的学术委员会，华盛顿大学的学术诚信委员会，俄亥俄州立大学学术规范委员会等，这些机构主要负责监督学生遵守学术诚信守则情况，受理并查处学生学术不端行为的案件。

二、注重发挥学生主体作用，促使学生在自我管理中自觉树立诚信意识

美国社会强调一个理念：信誉重于财富。美国的家庭教育与学校教育都十分注意对孩子诚信品质的培养：在家庭教育和幼儿园教育中，家长和老师都会通过各种故事、寓言引导孩子们树立诚信意识；在中学的德育课程中，诚信教育也占较大比重。

到了大学阶段，美国高校更加注重学生主观能动性的发挥，强调通过学生的自我教育、自我管理和自我服务等形式，达到尊重科学道德、遵守学术规范的教育目的：以校园文化活动的形式在校园里内营造尊重学术道德的氛围，如宾夕法尼亚大学每年开展"学术诚信周"活动，通过传单、标语及布告栏等形式宣传学术诚信；佛罗里达州立大学开设了一门跨学科的"科学、技术与社会"课程，将科研不端行为、科学家的责任、科学伦理道德等问题置于科学、技术发展的历史背景之中，邀请嘉宾进行演讲，提倡以小组讨论、案例分析的形式，充分调动学生思考与讨论的积极性，让学生了解科学的本质、重要性及其对社会的影响，加深学生对学术诚信的认知。

另外，在违反学术诚信的案件处理过程中，国外高校也提供机会，让学生参与案件的调查听证，如俄亥俄州立大学成立了下属于校学术事务办公室的学术规范委员会，由教职员、研究生和本科生共同组成，鼓励学生参与到对于学术不端行为的处理中，从另外一个层面促进了学生主体作用的发挥。

三、以预防为主的科学道德与学术诚信监管体系

虽然国外高校都建立了较完备和严厉的科学道德与学术诚信监管评价体系，但体系的建立是出于教育和引导学生、尊崇科学、严守道德底

线，并非以惩罚为最终目的。相比之下，国外高校更注重对学生的教育，以防治为主，防止学生违规。

一些国外学校会给入学新生发放学习和生活手册，其中有关于学术规范教育的相关内容，如哈佛大学每一位学生入学时都会拿到一本《哈佛学习生活指南》。该指南明确写道："独立思想是美国学界的最高价值。美国高等教育体系以最严肃的态度反对把他人的著作或者观点化为己有，即所谓剽窃。每一个这样做的学生都将受到严厉的惩罚，直至被从大学驱逐出去。""当你在准备任何类型的学术论文——包括口头发言稿、平时作业、考试论文等时，你必须明确地指出：你文章中有哪些观点是从别人的著作或任何形式的文字材料上移入或借鉴而来的。"

一些国家还会采用先进手段，防止学生在发表研究成果时做出违规行为。英国伦敦大学皇家霍洛威学院有一个"电子扫描"系统，拥有储量惊人的数据检索库，专为防止学术剽窃而设。学生在提交正式的论文稿件之前，导师会先将学生的论文在"电子扫描"系统中进行扫描，以检查学生是否有学术不端行为。

美国的一些高校在研究生入学时，会由导师负责与新生进行学术规范方面的交流，告知其相关规定及正当使用他人成果的方法，并给予其一些学习材料。有的导师甚至要求学生用整个学制来仔细研读学校关于学术规范的有关条例，以防出现学术违规行为。可以说，有效运用导师对学生的特殊影响力，对研究生学术规范教育工作十分有利。

◎ **参考文献**

[1] 赵果．大学生学术诚信建设的中外比较及其伦理反思 [J]．创新创业教育，2014（6）．

[2] 张效英，李强，姚跃传，陈卫平．防范科研不端行为的制度借鉴与比较 [J]．合肥工业大学学报（社会科学版），2011（6）．

[3] 马紫威，孙德昊．国际视阈下高校学生学术诚信教育的载体研究 [J]．前沿，2014（9）．

［4］ 冯颜利，崔延强．国外大学生的诚信教育及其启示 ［J］．西南大学
学报（社会科学版），2008（4）．

［5］ 董建龙．国外加强科研诚信建设的举措及其启示 ［J］．中国科技产
业，2008（8）．

［6］ 孟伟．西方发达国家如何应对科研不端行为 ［J］．科技导报，2006
（8）．

基于学业困难群体的海内外
高校帮扶体系对比研究

——以武汉大学和澳大利亚高校为例

刘思维

武汉大学新闻与传播学院

教育是民族振兴、社会进步的重要基石，是功在当代、利在千秋的德政工程，对提高人民综合素质、促进人的全面发展、增强中华民族创新创造活力、实现中华民族伟大复兴具有决定性意义。习近平总书记在全国教育大会上提出明确要求，要加快推进教育现代化、建设教育强国、办好人民满意的教育。作为肩负未来人才资源培养重任的高等院校，更要把学习贯彻习近平总书记关于教育的重要讲话精神融入到学校人才培养、综合改革等工作中，贯彻落实好立德树人的根本任务，着力构建高水平的人才培养体系。

高校学生的学业成绩，是衡量一个学生综合素质的重要指标，也是一个学校办学质量的直接体现。近年来，高校中学业困难群体现象越来越突出，越来越多的学生被学业问题所困扰，产生各种不稳定情绪，甚至带来严重的社会问题。帮助学业困难群体尽快适应大学生活，克服学习过程中遇到的困难，顺利完成学业，是高校教育工作者的责任所在。对比海内外高校对学业困难群体的相应帮扶措施，借鉴先进的教育经验，从而进一步完善自身的学业帮扶体系的任务已迫在眉睫。

一、造成学业困难群体出现的影响因素

1. 未适应学习环境的转变

大学二年级是大学中的重要时期，学生的生活和学习都逐渐步入正轨，也是为以后大学生涯规划乃至人生规划奠定基础的时期。然而许多学生的学业问题会在大二阶段逐渐显现，这正是大一阶段从高中生到大学生的角色转换出现问题的延迟反应。大一阶段的适应不良，必然会引起一系列连锁反应，相当一部分的学生从高中进入大学后，没有及时调整心态、转换角色，适应大学的新环境、新要求、新任务，疏于自我管理，没有找到正确的努力方向，学业自然荒废。

这部分学生一方面可能在心理上较为脆弱，意志力相对薄弱，没有强大的自律和自学能力。在缺乏约束和无人看管的情况下，容易出现放松懒散的状态，可能造成不思进取、不学无术的心态或状态。另一方面，面对新环境、学业、恋爱、人际交往等方面的挫败感没有进行及时的心理疏导和调试，更容易带来生活和心理上的消极心态。例如有些人上网成瘾，对学习提不起丝毫兴趣，更毫不在意学习成绩和他人看法；放任自己让生活习惯变差，熬夜晚睡，导致上课没精神；逃课、缺课现象越来越频繁，且上课学习效果较差。这种现实与想象中的大学生活差距越来越大，学生的心理落差也逐渐增大，学业问题及由此导致的心理方面的问题也随之而来。

2. 未找到明确的学习目标及高效的学习方法

许多学生高中唯一的目标是考上大学，考上大学之后却失去了明确的学习目标，由此产生懈怠心理，影响学业成绩；再加上自我管理能力不强，生活缺乏规划，未过渡到大学学习模式，学习动力不足，状态懒散。

一部分学生进入大学后没有找到适合自己的学习方法，习惯于外力的约束下的"要我学"模式，而非内在的"我要学"，一味沿袭高中的学习方法却行之不通，导致学习效率低下；学习和其他方面的时间分配不合理，或因兼职、学生工作、社团活动或交际娱乐耽误了过多时间，较大程度地影响了自己的学习。

3. 未找到兴趣所在和进行合适的专业规划

在应试教育体制下，为进入自己理想的高校，大多考生过多地埋头学习，而没有关注了解自己心仪的学科和专业。因此多数考生选择服从专业调剂，进入自己的理想学校却对于录取的专业一无所知。在一段时间的学习后，可能会发现自己并不喜欢志愿专业或对其缺乏足够的学习兴趣。这就导致了学生本身越来越对专业的学习产生抵触心理，缺乏学习的驱动力；加之对专业内容、发展前景的不了解，导致学生更加迷茫，造成荒废学业的严重后果。

另一方面，已经出现学业困难的学生，自控能力也不够强大，在可以自由支配的时间中没有一个及时合理的学业计划，更不了解自己的专业培养方案，导致课程、学分问题频出，学业上的问题积羽沉舟，最终难以毕业。

二、国内高校对于学业困难群体的帮扶现状

全民教育的推进，一方面对于提升国民整体素质有着巨大的贡献，另一方面也间接导致现阶段各高校的生源质量普遍有所下降。而学业方面的压力，仍然是大部分高校学生压力中最大的一部分。如何帮助学业困难群体预防、减少和克服学业完成过程中的种种难题，提升他们的自主学习能力和自我管理意识，是所有高校及教育工作者需要思考和解决的问题。

以笔者所在的武汉大学为例，主要通过以下几种方式对学业困难学

生进行学业帮扶：

1. 建立三级学业预警机制

本科生学业预警机制，即对学生每学期的学习情况进行分析，对可能或已发生学习问题、完成学业困难的学生进行警示，并针对性地采取补救和帮扶措施，以帮助学生顺利完成学业。

学业预警分为三级，根据学生每学期的课程成绩和学分缺失的问题程度，预警程度相应地由低到高。达到一级预警，班级导师或学生辅导员将与被预警学生进行一对一谈话；达到二级预警，学生所在院系将与家长进行沟通；达到三级预警，将约家长面谈，让他们了解学生的在校学习情况，与学校共同参与教育。

学生在警示期里，若按所修专业、所在年级的正常教学进度完成课程学习并达到一定标准，可解除"黄牌"警告。如果经过预警教育，学生仍不能按正常教学进度完成学习任务，将予以退学处理。

学业预警的办法也存在一定的弊端，即只能在学业问题暴露出来之后再进行滞后干预，缺乏及时性、预见性，其取得的最终效果也较为有限。

2. 实行较为温和的朋辈辅导

朋辈教育，是指教育者有目的、有计划地组织大学生发挥伙伴作用，相互传授学习、工作、生活等方面的经验，进行思想的沟通，引导伙伴给对方鼓励和学习上的帮助，让彼此充分体验身边伙伴的关爱，借以见贤思齐、激发上进，实现互相促进、优势互补、共同成长的教育方式。

朋辈辅导是一项行之有效的学业帮扶措施。很多学业困难的学生出于对自身的保护或者观念模糊等原因，对于辅导员或者其他老师的教诲和帮助并不十分信任，也容易产生排斥、抵触等情绪。除此之外，辅导员和其他老师的日常工作繁忙，可能没有充分的时间关注到每一位同学或发现每一位同学存在的问题。但是这些学业困难的学生对于同龄人却容易产生信任感和亲切感，尤其是同班、同专业中一起学习和生活的同学。通过年龄相仿的同学或学长、学姐针对这些学生的具体情况来进行学业帮扶，较容易结成朋友一样的亲切关系，也能够提供更加个性化、定制化的指导服务，其产生的帮扶效果比辅导员或其他老师帮扶会更直接有效。

3. 开展"烛光导航"工程

武汉大学于 2012 年 4 月在全校范围内正式启动"烛光导航"工程。该计划旨在强化教师对学生的全程指导，以便发挥教师的经验优势和专业优势，动员教师尤其是优秀专业教师一对一指导帮扶学生，全面深入地了解学生的个性、志趣和特长，有针对性地对学生的专业学习、科研能力、思想道德、人生规划以及心理等方面进行引导，以帮助解决学生发展中的实际困难、思想困惑和具体问题，形成对辅导员、班主任工作的有益补充，进一步健全教师联系学生、关爱学生、培育学生的长效机制。

不同于学业预警和朋辈辅导，"烛光导航"工程始于学习的最前端，能够从学生进校之初便及时给予学业个性化指导。"烛光导航"工程相较而言更加具有预见性、及时性，能够主动发现问题、解决问题，将问题扼杀于萌芽状态。

三、海外高校的学业困难群体帮扶方法

相较国内高校，海外高校的 Support Services（帮扶体系）更为全面，覆盖大学生活的各方面。在学生的未来工作规划方面，专业的职业服务可以帮助学生更加合理地规划职业生涯；在健康或心理健康服务方面，医疗保健专业人员随时待命；从托儿服务到残疾人支持，强大便利的支持系统，大大提升了高校学生大学生活的舒适度和满意度。而学业

帮扶体系，更是整个 Support Services 的重要组成部分。

以澳大利亚为例，大多数校区都有独立的 Student Central（学生中心）为本地学生和国际学生提供有的放矢的服务。在学业帮扶方面，澳大利亚的高校更注重学生学习技能的提升和棘手课业的完成，学生学习的每个方面都能得到在线资源和学习平台、学生导师，以及教职员工的帮助，而不仅仅是事后的弥补和督促。

1. 建立学生互助小组，双向解决学业难题

澳大利亚的学业帮扶体系非常强调学生之间的互助。学生一旦出现学业上的问题，大多会主动寻求帮助，在高年级或者同年级的学生中可以得到合适的写作导师（writing mentors）、数学导师（maths mentors）以及专业教师（faculty mentors）的帮助，导师会协助学生完成学习计划、课题研究甚至论文撰写，在这个过程中，能够有效帮助学生提升时间管理和专业学习等技能。

当学生遇到较为复杂的学业问题时，可以寻求曾经遇到过类似问题并成功解决的个人或者团队的帮助，组成学习小组，或者申请在线帮助。

2. "Leader Program"（领导者计划）志愿服务帮扶

这是一项由学生会发起的、针对新生的志愿服务，通过领导（leaders）或者教练（coaches）在学生入学期间推荐一些有意义的活动，协助他们使用学校的各项资源，包括线上资源，为自己的学习服务，从而帮助学生完成从高中到大学的过渡。

由于澳大利亚高校有大量的国际学生，他们也会专门提供语言方面的帮助。学校的顾问和各种学习资源，可以帮助学生提高学术写作和学习技巧，也可以为学生的课业研究、作业和学习实践提供指导。

此外，部分高校还提供在线英语测验，以帮助学生确定哪种英语语言和沟通技巧课程、服务对自己最有帮助，并为学生提供一系列的语言

提升计划。

3. 实施定制化、个性化帮扶举措

澳大利亚的学院和大学在学生研究的各个阶段不断提供定制的学术帮助，无论是笔记技巧、学术参考、考试准备、报告和论文等宏观技能，还是如何完成良好的口头报告、如何参与团队合作、如何批判性思考和提出关键问题，甚至如何申请更高的就读学位等细节技巧，等等，在学校都会有大量的详细的指南，随时为学生服务。

通过比较，我们可以看出国内大学学业援助措施的最终目标是使学生顺利完成学业。这些措施中的大多数都是事后干预，不仅有迟滞性，而且忽视了学生学习技能方面的教学培养。而在澳大利亚的各个学院和大学，却鼓励学生发挥自己的主观能动性。在此过程中，学校也更加注重学生学习技能和生活技能的提高，并将学业援助扩展到大学生活的各个方面。这是一种更加立体化、更有效的学业困难群体支持方式，值得我们思考和学习。

◎ 参考文献

［1］习近平. 把思想政治工作贯穿教育教学全过程 开创我国高等教育事业发展新局面［N］. 人民日报，2016-12-09.

［2］王少博，王建强. 学业预警与学业帮扶相结合的学业提升机制探究［J］. 课程教育研究，2017（50）.

［3］徐墨瑄. 高校学生学业帮扶机制的建立［J］. 教育论坛，2016（3）.

［4］周伟辉，江全元. 高校学业困难生预警与帮扶体系的构建与实践［J］. 高教论坛，2013（11）.

［5］舒春玲. 大学生学业预警机制的探索与实践［J］. 淮阴师范学院学报（自然科学版），2016（12）.

中澳高校国际学生就业服务对比研究

吴蓉芳

武汉大学学生就业指导与服务中心

随着中国在国际上的影响力越来越大，不管是我国出国留学生数量还是来华留学生数量，都呈现高速增长的趋势，据《中国留学发展报告（2017）》，2016 年中国出国留学生数量达 54.45 万，连续保持全球第一，同时我国接收来华留学生数量达到 44.3 万，较 2015 年增长11.3%。与此同时，随着"一带一路"沿线项目的不断发展，"一带一路"沿线国家来中国留学的人数还将有较大增长。①

随着越来越多的中国大企业走向国际市场，为更好地在业务拓展所在国发展业务，他们越来越倾向于招聘在中国留学的业务拓展所在国的留学生，然而受限于相关政策，这些企业无法在国内高校开展专门面向国际留学生的招聘活动，如果要聘用优秀留学生在国内就业，也面临着各项困难。而且目前国内高校开展的就业服务基本上是针对国内学生的，专门针对国际学生的就业服务体系尚未形成，少部分高校会针对国际学生开展一定的就业服务和就业指导，但很少有提供该项服务的专职人员。

"双一流"高校建设必然要求与国际接轨，随着越来越多的留学生来华留学，也必然要求针对留学生的服务全面跟上，就业服务是其中的一项重要内容，跟国际知名高校相比，国内大部分高校这方面的服务还

---

① 王辉耀. 中国留学发展报告［M］. 北京：社会科学文献出版社，2017.

不完善，应将其作为今后发展的方向之一。

一、研究现状

国内已有部分学者对国际学生就业服务进行了研究，一方面对比分析了国际上国际学生就业服务做得比较好的几个国家的特点，另一方面也对国内的现状进行了分析。

在国际学生就业服务国际经验方面，国内部分学者从生涯辅导、服务机构、服务形式以及就业政策等方面进行了对比分析。陈鹏（2010）分析了美、加、澳三国大学生生涯辅导的实践，发现都很重视学生就业服务且已基本形成了一套制度体系，并取得了一定成效，具有早期性、全面性、网络化、协同性和个性化等共同点。① 施晓轩（2012）进行了大学生就业服务机构的比较研究，其中特别提到澳大利亚采用的是政府服务外包的形式。② 高德敬（2014）对澳中高校毕业生就业工作进行了比较，发现澳大利亚高校就业指导服务工作广泛而深入。特别是他们专门针对国际学生提供成体系的服务，留学生从入学第一年起就可以通过职业中心了解国际招聘单位的聘用信息，同时职业中心也指导留学生在学习期间如何找兼职和义务工作，如何有效地准备工作申请，如何进行面试准备。专门面向留学生的具体服务形式有：举办职业规划或其他主题的讲习班或研讨会，开办讲座阐释获得国际性工作与实习机会的要求，举办国际招聘会以吸引留学生回国效力，以及提供一些与留学生有关的信息资源，如《留学生归国——有用网站指导（覆盖 13 个国家）》等。③ 李秀珍和孙钰（2015）分析了外国留学生就业政策的国

① 陈鹏 . 美、加、澳三国大学生生涯辅导的实践及对我国的启示 [D]. 湖南师范大学，2010.

② 施晓轩 . 大学生就业服务机构的比较研究 [D]. 浙江师范大学，2012.

③ 高德敬 . 澳中高校毕业生就业工作的比较与借鉴 [J]. 山东人力资源和社会保障，2014（Z1）：50-53.

际经验，美国、日本、韩国等国家都非常重视国际留学生的留才和引才工作。①

国内关于国际学生的就业服务方面，部分学者则对就业影响因素、就业指导服务和就业信息获取等方面进行了研究。李秀珍（2013）研究了来华留学生就业流向的影响因素，发现对未来发展的期待和自我价值实现的需求是主要因素。② 王勇、林小英等（2014）调研了北京大学来华留学毕业生，发现学校的就业指导服务没有大规模地向留学生敞开，且没有形成体系。③ 李锋亮（2015）等在对韩国留学生实习与就业的实证研究中，发现国内高校开展的实习招聘会或发布的招聘信息都是针对本国学生的，很多外国留学生获取不到这样的实习信息或者招聘渠道④。宋阳君（2018）研究了泰国留华学生就业影响因素，发现泰国来华留学生职业生涯规划教育不完整，就业服务体系不健全，且用人单位招聘泰国来华留学生经验不充足。⑤

二、中澳高校国际学生就业服务体系分析

澳洲部分高校国际学生就业服务形式多样，现作简单介绍。

1. 迪肯大学为国际学生提供的就业服务

迪肯大学为在校生提供了包括职业生涯辅导、工作坊、简历和职位

① 李秀珍，孙钰. 外国留学生在华就业政策改善方案［J］. 洛阳师范学院学报，2015，34（1）：125-128.
② 李秀珍，马万华. 来华留学生就业流向的影响因素研究——基于推拉理论的分析视角［J］. 教育学术月刊，2013（1）：36-39.
③ 王勇，林小英，周静，吴霞，赖琳娟. 来华留学生教育管理工作满意度：构成、贡献与策略——基于北京大学来华留学毕业生样本的调查分析［J］. 教育学术月刊，2014（2）：40-48.
④ 李锋亮，向辉. 对韩国留学生实习与就业的实证研究［J］. 高等工程教育研究，2015（4）：179-182.
⑤ 宋阳君. 泰国留华学生就业影响因素研究［D］. 广西大学，2018.

申请指导、雇主参与的职业事件、校内的实习项目、国际学生的职业发展项目、全球工作和实习公告项目等。

迪肯大学专门为国际学生提供了丰富的就业服务，包括行前会议、国际学生交流会以及专门的 DISC 工作坊，具体如表 1 所示。

表 1　　　　迪肯大学为国际学生提供的就业服务项目①

服务项目		时间	目标群体	关键主题	结果预期
行前会议		每学期	为国际学生提供就业服务的专业人员	项目促成	资源积累、项目促成
国际学生交流会		每学期	针对比较被动不愿交流的国际学生	学生注册，发邮件，提供就业相关资源的链接，并提供交流场所和机会	资源积累、交流沟通
DISC 工作坊	DISC101：开始了解澳大利亚的工作场所和工作环境	每学期	大一新生，第一学期	就业现实，工作场所的文化等	简历以及职位申请工作坊、简历制作指导
	DISC201：建构你的经历和经验		大一新生，第二学期	个人经历为什么这么重要以及如何打造，沟通交流，网络档案，学生个人故事等	"第一步"工作坊、简历制作指导
	DISC301：尽早毕业		12 个月内毕业的学生	21 世纪的职业、拓宽视野、工作搜寻、沟通交流、学生个人故事等	"迎接最后一年"工作坊、毕业生工作搜寻项目
	DISC401：海外工作搜寻		12 个月内毕业的学生	评估就业市场、自我营销、建立联系、沟通交流、学生个人故事等	毕业生工作搜寻项目、全球工作岗位平台

---

① 资料来源为笔者整理而成。

2. 莫纳什大学为国际学生提供的就业服务

莫纳什大学就业服务宗旨是为学生提供机会建构他们的工作搜寻技能，从而促进他们从学校到职场的转变适应。莫纳什大学的就业服务集中在分享信息和工具，从而让学生能够在工作的世界里航行并最大化他们的职业能力。除了就业课程以外，莫纳什大学还为所有学生提供非常多的学校特色职业指导活动，而且莫纳什大学的就业服务是对所有学生开放的，不对国际学生进行区分。具体如表2所示。

表2　　　　　莫纳什大学为国际学生提供的就业服务项目①

服务项目		内容清单	服务形式	服务人员要求
求职技巧系列工作坊		1. 简历　2. 求职信　3. 职业定位　4. 就业技能　5. 面试技巧　6. 领英档案	面对面指导	职业指导专业教师
就业能力工作坊		1. 最大化领英　2. MOCK 毕业生评价中心　3. 在澳大利亚工作　4. 了解在澳大利亚工作的权利	面对面，在线	邀请雇主提供校招时所看重的能力和经验信息。
职业成功教练工作坊	职业对话	1. 我不知道做什么，从哪儿开始？　2. 国际学生有哪些职业选择？　3. 成功进入××行业需要知道哪些信息？　4. ××专业有哪些职业选择？	小组对话形式，4~6人，涵盖了通用和特殊的话题	聘用有相关行业工作经验的教练组织职业成功谈话和职业成功工作坊
	工作坊	1. 在中国、印度、英国、加拿大等地获得一份工作　2. 回到中国以及就业市场导航　3. 文化战略发展和招聘　4. 区域劳动力市场数据库　5. 成长型产业和毕业生就业洞察力	小组形式，16~20人左右，涵盖学生全球工作需要知道的信息	同上

① 资料来源为笔者整理而成。

续表

服务项目	内容清单	服务形式	服务人员要求
其他工作坊	雇主看重的技能等多项	小组形式	职业指导专业教师
学生未来技能地图	针对每一项能力进行说明和开展活动	对技能进行定义、探讨提升途径等	同上
毕业路径	每一个学生都可查询自己的毕业路径	在线查询、随时变化与跟进	同上
领导力培养	主题模块式：创造力和创新、项目管理、目标达成、高效团队、个人品牌等。	小组形式、工作坊、实习活动等	同上
数据资源	职业相关各个方面	在线	

3. 墨尔本大学为国际学生提供的就业服务

墨尔本大学本着全球化、自动化、整合新兴技术的理念构建就业服务体系，特别注重学生能力素质的培养，学校每年会调研和搜集不同雇主对学生就业技能和特质的需求，包括 AAGE（Australian Association Graduate Employees）的调研数据、国际知名企业需求的技能和特质、招聘广告中需要的技能和特质等，并在此基础上为学生提供各项资源，帮助学生提升各方面的技能。

墨尔本大学职业发展中心提供的各项就业服务，国际学生都可以享受，并没有做太多区分。涉及的项目如表 3 所示。

表3　　　　　墨尔本大学为国际学生提供的就业服务项目①

项 目 名 称	项 目 内 容
帮助学生提升可迁移技能	1. 输入：研究技能、数据挖掘能力、学习能力 2. 输出：领导力、沟通能力、人际交往能力 3. 提供项目： （1）就业指导项目（2）志愿服务项目（3）全球化经验 （4）学术发展项目（5）经验学习工作坊
职业发展资源	1. 学术技能中心　2. 研究数据库和平台　3. "雇用我"计划　4. 职业在线　5. 一站式中心
学生同伴领导者网络投递帮扶计划	就业能力方面提供：制作简历、模拟面试、职业探索、工作/实习申请

4. 澳洲部分高校为国际学生提供就业服务的特点

（1）强调全球化、发展性就业服务理念，为学生提供全球化视野的就业服务

澳洲各高校都非常重视学生的就业服务，而且澳洲留学生非常多，自然而然对于留学生的就业服务也非常受重视。各大高校或者单独为国际学生提供就业服务，或者给所有学生提供全球化就业服务。同时它们都特别重视给学生赋能，注重学生能力的全面培养。

（2）就业服务师资队伍强调专业化与主题团队运作结合

提供职业咨询的老师均要求有职业咨询专业的硕士学位，就业市场老师均要求有3年企业工作经验。众多高校就业服务采取的是主题

---

① 资料来源为笔者整理而成。

团队运作，如生涯教育团队、毕业生职业能力与素养拓展团队、跨学科创新型实习实践团队、毕业生招聘服务团队、数据服务团队。还有很多高校会请行业企业参与课程设置，将职业生涯理念引入到专业课程中。

(3) 常用信息化手段提供就业服务，促进高效化

澳洲各大高校都非常重视就业服务的信息化建设，通过信息化手段为更多学生提供高效全面的就业服务，并秉持"让用人单位招聘学生更容易"的理念，为用人单位招聘提供精准信息化的对接。同时将就业理念融入到学生的日常生活和学习中，让学生在日常学习和生活中了解职业生涯、了解就业。

(4) 注重细分式服务、个性化服务，满足学生个性化需求

澳洲各大高校都特别注重提供细分式就业服务，最基本的是提供细分式工作坊，包括阶段式、对象式等，通过不同维度进行区分，同时又会有很多交叉融合，尽量多方面覆盖学生群体和不同需求。同时还非常重视学校及学生个人品牌的打造，突出领导力和影响力的培养。除此之外，还非常重视工作权利的普及与教育。

相比之下，国内仍然没有形成专门为国际学生提供就业服务的氛围，各大高校也很少将国际学生的就业服务纳入整体就业工作，大部分高校就业部门提供的就业服务也只针对国内学生。虽然近些年有很多国内大企业走出国门，希望招到不同国家的留学生，但往往由于政策原因，难以成功招聘到留学生。目前国内大部分高校的国际教育学院或多或少会涉及学生的就业服务问题，但是因为没有配备专业师资，基本上是由辅导员或者教学秘书承担部分工作。

当然，也不乏在国际学生就业服务方面做得很好的国内高校。如

2012 年，对外经济贸易大学成立了来华留学生就业指导中心。教育部留学服务中心还举办来华留学人才就业创业研讨会，并已成功连续举办七届来华留学人才招聘会，近几年也积极配合国家"一带一路"政策，帮助中国企业"走出去"。

三、国内高校国际学生就业服务体系构建的对策与建议

1. 成立国际学生就业指导服务部门，并配备专业职业发展师资队伍，提供专业化服务

国际学生不管是选择留在中国就业还是选择回国就业，目前都面临着不同的政策和环境因素，而且不同国家之间的差别也很大，这就要求相关工作不仅要专业还要细致。目前各大高校不管是已有的就业部门还是国际教育部门，大部分都没有设立专门的国际学生服务部门，甚至都没有配备专业职业发展师资力量，这在很大程度上给国际学生享受就业服务造成了限制，这与"双一流"高校的建设初衷无疑是相悖的。为了更好地与国际接轨，加强"双一流"高校建设，有必要成立专门的国际学生就业指导服务部门，并配备专业职业发展师资队伍。

2. 拓宽职业发展专业化队伍的全球化理念和视野

国际学生来自全球不同的国家，具有不同的文化背景，同时不同国家又具有不同的工作环境和要求，这必然也要求相关工作人员对于目标国家的工作环境、政策要求、相关法律等各个方面都有全面的了解，才能给学生提供非常专业的指导。加上当今全球环境变化非常快，只有紧跟全球化，不断更新各方面的知识和信息，才能真正与"双一流"高校建设相契合，因而拓宽职业发展专业化队伍的全球化理念和视野尤为

重要。

3. 将职业发展教育与专业化培养相结合

国内高校目前的就业服务体系已比较成熟，但是职业发展教育仍然存在着这样或那样的问题，目前相关师资队伍虽然已具有一定的专业性，但是从整体来看，职业生涯教育在高校，特别是在"双一流"建设高校，并没有受到特别的重视。而职业发展教育最有效的方式之一是与专业教育相结合，将职业生涯理念融合到专业化培养过程中，这既是针对国内学生职业发展教育的有效措施，也是针对国际学生职业发展教育的有效措施。

非目的语环境下运用情景
教学法进行初级口语教学的研究

——以淑明女大初级口语教学为例

付春媛

武汉大学国际教育学院

随着对外汉语教学事业的蓬勃发展，与之相关的各种学术研究也日益受到关注。目前来看，对外汉语教学界主要有两大研究方向：一是汉语本体研究，其关注对象是汉语自身的语言运行规律总结，通过对语音、文字、语法、词汇的研究，为汉语教学解决"教什么"的问题；二是对外汉语教学法的研究。在二语习得理论背景下的具体教学法研究，可以解决具体教学时遇到的"怎么教"和"怎么学"问题。而很多一线对外汉语教师发现，使用同样的教材，在具备相同或相近的汉语本体知识水平的情况下，不同教师的教学效果差异巨大。究其原因，就是其在教学法的研究和运用方面能力不同。因此，笔者认为，一线对外汉语教师在关注本体研究之外，更应该加强教学法的实践应用研究，毕竟，正确的教学方法不但可以令"教""学"双方都获得更好的效果，还会使课堂教学过程发挥最大的效能。

我们知道"第二语言学习的根本目的是为了交际"（刘珣，2000）。因此，第二语言教学必须围绕语言的交际功能进行。①首先是以语言交际功能为整个教学活动的出发点；②强调语言教学要适应学生的交际需要，要以学生为主体，发挥其自觉性；③进一步提出整个教学过程的交际化，尽可能接近自然真实的交际。培养交际能力不仅是教学的目的，也是教学的手段和检查教学效果的主要标准（刘珣，2000）。

为了实现这一教学目标，笔者在韩国淑明女大的初级口语教学课堂上尝试引入情景教学法进行口语教学。情景教学法，是 20 世纪二三十年代产生于英国的一种以口语能力培养为基础，强调通过有意义的情景进行目的语基本结构操练的教学法（刘珣 2000）。这种教学方法主张通过在教学过程中有目的地引入或建立生动形象的、具有一定感情色彩的场景，引导学生进行真实体验，帮助学生理解知识和掌握语言技能。这样学生对教学内容的掌握就更扎实，一旦遇到类似情景就会迅速想到相应的知识。

情景教学法的理论基础是建构主义语言学和行为主义心理学。建构主义语言学强调在教学过程当中注意学习方式、内容、环境的设计，这一理论是支持和提倡情景教学的。情境认知理论从心理学角度解释了情境与行为认知之间的关系。这一理论认为知识也是情景化的，强调教学要把学习者放在主体的位置，通过人与情景的结合来组织教学。

周小兵在提到情景教学法时说："情景，是指某些话语出现、使用的特定的具体场合。情景教学法主要是指在教学大纲和教材的指导下，在认知方面教授语言结构要素和功能的同时，利用并创造各种情景，使学生沉浸在丰富的、自然或半自然的言语习得环境之中，表达自己内心的情感，并在表达中跟他人或其他学生建立一种认知或情感上的联络，以巩固其掌握的话语模式。"

李吉林的著作《情境教学实验与研究》将情境总结为五类：实体情境、模拟情境、语表情境、想象情境及推理情境。在教学过程中，要让学生进入特定的情境，或实体，或模拟，或语表，或想象，或推理，这些都需要教师凭借一定的手段创设。李吉林认为情境创设的途径可以归纳为生活展示情境、实物演示情境、图画再现情境、音乐渲染情境、表演体会情境和语言描绘情境六种。对非目的语环境下汉语初级水平的韩国学生来说，生活展示、实物演示、图画再现和表演体会这四种情景创设途径比较容易实施，学生的接受度也比较高。

以下笔者就以淑明女大的初级口语教学实践为例，具体分析情景教学法在初级口语教学中的应用。

一、学校及学生简介

淑明女大是韩国最好的女子大学之一，至 2017 年已有 111 年的历史。笔者在淑大中文系任教，主要承担初、中、高级水平的口语教学工作。在非目的语环境下进行汉语口语教学，需要教师充分激发和调动学生用汉语进行交际的欲望。由于韩民族内敛含蓄的性格特征，加上女性的内向型性格倾向，韩国淑明女大的学生在汉语学习中普遍表现为"读、写、听"能力较高，"说"的能力相对较低，且主动"说"的欲望较弱，在口语课上普遍表现得较为被动。此外，初级阶段的学生还由于汉语词汇量、基本语法知识的欠缺，更加不愿意主动开口进行口语练习。因此，情景教学法的引入可以最大程度地点燃情感、调动激情，启发学生开口交际，从而达到良好的教学效果。

二、学生的汉语水平分析

选修初级汉语会话这门课的学生主要是中文系一年级的新生和非中文专业的汉语初学者。学生中最少的已学习汉语达 6 个月，最多的断断续续学习了一年以上。但是总体而言，其水平相当于国内的零起点的水平。

三、学时及教材分析

淑明女大中文系初级口语教学中使用的教材是宋乐永主编的《初级汉语会话（基础部）》韩语释义版。全书一共 8 课，每课设有 3 篇对话。学时为一周 2 节课，共 15 周，每节课 75 分钟。

课目	内容	语　　法
第一课	你今年多大了	疑问词"多"；"是……的"结构
第二课	现在几点	疑问词"几"；时间的表述
第三课	图书馆在办公楼西边	表示存现的"在、有、是"；方位的表述
第四课	请问，去故宫怎么走	疑问词"怎么"；"先……再"指示方向时的常用语
第五课	苹果多少钱一斤	动词重叠"问问、尝尝"等；"一点儿"和"有点儿"；人民币的表述
第六课	喂，请问王明在家吗	动词+一下儿；能愿动词"可以"；"就、才"
第七课	请点菜	介词"给"；能愿动词"要"
第八课	你试试这双吧	"又……又"；能愿动词"能"；"挺……的"

全书与课文相关的词汇量是 180 个，课后扩展词汇是 210 个。

从教材内容可以看出，编者的编写思路是注重汉语教学的功能性多于结构性的。基本上每一课都有明确的交际主题，课文以及课后训练都侧重于要求学生完成既定的交际主题和掌握在规定情境下的汉语交际过程。因此，在这门课上语用情景教学法既可以调动课堂气氛，又能够较好地完成教学任务。以下，以第四课"请问，去故宫怎么走"为例，展示情景教学法的实施策略及实施效果。

四、教学实例分析

1. 教学的具体内容

根据教学内容和教学对象的具体情况，笔者在教学过程中以情景教学为主要教学方法，具体内容如下所示。

【教学内容】请问，去故宫怎么走？

【授课对象】22个初级水平韩国女生

【课型】初级口语课

【教学目标】学会问路、指路的简单表述方法。

【教学重难点】掌握与指示方向有关的词语运用

①生词。

故宫、怎么、坐、路、公共汽车、换、站、车

②对话。

金在旭：请问，去故宫怎么走？

路人：坐51路公共汽车。

金在旭：用换车吗？

路人：不用。

金在旭：坐几站？

路人：三站。

金在旭：谢谢！

路人：不客气。

③句子结构。

去……怎么走？

坐……

用换车吗？

坐几站？

2. 教学的具体安排

一开始要做的是引入新课。教师用故宫图片（多媒体展示）带领学生进入模拟情景，然后提问。

师：大家看，这是哪儿？

生：故宫。（部分人回答）

师：大家去过故宫吗？

生：（部分人举手表示去过）

师：去外国玩儿的时候，如果迷路了怎么办？（"迷路"一词，学生没有学过，此时需要解释）

生：地图/问。

师：好的，我们今天就学习迷路的时候怎么问，怎么回答。

此环节教师通过多媒体展示故宫的图片，帮助学生进入本课话题，情景教学运用很成功。但是需要注意的是，根据课文内容展示的图片只适用于知道或了解该景点的学生。因此，教师还应准备学生熟悉的本国本地景点图片，将教师自己设置为初到韩国需要帮助的角色，帮助学生更快地融入与本课有关的情景。

3. 生词和结构学习

根据本课学习的生词词性不同，采用不同的情景创建模式。

首先，地名、交通工具以及相关的名词可以用图片展示的方式建立情景，使学生迅速理解掌握词义。以"公共汽车"为例，可以在多媒体上分别展示中韩两国的公共汽车，并且通过与之相关联的车站、站牌图片展示，学习名词"站"。还可以补充地铁、地铁站、地铁线路图来学习"地铁""地铁×号线""地铁站"等名词。

这个环节要注意的是，因为学生身处非目的语环境，如果仅仅展示中国的图片，无法在情感上引起学生的共鸣，所以应提前准备中韩两国的图片，演示时也应先由韩国的图片引出中国的图片，使得学生在建立了与情景的关联之后自然地理解词义。

其次，在学习与乘坐交通工具有关的动词时，教师可以将图片展示和动作表演结合在一起，让学生体会情景。以"坐"为例。教师先展示乘坐公共汽车的图片，再做出坐在汽车座位上和站在汽车里这两个动作，让学生猜老师在干什么，最后学生通过图片和教师的动作，体会理解动词"坐"的意义，并学会说"坐公共汽车、坐地铁"。

最后，能愿动词"用"的学习。教师通过两张韩语的公交车路线图，表现从 A 地到 B 地需要换乘和不需要换乘两种情况，让学生学会运用结构"用换车吗""不用""要换车"来表述换乘情况。

在这个环节中，教师原本准备的是汉语版的公交路线图，但考虑到学生对韩国地名的汉语名称并不熟悉，如果仅仅展示汉语版路线图，很可能造成学生理解方面的困难，不利于学习，所以特别准备了韩语版的公交路线图。虽然，这一环节违反了全汉语"沉浸"的教学原则，但是从教学效率的角度考虑，韩语地图可以更快地达到教学目的。

4. 对话讲练和扩展练习

在以上生词和结构学习中，学生已经基本掌握了与问路、指路有关的词语和结构表达。在对话讲练环节，教师只需根据对话内容绘制一幅地图，带领学生根据地图学习和理解对话内容即可。

在理解和掌握课本内容之后，教师还应设计扩展练习，引导学生活学活用。这部分的内容也需要教师在创设情景时，充分考虑到学生所处的真实环境，应该尽量在课堂上创建与真实生活相同的情景。因此，本课的扩展练习选用首尔市地图来创设练习情景，以便学生更容易地进入情景，减轻学生在口语练习时因情景陌生而产生的压力和紧张感。笔者选取学生最熟悉的几个地方，标注出中文名称，要求学生完成问路和指路的对话练习。

5. 课后练习

非目的语的口语教学中，教师在课堂教学中可以尽量用全中文的教学环境将学生"沉浸"在中文环境中，但课堂以外的时间，教师就无能为力了。笔者在初级口语这门课的教学过程中，为了让学生更多地运用中文进行口语交流，特别根据课本内容安排了课后练习。要求学生在实际的真实情境中完成与课本内容有关的口语练习。例如，本课的主要学习内容是问路和指路，与之相关的课后练习就是两人一组，以问答的对话形式完成对首尔市内某个地点的指路引导。

五、情景教学法应用原则

根据初级汉语会话这门课的教材及课时量安排来看，运用情景教学法是比较适当的。原因有以下四点。

第一，情景教学法适用于课时量安排较为宽松的情况。情景教学法要求教师在课堂上占用较多的时间创设情境，引导学生理解并进入情景，所以比较适合课时量大、教学内容相对简单易学的初级班阶段。例如第三课《图书馆在办公楼西边》，为了使教学形式更加活泼生动，教师将课堂练习移到室外，在真实的校园环景中，让学生练习表达结构"……在……东边/西边/旁边"，大大地提高了学生口语练习的积极性，取得了很好的教学效果。但是，在真实情境中教学的缺点也很明显，就是教学时间和效率很难控制。这个方式移植到中高级口语教学中很可能会影响整体的教学进度。因此，笔者认为情景教学法更加适用于课时安排宽松的初级阶段。

第二，情景的创设必须贴近学生的真实生活体验。情景教学法是通过"刺激-反应"的行为主义理论来构建汉语思维的。这一点对于缺少目的语环境的海外汉语教学尤其重要。但是，在创设环境时也应考虑学生的真实生活体验。笔者认为通过情景激发学生的开口欲望应该是运用情景教学法的初衷和目的，因此，在海外汉语教学时，创设情境可以以中国的实际情景为主，适当辅以学生本国的情景。

第三，创设情景时必须考虑学生的汉语水平。作为初级阶段的学生，汉语的词汇量十分有限，而在创设情景时不免会引出课本上没有的词语，这种临时出现的词语可能会增加学生的学习负担，进而引起学习焦虑，降低学生开口交流的欲望和积极性。所以在这种情况下，笔者认为选取生活中密切接触的词语为宜，此类词语可以最大限度地降低学生的学习焦虑，并有利于激发学生的学习兴趣。例如在第四课"请问，故宫怎么走"中，在扩展练习环节，笔者创设情景时引入了学生熟悉的地名，如明洞、南山、景福宫等，起到了很好的教学效果。

第四，情景教学法的使用广度和深度都受限于教材内容编排。以本文涉及的教材为例，每课的主题都很鲜明，普适性强，且贴近真实生活，易于创设情境。在此类内容的教学过程中运用情景教学法不但可以在课堂上提高学生理解学习的速度和效率，还可以在真实生活情境中激发学生的记忆，帮助学生完成口语交际。

六、结语

笔者通过在淑大的教学工作发现，在非目的语环境下的初级口语教学实践中，情景教学是比较受学生欢迎的教学方法。在课堂教学中，学生投入到情境的速度很快，对于词语的理解和记忆效率也有明显提高。原本较为枯燥的句式结构操练，由于情景的创设而变得轻松有趣，学生操练的积极性也很高。在课后练习环节，学生也能够将课内人为创设情景下的口语操练内容转移为真实情景下的口语交际。这表明情景教学法的确有助于提高初级口语课的教学效果。

当然，没有任何一种教学法是可以包打天下的，情景教学法也有其不可避免的缺陷。首先，情景的创设需要教师消耗大量的时间和精力进行前期准备，在课堂教学中也会占用较多的时间，不利于控制教学进度。其次，如何把握情景的"质"与"量"非常考验教师的教学水平。在具体实践中，大多要依据教师自身的教学经验以及学生的具体情况加以判断，再加上教材本身也存在一定的局限性，因此，情景教学法很难在每次教学过程中都取得良好的效果。

但不可否认的是，情景教学法是一种值得尝试的有益方法，笔者希望通过自己的教学实践得来的粗浅经验为各位同事提供一点参考。

◎ 参考文献

［1］刘珣 . 对外汉语教学引论［M］. 北京：北京大学出版社，2000.

［2］李吉林 . 情景教学实验与研究［M］. 北京：人民教育出版社，
2006.

［3］周小兵 . 对外汉语教学入门［M］. 广州：中山大学出版社，2009.

［4］周小兵 . 情境与情景教学［J］. 中山大学学报论丛，1994（2）.

［5］柏霁珊 . 论情景教学法在对外汉语口语教学中的运用［J］. 安徽文
学，2011（12）.

［6］张静媛 . 情景教学在慕尼黑孔子学院中级口语课上的应用与反思
［D］. 北京外国语大学，2013.

［7］李海鸥 . 情境在对外汉语教学中的作用及应用［J］. 语言应用文
字，1999（3）.

孔子学院初级汉语"合作体验式"教学模式初探

——以罗马大学孔子学院为例

孙萍萍

武汉大学国际教育学院

据国家汉办统计，截至 2018 年底，全球共有孔子学院 548 所，孔子课堂 1193 个，覆盖了全球 154 个国家（地区），孔子学院的发展可谓十分迅猛。不过，迅猛发展中的孔子学院也存在着不少问题，比如说缺乏合格的、有经验的教师群体，教学模式无法适应当地汉语学习者的需求等。因此，寻求行之有效的孔子学院教学模式，最大限度地利用所在国的本土汉语资源，积极提高教学效果，吸引更多学生学习汉语、了解中国是目前孔子学院进一步发展的当务之急。

笔者根据实践经验提出了专门针对孔子学院初级汉语教学的"合作体验式"教学模式，并结合实际教学案例做进一步分析研究，希望能为海外孔子学院教学模式系统化做出积极的探索。

一、什么是"合作体验式"教学模式

"教学模式"这一概念的提出者是美国学者乔伊斯和韦尔，他们 1972 年在《当代西方教学模式》一书中，将这一概念引入教学论研究领域。我国学者对教学模式的理论研究始于 20 世纪 80 年代初，现在依据这一概念进行的国内对外汉语教学模式研究成果不少，但是专门研究海外孔子学院，特别是概括性地、分层次地研究孔子学院教学模式的文章并不多。本文提出的针对孔子学院初级汉语教学的"合作体验式"教学模式正是在这一背景下提出的，是基于孔子学院特殊的"受众"，依据教学实践，对传统"3P"对外汉语教学法、任务型教学法及美国明德模式等理论变通融合而成的。

下面笔者就以意大利罗马大学孔子学院的初级汉语教学为例，谈谈这一教学模式的特点和具体内容。

和很多非英语国家的汉语学习者一样，在罗马大学孔子学院初级汉语班中，媒介语成了一个很大的问题。这里大部分学生的英语并不好，但孔子学院大部分的公派老师和志愿者一般只会英语，学生在学习汉语的同时，还要学习英语，这样无疑增加了汉语学习的难度。

初级汉语班的学生们的第二个问题是：渴求获得学习成就感。笔者曾在多个初级汉语班做过实验，发现大部分学生在进入第二个月的学习后，如果不能摆脱课本，脱口而出地说一些日常短语，获得老师或所认识的中国人的赞许，就会产生焦虑感，失去学习信心。

正是为了解决这些问题，我们提出了"合作体验式"教学模式，并在教学实践中反复试验，整体感觉是比较适用的。

所谓"合作"，就是指母语为目的国语的汉语教师与汉语母语教师的合作教学。意大利老师可用意大利语讲解语法和汉字知识，解释课文意思，中国老师主要用中文带学生朗读课文，做口语练习，纠正发音。在初级班中，意大利老师和中国老师的课时比例为 2：4，即意大利老师上两个小时（一次课）的课，中国老师上四个小时（两次课）的课。这种中、意老师合作的授课模式在实践的过程中展现出了很多优势，意大利老师可以帮助学生通过自己的母语迅速了解汉语语法和汉字知识，中国老师可以充分利用课堂时间，使用汉语为学生营造"沉浸式"的汉语学习环境。另外，努力学习汉语，将来成为汉语老师，也成为意大利学生学习汉语的动力之一，大大推动了学生学习汉语的积极性。当然，这种合作模式也有不足之处，后面的章节中会谈到。

为了解决第二个问题，即尽量在短时间内满足学生的学习成就感，则需要老师特别是中国老师在教学过程中灵活使用现有的教学方法，做到有的放矢。笔者在综合了传统"3P"对外汉语教学法、任务型教学法和美国明德模式等几种教学法的基础上，提出了专门针对孔子学院初级汉语教学的"体验式教学法"，事实证明还是很有作用的。

传统的"3P"对外汉语教学法和任务型教学法在其使用过程中各有利弊。传统的"3P"对外汉语教学法（主要包括教师讲解—学生练习—学生运用三个环节）是目前国内对外汉语教学和国外大学专业汉语（大班）授课时常用的教学方法，其优点在于可操作性强，教学效率比较高，能较快提高学生语言运用的正确性，不过其缺点也比较明显，就是学生的学习积极性不高，缺乏真实的交际感觉，当然，更无助于学生学习成就感的提升。而任务型教学法的主要优点是提倡以学生为中心，注重交际的真实性，能充分调动学生的学习积极性，缺点是课堂效率低，对教师的教学水平依赖性强等，如何将两者优劣互补，应用到孔子学院的教学实际中去，建构一个有效的、以任务为中心的体验式汉语教学课堂呢？一个很好的借鉴是美国明德模式。

当然，作为语言学习精英模式的代表，美国明德模式的教学对象、教学目的等诸多教学因素与孔子学院截然不同，但其密集强化式操练法及其所带来的积极效果是能给我们很大启示的。它在教学过程中反复强调的核心词操练和目的句操练，以及进一步地设置语境提问法，对于孔子学院的学生也同样适合，对于学生在短期内积累一些常用词语、句型和简单对话十分有益，能较好地满足学生对学习成就感的渴求。

基于以上的论述，如果我们以美国明德模式为切入点，将传统的"3P"教学模式与任务型教学法相结合，就可以找到笔者所提出的"体验式教学法"的核心所在：在传统的"3P"教学模式的基础上，学生在掌握了语言的用法后，教师带领学生反复操练所学的重点词、中心句和主要对话，再加入"任务"的介入教学，使得学生在体验中消化和吸收反复操练过的目的句型,并将其运用到真实语境中去。

以母语汉语教师与目的国汉语教师、教师与学生、学生与学生的课堂合作为中心,以"模板—复练—完成任务"为主要教学环节的初级汉语教学模式,其目的是使学生能在"模拟体验式"的汉语环境中提高汉语学习效率,完成汉语教学任务,这就是笔者所说的"合作体验式"教学模式的中心内容。

二、"合作体验式"教学模式的具体应用

在明确了"合作体验式"教学模式的概念内涵之后,下面笔者将结合具体的教学实践,就其在母语汉语教师和目的国汉语教师应用中如何实现最佳合作,如何细化教学过程,教师如何在课堂上把握和学生的关系及如何处理自己的角色转换等方面问题做一些分析。

关于汉语母语老师和目的国汉语老师的合作授课问题,在实践中常常会遇到不少困难,这其中最主要的原因在于这种合作模式的客观不定因素较多,特别是如果合作一方缺乏教学经验或较好的合作精神时,有时甚至会有在教学环节出现问题或学生有意见时,合作老师互相推卸责任的情况,为了解决这一问题,帮助二者建立良好规范的沟通渠道是非常必要的。

以罗马大学孔子学院为例,罗马大学孔子学院初级汉语使用的教材是由罗马大学东方学院马西尼教授主编的国别教材《意大利人学汉语》(意汉双语),该教材为综合性教材,每课由生词、课文、语法注释及汉字知识构成。这种以一本独立的综合性教材来进行教学的方式与明德模式是相同的,好处是能使学生在学习的时候集中精力,避免同时学习过多的生词和语言点,但如果两位老师合作授课,也容易在课程衔接上出现问题。为了解决这个问题,首先我们要做到对中、意老师明确分工,明确的分工既能保证教学进度,也能帮助学生在学习过程中清除媒介语的障碍,在和汉语母语老师一起上课的时候能比较专注地沉浸在汉

语语境中，从而较好地保证教学效果。

不过，虽然明确了分工，但要确保合作模式的进行，更重要的是要知己知彼、相互完善，这样才能顺利完成课堂教学。而这恰恰是现在孔子学院教学的"软肋"，现在大多数孔子学院的公派教师或志愿者都是在读硕士生或刚毕业的硕士生，非常缺乏教学经验。年轻老师授课热情很高，但普遍缺乏经验，加上没有合作教学的经验，在上课过程中和合作老师常有摩擦，影响了合作教学的效果。为了解决这个问题，笔者认为源于美国明德模式的集体备课模式极有借鉴意义。

针对于孔子学院初级汉语教学教师的集体备课模式可以分为两个部分：小范围集体备课（汉语母语教师与意大利汉语教师集体备课），大范围集体备课（同级别汉语母语教师集体备课，同级别意大利汉语教师集体备课）。小范围集体备课的时间比较灵活，同上一个班的汉语母语老师和意大利汉语老师应保持密切联系，课前充分了解对方的上课内容，介绍自己的上课内容，课后及时沟通，将自己在课堂上的授课内容及学生的问题及时反馈给对方，这样才能做到课程的"无缝对接"。针对年轻老师教学经验不足的问题，笔者认为孔子学院应适当吸收目的国当地比较有经验、教学效果好的汉语教师为授课教师，并在每年教学评估的基础上，评出教学效果较好的老师，以本土汉语教师和教学效果好的老师为中心，每周至少开展一次集体备课活动，具体讨论课堂教学的每一个具体步骤，形成相对系统的教学模板，每一位授课老师应该基本遵循这一教学模板进行教学，应用后再展开讨论，不断修改。事实证明，"集体备课+及时的教学评估"是帮助年轻老师尽快适应目的国汉语教学、提高教学效率的一种比较有效的方法，再配合相应的师资培训课程，对于解决"孔子学院缺乏合格、有经验的汉语教师群体"这一普遍性问题有相当好的效果。

有了良好的合作关系，下面就要进入到具体的课堂教学步骤了，我们在这里主要探讨的是汉语母语教师的课堂教学方法问题。

　　笔者在长期的教学实践中，总结出了一套以教师为主导、以学生为中心、以"模板—复练—体验式完成任务"为主要教学环节的初级汉语教学模式，在实际应用后教学效果不错。下面笔者就结合《意大利人学汉语》中的第十三课"保罗很热情"来简单谈谈如何实施这一教学模式，希望能给大家一些启示。

　　在意大利老师对基本语法、生词及课文内容做了讲解的基础上，汉语母语老师可依照下列步骤展开教学：

　　教学步骤一：围绕语法点，使用重点生词教给学生句型模板和对话模板，带读，纠正发音。

　　重点句型模板如下所示。

　　　　句型一：你觉得马可怎么样？

　　　　我觉得他很热情，也很聪明。

　　　　句型二：你觉得马可浪漫吗？

　　　　我觉得他很浪漫/不浪漫/比较浪漫/太浪漫了。

　　交际对话模板如下所示。

　　　　模板一：打电话。

　　　　A：喂，你好，是安娜吗？

　　　　B：是我，哪位？

　　　　A：我是小雨。你现在忙吗？

　　　　B：不太忙，有什么事，你说吧。

　　　　A：我们现在一起去喝杯咖啡，怎么样？

　　　　B：好。

　　　　模板二：谈论某人。

　　　　A：你觉得安娜怎么样？

B：我觉得她很漂亮、很聪明，也很热情。

A：马可呢？

B：他很浪漫，也比较酷，但是太懒了。

教学步骤二：复练。

复练阶段可按下列顺序进行。

①使用提问学生单独读、集体读等方式，帮助学生熟记基本句型和对话。

②将学生分为两人一组，反复练习上述句型及对话，教师提问，保证学生基本能做到对基本句型和对话"脱口而出"。

教学步骤三：在扩展练习的基础上布置任务，并请学生表演，检查任务完成情况。

③在学生熟记基本句型和对话的基础上，针对基本句型和对话做扩展练习，举例如下。

基本句型：你觉得<u>马可</u>怎么样？

其中画线部分可用"我们的汉语课、你的工作、我们的教室、那家饭馆"等所学词语代替，并引导学生做出相应回答。

④布置任务。

⑤检查任务，再次复习重点句型和对话。

需要特别注意的第一个问题是，在这个教学过程中，教师一定要处理好自己与学生之间的关系问题，要在课堂中自如地营造和谐的学习氛围，教师的角色应该处在不断的转换中，对学生来说，要既是主导者，也是合作者。汉语母语老师一定要注意，要巧妙地适当"躲避"学生的问题，特别是将解释复杂的语法和文化问题"分担"给共同授课的意大利老师，以保证自己的课堂以讲汉语为主，在这个时候，教师应该是主导者，始终把握教学的整体发展。另外，汉语母语老师对学生来说，也应该是一个汉语练习的"合作者"，教师应该非常熟悉学生的情况，针对其不同情况，不断调整，以合作者的态度引发学生的学习热情，帮助他们克服在听说过程中的"焦虑感"，这样才有可能顺利开展自己的教学计划。

在教学过程中需要特别注意的第二个问题就是，一定要保证在"复练"环节中学生有足够的"重复"，以达到对句型模板和对话模板的牢固记忆。这样的牢固记忆对学生能独立完成任务，并树立学习汉语的自信心非常重要。

◎ 参考文献

[1] 曹贤文. 明德模式与中国大陆高校基础汉语教学常规模式之比较 [J]. 暨南大学华文学院学报，2007（4）.

[2] 陈作宏，田艳. 探索以任务为中心的体验式对外汉语课堂教学模式 [J]. 民族教育研究，2008（4）.

[3] 陈曦. 孔子学院面临的问题与解决思路 [J]. 对外传播，2009（9）.

[4] 胡兴莉. 海外孔子学院汉语教学模式探析 [J]. 教育文化论坛，2014（3）.

[5] 黎雪娇. 任务型教学法与传统 3P 教学模式相结合教学法探索 [D]. 辽宁大学，2016.

[6] 娄开阳. 论美国明德汉语教学模式的特点——兼论我国对外汉语教学模式的构成要素 [J]. 辽宁师范大学学报，2016（9）.

[7] 娄开阳. 美国明德汉语教学模式研究回顾与前瞻 [J]. 辽宁师范大学学报，2017（3）.

[8] 刘荣，刘娅丽，徐蔚. 孔子学院教学模式研究述评 [J]. 兰州大学

学报，2014（3）.

[9] 马箭飞．汉语教学的模式化研究初论［J］．语言教学与研究，2004（1）.

[10] 田迎春．海外孔子学院教学模式研究［D］．山东大学，2011.

[11] 王景．欧洲孔子学院与汉语言文化的国际推广［J］．学术探索，2016（4）.

[12] 杨巍．孔子学院基础汉语班教学实践与思考［J］．长江学术，2007（4）.

[13] 张莉．中美汉语教学中"讲练-复练"模式的合流与借鉴［J］．民族教育研究，2014（3）.

[14] 张金华，叶磊．体验式教学研究综述［J］．黑龙江高教研究，2010（6）.